2023 年早春，在晓风书屋杭州师范大学分店，陈智博摄

毕业证书

学生 张欣 ，系山东省莱芜市县
人，现年 19 岁，于一九七九年 九月
十二日入本校 中文 系 中文 专业，
学习二年，按教育计划完成全部学业，
成绩及格，准予毕业。

泰安师范专科学校

一九八一年 七月 十四日

证书登记：（毕 ） 字第 79052 号

1981 年泰安师专毕业证

2014 年 11 月 17 日，率团回访台北中国文化大学中文系时全体人员合影

2021 年秋退休前夕，与中文系同事们在杭州大斗谷

東魯春風吾與點

寫寫我心目中的夫子

子張 癸卯夏 杭州

写写我心目中的夫子

青青校樹

這神秀的学府從容
如爐，如星座
熔鐵鑄金，為星辰
千顆，萬顆
一道圍欄界紅塵
不擋風雨，只擋諠囂
剩有花径幽深
縱橫阡陌，樓屋蒼然
若先哲。學子們
三五成群如流星
往來奔走，閃閃
燦燦

花木枝柯相依
相交错，長者壽及百歲
幼者方才抽葉。海棠天真
玉蘭素洁，紫薇沉静
丁香热烈
秋來红楓璀璨
冬至雪松婆娑。風啸
雨溜，百木摇曳
萬葉喧嘩如放歌
或掉經老泥吟
或立街頭演説……

千古斯文一脈傳
泥土深厚，水源
清澈。青青校樹
在遼闊的因特网上
盤扎、铸群……
這神秀的学府從容
如爐，如星座
熔鐵成金，成星辰
千顆，萬顆
从孔夫子到鲁迅
從蘇格拉底到盧梭……

一九九八年八月七日舊作
二〇二三年七月三日重抄
王多聖，舊時钱唐

2023 年夏重抄 1998 年抒情诗《青青校树》

四十有惑

人文教育回想录

子张/著

ZHEJIANG UNIVERSITY PRESS
浙江大学出版社
·杭州·

图书在版编目（CIP）数据

四十有惑. 人文教育回想录 / 子张著. —杭州：
浙江大学出版社，2023.8
　　ISBN 978-7-308-23828-1

　　Ⅰ.①四… Ⅱ.①子… Ⅲ.①教育－文集 Ⅳ.
①G4-53

中国国家版本馆CIP数据核字（2023）第092730号

四十有惑：人文教育回想录

子　张　著

责任编辑	王荣鑫
责任校对	韦丽娟
封面设计	项梦怡
出版发行	浙江大学出版社
	（杭州天目山路148号　邮政编码：310007）
	（网址：http://www.zjupress.com）
排　　版	浙江大千时代文化传媒有限公司
印　　刷	浙江海虹彩色印务有限公司
开　　本	880mm×1230mm　1/32
印　　张	12.75
插　　页	2
字　　数	308千
版 印 次	2023年8月第1版　2023年8月第1次印刷
书　　号	ISBN 978-7-308-23828-1
定　　价	88.00元

不只为了纪念……

——写在前面

教育，是对人的本质的激活。

去年初夏，与两位年轻朋友在家里谈论蔡元培，我说了上面的话。

彼时彼刻的说法，当然和那段时间集中阅读蔡元培论著后对蔡元培教育思想的理解有关，可似乎又不尽然。仔细想来，如此冲口而出的界定也必然和自己服务教育四十年中与教育"耳鬓厮磨"的关系脱不了干系。我也承认，无论对职业生涯还是对理想本身，我都不属于那类咄咄逼人的强悍者。不仅不是，甚至内心里对"强悍"、"绝对"这些字眼本能地予以排斥，在生活中对"舍我其谁"、"卧榻之侧岂容他人鼾睡"的大人物也不自觉地取敬而远之态度。与此相关的就是，我不太喜欢以"断语"的方式表达我对人对事对物的认知，我总觉得所谓"断语"最多只是一种表达策略，而未必能确切涵盖一切人、一切事和一切物的全部质素。有机存在的人与事物，其全部信息只能从每一个具体的人或事物中求之，而无法从概念或抽象的"断语"得到。我想，这应该是认知的出发点吧。

自然，对"教育，是对人的本质的激活"这句话，亦当作如是观。

它或许是我潜意识的一次释放，却未必就意味着教育的全部内涵。它仅仅传达出我个人对教育的某一侧面的理解。如果让我换一种语言，我也许会说，教育就是能够使人认识到自我，就是对人自身的解放。

四十年，我之从教生涯的落脚点，或许就归结于这句短语。

从落脚点回看起点，那是一个笼罩在蒙蒙雾气中的车站。

车站上人头攒动，人人都想挤上开往大地方的车。可要挤上这样的车，需要力气。力气不够的瘦弱者，只好无奈地选择开往小地方的车子。1979年，十七岁的我之为高考挤上的车，决定了此后的职业生涯。

爱去不去，不由分说。

是无我时代养成的"螺丝钉精神"帮助了我。这种"螺丝钉精神"可以用当时流行的政治语言表述，而在我看来，其实也可以用相同文化背景下形成的乐天知命一词表述。在凡事少数服从多数、个人服从集体的时代，不乐天知命又能怎样？

好吧，既然干一行就须爱一行，则我也可以用无可无不可的古典智慧悄悄培育自己的理想。我从中学时期就通过阅读积累了数百条格言、警句和民间谚语，凡我喜欢的任何一条都可以抚慰、支撑我自己。经历是智慧之母。条条道路通罗马。白日不到处，青春还自来；苔花如米小，也学牡丹开。大地有泉皆化酒，长林无树不摇钱……如此这般，不一而足。

我不喜欢"斗争"这类字眼，甚至也不喜欢"竞争"、"竞赛"这样的状态。回想我的生命旅程，惊讶地发现我常常被动地扮演着一个"被选择"的角色。

不过也不尽然。在经历了高考、分配这些最初的被动之后，我似乎也开始有了自己的坚持。1985年，我没有听从父亲要我转

2

行政的建议，谢绝了单位对我的挽留，而下了最大的决心重返母校继续走我的从教之路。又过了十七年，我再次做出选择，到了南方一个完全陌生的环境，地理环境与文化环境，均陌生。

我好像在用以退为进的方式弥补着当初无从选择的缺憾。

回到教育的话题。

大学学过的教育学、心理学，从一开始就仿佛云里雾里，始终不得要领。实习时看过的特级教师录像，听过的"一杯水与一桶水"名言，或许确曾给过我某种形象的暗示吧。但更多情况下，我认为还是那些与生俱来的天性在驱使我尽我的职责和义务。在我看来，学生之读书受教育，也是一个与其天性对接的过程，其基本原则应该是顺乎自然，而不该是按照某种有违天性的教条规训学生。我一向不能理解出于此种教条规训学生的种种"管理条例"，不理解，并非幼稚到不懂得人性中向恶与向下的力量，而是总觉得完全可以通过对向善和向上天性的呼唤使人获得自我控制的自由。为什么一定要先入为主地把学生假想为潜在的改造对象呢？

从我最初教未成年的中学生，一直到重返母校教进入成年期的大学生，我很少遇到别人眼里"故意捣乱的学生"甚至"坏学生"。我总觉得所谓"故意捣乱"甚至"坏"一定另有原因，教师的职责就是准确找到这些原因，从而让学生的本性归位。教师决不能被自己的固执蒙蔽，一步一步陷入误判的泥潭。

教育需要的永远是唤醒，而不是规训。

很久之前，第一次接触到"全人教育"的概念，我就意识到这就是我理解的教育。数年之后，在我主持一个省级中国语言文学试点专业的时候，我和我的同事们提炼的教学改革关键词就是"主体性教学"。正因为有了这一系列的铺垫与积累，我才会在南下杭州后写的《教育者的美德》中有如下表述：

"教育并不是一种单向的受益活动，而是由教育者和受教育者的积极互动从而获得的'双赢'行为。"

"爱与尊重，是教育者最基本的生产力。"

"在现代教育的理念中，爱与尊重的核心价值是如何在教育过程中最充分地体现学生的主体地位，从而使学生最大程度地满足全面发展的需求。在爱与尊重的阳光普照下，学生应该同时生长出健康的肢体、灵慧的大脑、高尚的情怀和积极达观的社会精神。"

从1983年写下第一篇关于教学的文字，四十年来，我一直保持着对教学工作的敏感。我所写的数十篇长长短短的文章留下了对教学和教育的点点思索。我一直为完成一本关于教育、教学的书做着准备，我的电脑里有一个名为《唠唠集》的文件夹，收存着我那些长长短短的文章。

距离退休还有两年的时候，我又萌发了回顾个人从教之路的想法，这就是本书中作为上卷的《惘然记》。这一部分，从2020年春天开始写，直到今年春天，才断断续续完成。

这是一本写了近四十年的书，在我所有的著作中，没有哪一本比它更与我血肉相连。

《惘然记》是回想录，《唠唠集》是贯穿四十年的零碎思考，而无论回想，还是零零碎碎的思考，又无不与我从教的核心——人文学科与人文精神息息相关，故而最终有了《四十有惑：人文教育回想录》这个书名。

照说，教了四十年书，应该"不惑"才对，何以言"有惑"呢？

并非矫情，我的困惑是真实而强烈的。

困惑之一，是历经波折的教育之路，为何还是那么狭窄？我们要面临的还会有多少波折？

　　困惑之二，是几十年前犹自冰清玉洁的童心，何以在几十年后会大面积地崩塌？那些求知若渴的眼睛似乎也不复昔日的光彩？那向着未来的活跃的思维力量也仿佛停止了奔涌。

　　困惑之三，是多少高贵的头颅，纷纷在不义的权势、财富和贪欲之前低下来了。

　　每每想到这些，我就感觉到教育的苍白和无力，我就怀疑自己曾经满怀信心所做的一切是否只是某种幻影？而自己也不过就是一个当代的堂吉诃德？

　　自然，并非把自己定义为一个失败者。我的感觉是，属于功能教育的部分多半成功，属于人的教育的部分缺憾太多。我教过的学生绝不乏世俗意义上的成功者，可恰恰在某些成功者身上，我看到了那始终未发育好的核心部件。

　　谨以此书，记录我之已然行过的旅程，疏泄我之尚未完成的沉哀。

　　感谢亲情。感谢友情。感谢四十年间沉淀下的师生情谊。

2022 年 3 月 28 日

旧时钱塘

目　录

不只为了纪念——写在前面

上卷　惘然记

上卷　惘然记

第一章 初进山门

一半幸运 一半无奈

我虽然搭上了高考恢复的班车，最后考入的却只是泰安师专，一个被称为三类大学的大学。这真是一半幸运，一半无奈。

我不记得当时的志愿中有没有填写泰安师专，但出于能上则上的心理，还是在最后一栏很不情愿地写上了"服从分配"几个字。或许，最终是这几个字决定了命运吧。

其实，在得知自己的高考分数后，我就有些意外，总觉得与预估的分数差距较大。为此，父亲拜托在泰安参加高考阅卷的李耘耕老师代查分数，查询的结果是语文试卷少计了十二分，落了一个分数档。但那年政策是，允许查分数，可即使查出来也不再计入总分，李老师劝我们接受这个结果。另外，父亲还和我去了一趟泰安，到山东农学院了解该校的分数线，希望能被录取，因为我志愿的二类院校中以山农打头。但是，分数决定一切！最后，我收到的是泰安师专的录取通知书。

1981年春，在泰安师专校园内

收到通知书的时候，我已在莱芜县粮食局下属的口镇粮所正式工作了一个月，是父亲从单位打电话告诉我的。我赶紧跟粮站领导报告了此事，粮站领导很开通，也真心为我高兴，让我按学校通知要求去报到，粮站的工作就这样匆匆结束了。说起来，我在粮站这一个月过得很愉快，跟同志们处得很好，程书记、张站长对我都不错。离开的时候，他们两位还每人送我一个笔记本，题写了赠语，后来我用它们写日记，到今天还留着。

为什么是在粮站接到录取通知？这是因为：在知道了考分而不确定能否被录取的情况下，七月份莱芜县粮食局开始招工，家里怕错过机会，才让我一边等通知，一边参加招工。招工后，在粮食局参加了一段时间的培训，就被分配到莱城北面十五公里处的口镇粮所，成了粮所的正式职工。

口镇是莱芜第一大镇，也叫口子镇或吐丝口镇，历史文化遗迹不少。现代则有草把子事件和莱芜战役与之有关，口镇的雪野水库、香肠都很有名。莱芜二中也在口镇，与我所在的口镇粮所算是斜对门，中间有个丁字街口，二中在东，政府在西。政府对面还有一个很小的新华书店门市部，我在那儿买过几本书，比如钱锺书的《宋诗选注》，余冠英的《汉魏六朝诗选》。

　　粮所的主要任务就是收购和贮存粮食，我去的时候正是夏粮收购忙季，也就立刻跟十几个同事一起，天天忙于收粮和往粮库里抬粮食。那段时间，粮所院子里天天是农民排队卖粮的长队。抬粮食是重体力活，我虽然力气单薄，又没有真正做过这样的重活，但初来乍到，怎么好意思叫苦？同来的另一位女同事被安排做会计，书记给我分配任务时倒也说过以后或作别的安排，但眼下就是收粮食。好在我没怯场，咬着牙干，晃晃悠悠抬着大麻袋闷头往高高的板桥上前行。一天下来，头上身上全是土、全是汗，肩膀又酸又疼，下班后在宿舍洗洗干净，拿上碗就去伙房打饭吃。饭量也超大，一碗菜，几个馒头，特别喜欢吃两毛钱一份的"碴子肉"。所谓"碴子肉"，就是香肠加工厂用来做香肠的碎肉，因为加了小茴香，有一种特别的香味。在伙房干活的小伙子跟我说，他有亲戚在香肠加工厂，所以能弄来。那是我在口镇粮所吃的最有口镇特色、最难忘的美味。

　　但这样的日子只过了一个月就结束了。作为新入职的工人，我领到的工资是19.25元，除了近10元的伙食费，我还能结余一半。我就是用结余的工资买了那几本书，临走前还到口镇供销社买了两个茶叶罐送给程书记和张站长做纪念。

　　我当初从莱芜汽车站坐车到口镇，走的时候还是坐汽车回莱城，全部家当不过一个铺盖卷而已。在家里那段准备上学的时间里，粮所会计趁到莱城办事特意到我家，给我送来了第二个月的工资！

　　后来我多次想到，假如高考推迟恢复几年，我也许就彻底错过高考了。假如我没去泰安师专读书，我这辈子也许就只能从最基层的粮食管理员做起。还有，假如我的分数没有被计错，兴许真的就考进农学院去了……人的命运真是微妙不可言说。

初进山门

当时泰安是地区行署所在地，莱芜则是泰安地区下属的县。作为地区级城市，能够有山东农学院、山东矿业学院、泰山医学院、泰安师专四所高等院校驻在这里，在山东是少见的，大概仅次于济南和青岛吧。

泰安我多次去过，两三岁时因为患急性肾炎父母带我到泰安住过医院。童年随家人或亲戚回祖籍宁阳也都要经过泰安。但印象不深，只记得泰安火车站大门外的高坡、在一个饺子店里吃肉馅饺子不断被要饭的包围几个画面，还有就是圆圆的河卵石垒起的院墙。后来小学或初中时，父亲又带我去过几次，一般都住在岱庙东侧的东御座宾馆，那是我小时候住过的高档次的旅馆，因为它是招待上面领导人的内部招待所。父亲有老乡在这里工作，所以有这个方便。记得那位长辈招待我们的菜有一盘凉拌黄瓜猪头肉，也是我记忆中的美味。

而现在我却要在这里度过整两年的学习生活，虽然我更向往到更大更远些的城市，但在不可能的情况下，还是对泰安充满了期待。

报到那天，我是和另一位同为中文系录取的邻居女同学一起搭一辆大货车去学校的。穿的是一件白色海军上衣和蓝裤子，行李只有一件，那是家里最大的箱柜，父亲的黑色柳条包，里面装着被褥和必需的生活用品。几年以后，我二弟也是带着这个柳条包去北京读大学的。

学校在泰安城偏西北处红卫路西段，或者也叫红卫西路，这条路后来改叫文化西路，可能跟学校较多有关。因为师专东邻是泰山中学和山东财政学校，东段则有山东农学院和山东水利学校，泰山医学院在师专北面隔两条马路处，与天外村为邻。记得汽车开到红卫路上时，我注意到那是一条土路。

大货车在校门口送下我们就走了，一位中等个子的老师上来招呼，问清是中文系的，就用自行车帮我把柳条包一直送到东北角一个单面三层楼下，我自己把东西搬到三层中间位置的宿舍里。后来知道，用自行车帮我送行李到宿舍的是中文系党支部书记姜全吉老师。

中文系 1979 级也是两个班，两个班总共八十四位同学，大半来自泰安地区各县，另有约三十位则来自济南、青岛。开始两个班的同学都在一个大教室里，后来才又分成小班。但因为都在联合教室一起上课，也就不多么生疏。我在二班，第一学期住学校东北角宿舍时的舍友有田德成，第二学期搬到学校西北角宿舍又与许振宁、宿茂国、宋伯友、翟文柱、高洪雷等住一间宿舍。

开了学，上起课来，新的学校生活就算开始啦。我按捺不住爬泰山的欲望，就先去了学校后面的泰山西路小试身手。那时还没有盘山公路，只能过冯玉祥墓前的大众桥沿着向西的石板路走，经过一个很大的苹果园，到龙潭水库下面开始一步一步上台阶。上去再沿着水库东边的石阶路一直往上走，等过了建岱桥再继续走一段，就看到西面傲徕峰一侧的峭壁了。站在西溪石亭边看到传说中的龙潭瀑布和长寿桥，"探险"的欲望被唤起，想走到瀑布下面看看所谓的黑龙潭到底怎么一个情景。于是就顺着灌木中的一条小道慢慢下行，瀑布的喧嚣声越来越大，蒸腾的水汽渐渐把我包围，终于下到底，走到瀑布跟前了。那时候雨季刚过，瀑布还很大，激起雪白的飞沫和水汽，而那深深的"潭"却呈苍黑色，有深不可测之感。看了许久，踩着浅水中的石头到了溪流对岸，是长满密密松林的山坡。我打算从这里爬上去，从长寿桥西边下来，就一头钻进了松林。开始还好爬，不料越往上越觉得坡陡难行。可回头看看，瀑布已然落到脚下很远的地方了，总不能再退回去吧，只好鼓鼓勇气继续前行。等再次回头，吓了一跳，这回连长寿桥也在下面了。上山容易下山难，在紧张和慌乱中，一点一点绕到看起来不那么险峻的地方，终于回到了长寿桥的位置。

记得那次下山后，出于对初次登高留下的"惊艳"之感，竟凑成一首带有律诗特点的七言韵语，如今只有两句还记得起来：这般嵯岈沦脚底，如此长寿落碧潭……

至于从红门路正式登泰山，写这段回忆时一下子有些模糊，不敢认定入校后的第一学期是否登过顶。后来多次想，才恍惚记起是那年中秋节时一个人上的泰山，印象中南天门那儿的磴道上还有冰，非常滑。山上月华如水，引我产生遐想，甚至有诗情撞击灵府。下山之后曾写过一首不短的"骚体诗"，感觉很有成就感，连同一封长信寄给了还在莱芜复读的中学好友王磊。

转年暑假我留校做"保安"，期间曾接待侯卫东、柳林两位中学同学（也是一个大院里的伙伴），并陪他们一起登山。当天上当天下来，回来疲惫不堪地到师专家属院食堂吃饭时，才发现带到山上的一把黑布伞丢了。后来侯卫东来信，信里居然夹着十余块钱，说是给我买伞用的！这两个家伙。

占位子听名家讲座

大学生活开始，确有上了一个大台阶之感，这有方方面面的因素。对我而言，首先当然是视野拓展、精神提升的学习生活。至今仍觉极为珍贵的就是短短两年中，竟然会有那么多高层次的校外专家讲座或学术报告活动，这对一个专科学校来说实在有点不可思议。

入校不久就有山东大学古代文学教授高兰先生来中文系，那时候他已经七十三岁，鹤发童颜，和善、慈祥，几位同学合作朗诵了他抗战时期的名诗《哭亡女苏菲》，把气氛推向了高潮。随后高先生自己示范，也朗诵了一段，声音不高，但深沉感人，他的眼角里含着泪水。张杰老师主持这次活动，他的开场白是："高兰先生是著名的诗人，也是我的老师，今年已经七十多岁了……"

四个学期，讲座活动多数集中在前三个学期，现在能回忆起来且印象较深的有这些（李振伟同学帮助补充）：

> 山东大学高兰先生讲诗歌朗诵；
> 中国艺术研究院李希凡先生讲《红楼梦》研究；
> 山东大学张健教授、南京大学张月超教授分别讲莎士比亚（外语系邀请）；
> 兰州大学赵俪生教授讲清代山东诗人；
> 山东大学孙昌熙教授讲现代文学；
> 山东师范学院聊城分院薛遂之教授讲鲁迅；
> 山东师范学院高更生教授讲汉语文字；
> 中国民间文艺家协会陶阳先生讲泰山民间文学；
> 电影演员张亮、朗诵艺术家曲弦和的诗朗诵；
> 上海教育学院王必辉教授讲中学语文教学法；
> 山东大学车锡伦先生讲韵辙（十三辙）；
> 泰安一中宋遂良老师讲四次文代会……

其中，印象最深的还是赵俪生先生的报告。赵先生也是鹤发童颜，但他风格与高先生不同，高是诗人本色，赵是学人风范。

他好像有两次来师专，每次坐在台上，都不带讲稿，埋头讲，滔滔不绝，口若悬河，真让人佩服，赵先生的讲课真正让我目睹了大学者的风采。如今时过境迁，还记得他讲到赵执信的"信"字应该发"shēn"音。

曲弦和、张亮先生来朗诵那次，我正好感冒了，忍不住老是咳嗽，坐在我身边的张亮先生关心地询问，还端给我一杯茶水。当时主持活动的老师介绍说张亮是饰演电影《林家铺子》中的谁谁，我没看过电影，当然也联想不起来，但他的儒雅谦逊似乎跟电影演员联系不起来，倒更像一个书生。直到很久以后，我才看了《林家铺子》黑白片，认出了那个演店员寿生的就是张亮先生。

每次名家讲座，同学们都积极抢座位去听。往往一接到通知，就把自己的椅子早早搬到讲座的教室，尽量放在第一排，第一排放不下了，再放第二排……

除了校外专家，中文系不少自己老师的讲座也很受同学们欢迎。比如一入校，中文系负责人张杰老师就介绍了郭沫若的登泰山诗，现在还记得的是关于赤鳞鱼在阳光照射下"金光闪闪"的描述。刘增人老师讲过一次关于冯雪峰的讲座，刘老师声情并茂、幽默多趣的讲课风格一直受到历届学生的好评。

除了前述校外专家讲座，刘善军同学还补充说本校方永耀老师讲过南北朝诗歌；刘玉彬同学补充了古汉语教研室孟祥鲁老师关于唐代大诗人李杜在济南泰安相会的讲座，但我没印象，也许有的讲座被我错过了吧。

衣食住行

我记得很清楚，和同学搭大货车去泰安上学那天，我穿的是白色海军上衣和普通蓝色裤子。但从几张老照片看，当时在学校常穿的，除了这件白色海军上衣，还有一件黄色的确良陆军上衣。

怎么全是军装？这是因为：首先那时候流行穿军装，也可以说穿军装在当时是时尚；二是除了军装，家里似乎也没有更像样的衣服，此前做的衣服要么不规整，要么颜色不合适，总之没有军装那样看起来更像礼服。所以第二年春天在校园里照相，到照相馆照毕业照，我穿的都是那件黄色的确良军上衣。

这件衣服是一位当过兵的亲戚送我的。

与军装配套，几乎每个同学都有个军用书包，日常学习往返于教室和宿舍之间都背着，外出、回家也是如此，连女同学也是这样。有一回逛街时碰到1980级二班班长李峰同学向我借粮票，我看到她也是肩挎黄书包。我自己，也用一个这样的书包，现在还留着呢。

再说食。因为是师范类学校，按当时政策，伙食每月补助十七块五，这就基本解决了吃饭问题。此外的花销，家里大概每月给我五到十块钱买点书籍和日用品，或者偶尔在外面吃碗面条换换口味什么的。

刚去学校时，吃饭也以小组为单位集体打饭。每到饭点，组长、副组长端着盛菜用的脸盆和竹筐先去排队把饭菜领出来，再一一分到小组成员的饭盒、饭碗里，八九个人就这么蹲地上围在一起用餐。同学们的餐具也是五花八门，有铝制饭盒，有搪瓷碗、搪瓷大茶缸……菜当然是大锅菜，每个盆里配一把铁勺。大概从第二年起，打饭方式变成个人排队用饭菜票买，每次都排若干条长龙，好多个窗口。菜分粗细，粗一点的五分、一角一份，细一点的一角五分、两角，主食除了馒头还有面条、包子，我特别喜欢吃的是二两粮票加五分钱一个的肉包子，一顿吃四个也差不多饱了。

不过食堂的大锅饭清汤寡水，天天吃总会生厌，后来跟别人学会从家里带些大米去，可用自己的碗装上小半碗米，送到食堂代蒸，那时候大米饭不容易吃到，这样算是改善伙食了。同宿舍的宋伯友同学来自新汶矿务局，我看到他用暖水壶做大米稀饭（就是将大米放在暖水壶里烫一夜，第二天早上吃），也学会了。

住。第一学期住在校园东北面，运动场后面的单面楼第三层，但楼后面是个大粪场，很臭，几经交涉也改变不了。第二学期以后搬到西北角宿舍区，两个三层的旧式筒子楼，前面是女生宿舍，后面是男生宿舍。两座宿舍楼之间是几棵合欢花树，五月份开花时粉红黛绿，十分好看。我的宿舍在男生宿舍二层朝南的一个房间，西南角的上下双人床，许振宁大哥住上面，我住下层。木床最大的问题是臭虫很多，晚上很多时候都是跟臭虫作战，当感觉到臭虫们爬近身边时，一辚辘坐起来，开灯，就会看到臭虫四散而逃的情景。这时候就赶紧用手捻，手快的话一次可捻死两三只，如此三番五次，直到没了力气就倒头睡去……后来学校后勤部门也设法灭虫，但不解决根本问题。

住校读书，行的问题不突出。泰安城不大，西边一条龙潭路，东边一条青年路，南面一条东西向的财源路，加上中间东西向的红卫路（后来改叫文化路）和岱宗大街，大致构成一个"甘"字型，周末去城里逛逛，步行也尽够了。当然，也因为没有公交车和自行车可用。农忙季节到郊区劳动，最后一个学期实习，都是学校派大卡车送、接。

跟自己"较劲"

1979 级跟 1977 级、1978 级相比，应届生比较多了，"老三届"

也少多了。故而学生之间年龄差距就缩小了些。但还是差不少，年龄大的已二十五六岁，最小的才十四岁，虽然已不是"老少同学"，可也算是青年和少年的差距。我是年龄偏小而非最小，入校时不足十八岁，在年纪较大的同学面前，就觉出自己的幼稚来了。加之新的环境带来的自我超越欲望，于是暗自下决心在各方面突破从前的自己。

这就是说，考入大学的自己看到了从前自己的种种不足，有了积极进步、进取的愿望，而且这种愿望还特别强烈，这当然也是少年壮志的正常表现。

客观上，新的学习环境也提供了参与和施展身手的条件。如此一来，自我感觉整个大学两年时间过得很快，生活也似乎很充实，各方面也没有什么不顺利的事。所以，对师专时期的学习生活，我持基本满意态度。

回头想想，也许可以用"主动"这个词描述我在校期间的表现，一切的收获都跟"主动"相关。

刚入校不久，就有文艺理论教研室刘凌老师组织学生座谈《天安门诗抄》。1976年清明节的天安门事件给我触动很大，早晨上学路上听广播就记住了"欲悲闹鬼叫，我哭豺狼笑，洒血祭雄杰，扬眉剑出鞘，中国已不是过去的中国，人民也不是愚不可及……"的诗句，后来"诗抄"出版，我也很关注其中的歌谣风格。因而就抱着极大的热情参加了座谈，还发言，记得多数同学都是谈思想性什么的，我的重点是谈古体诗、歌谣的形式，结果会后刘凌老师找到我，让我把发言写成文章给他。但我掂量来掂量去，觉得难度太大，最后不了了之。盖彼时基础太差，毫无学术意识和基本训练，实在写不成也。

学术上一时提高不上去，一般的校园文化活动还是积极参与的。两个班在一个大教室里，晚上搞过一次朗诵活动，我从《文选课》教材里选了一首贺敬之的诗《西去列车的窗口》，大着胆子走到前台朗读。诗很长，但同学们都很安静，完了鼓掌，我自认为很成功，至少我敢于在"大庭广众"面前暴露自己了，这是我当时意识到的"进步"。直到毕业十年聚会时，才有同学开玩笑说，你那次朗诵太长了，声音也小，我们都没怎么听见！

再后来，演讲比赛、写作比赛都有了，我全都参加。演讲，那时候时兴激情演讲，也和当时思想解放运动有关吧。大家思想都很活跃，似乎也确有话可说，当然有时也不免偏激或偏执。我大概参加过一次，主观上很投入，一种血脉偾张、激情澎湃的感觉，但印象中并未获奖，大概我并不适合演讲吧。

写作比赛是二年级的事了，留下印象的有三次。一次是命题作文《灯下》，同学们投稿很踊跃，我也写一篇交了，评比活动搞得似乎轰轰烈烈，甚至把征文都张贴到大礼堂里让全体同学投票（好友王磊路上碰到我，说给我投票了），结果我只得了个三等奖。我后来意识到，我的作文可能有点偏题，因为我写的是"灯光"而非"灯下"……那时候写命题作文讲究"扣题"，一不留神就有可能走偏，这也是高考命题延伸出的情况吧。

第二、三次都在最后一个学期，先是开学初学生会搞的大型创作征文。我自己很想来点自我突破，琢磨良久，决定写个知识分子题材的独幕话剧。为此做了不少准备，还给考入山东建筑学院的中学同学的弟弟写信了解建筑美学方面的知识。因为此剧把故事设定在一座大桥的建筑过程中，主人公就是一位桥梁专家，写他和女儿在"文革"中的遭遇及后来的平反，剧名就叫《看那银色的桥》。说心里话，那是我最用心的一次写作，整个过程都很投入，写出来自己也很满意，还和高洪雷各自拿着自己的作品送给刘增人老师看，可没想到结果公布，也只给一个三等奖！这回我可有点不服气了，认为评得不公平，所以获奖作品集印出来发给我样本，我一声不吭送回去"原璧归赵"。少年意气，一至如此！想来也甚可笑。

第三次是"七一"征文，好像是校宣传部搞的，但具体由李军同学负责征稿。政治性太强，我不感兴趣，但李军一定让我交一篇，不得已只好构思一番，写了一组诗稿交上，尽量写得亲切自然些，没想到这回却给了一等奖，也印了作品集，还发了奖品。可我心里清楚，这组诗稿分量，远不如那个剧本，虽然得了奖，却没什么感觉。

人生在世，不如意事常八九，这本是常态，但若执迷，就易走偏。我好做梦，却也颇自知，不钻牛角尖，碰到不太顺利的事倒也放得下。譬如有一回搞新年晚会，我也报了个独唱，节目审查时让我试唱，有同学就说声音太低而未获通过，这我肯定是服气的，因为我的确没有这类演出经验嘛！还有，那时候在阅览室看很多文学杂志，也曾很认真地给编辑部写信提意见提建议，满腔热情，字斟句酌，以为能替人家解决大问题，实则不过剃头挑子一头热，勇气可嘉而已。

不过，从历练自我角度看，这种积极参与的态度，还是好的吧。

老师们

专科学校的问题就是时间太短，两年能做什么呢？刚刚明白点事，一切就都结束了。这是毕业工作后我常常想到的一个问题，那时候仿佛才明白了啥叫书到用时方恨少。

时间有限，课程，尤其是基础课程之外的专业选修课就开不出来了，然后就是基础课程本身的课时也会有所压缩。再加上高考恢复伊始，一切还都像是犹抱琵琶半遮面的样子，教材既简陋又带着那时特有的政治气息，拿在手里有一种不忍卒读之感。

好在那时候各个学校的"起点"都是一样的，经过了"文革"，除了1949年前就有所积累的老一代学者（往往因政治原因有这样那样的罪名而"靠边站"），各校中青年教师的情况都差不多，本科与专科的界限也并不怎么清晰。故而当时的泰安师专和一般本科院校是在同一个平台上"竞技"的。就在我们升入二年级时，系领导在一次大会上宣布，泰安师专中文系和曲阜师院历史系、烟台师专外语系被评为山东省高校优秀专业！

中文系教师的主体是"文革"前毕业于山东大学、北京师范学院、山东师范学院和曲阜师范学院的中年教师，另有不多几位1949年前大学毕业的年长者如孙毓萍、李震远老师。

我现在试着把当时的课程和任课老师（每门课按授课先后）写出来：

　　　　形式逻辑：姜全吉

　　　　文选：王玉民

　　　　现代汉语：何蕴秀，孔昭琪，孙越

　　　　古代汉语：孙毓萍，孟祥鲁，高照夫

　　　　古代文学：李震远，林祥征，曹抡元，方永耀，汤贵仁，冯金起

　　　　现代文学：张杰，刘增人，刘克宽，倪西顺

　　　　当代文学：杨树茂

　　　　文艺理论：刘凌，张继埜，孙波

　　　　外国文学：李骅，姜岱东

写作：张兆勋，张连科，王黎

中学语文教学法：冯守仲

教育学：于达，齐崇文

心理学：邱季曼

政治经济学：郭永礼

哲学：张系朗

党史：从新疆调来的一位刘老师

辅导员：李胜利

　　何蕴秀老师的现代汉语语音课，真可说是珠圆玉润，节奏把握得好，听来是享受。何老师的爱人汤贵仁老师讲唐诗宋词也好，现在还记得讲韩愈"云横秦岭家何在，雪拥蓝关马不前"时的情形，还有第二个寒假前他到教室里辅导，与同学们围炉夜话——那时候，教室里生着烧煤的铁炉子，每天生炉子是值日生必做的功课。方永耀老师也讲古代文学，他是浙江萧山人，不少同学都认为方老师的话难懂，我却很喜欢听，他的话里应该有很多入声字，我感觉他读古人诗最有味。他讲魏晋南北朝时期的诗人如鲍照，但有一次也讲到"沧浪之水清兮，可以濯我缨；沧浪之水浊兮，可以濯我足。"我印象很深，以至于几年后我调回母校与方老师成为同事后，还专门请他用毛笔把这两句诗写给我。

　　方老师讲课声音很大，富有感染力，对学生要求也严。有一次把同学们的听课笔记收了去看，结果发下来时，我发现增加了很多红笔的补充和纠错。

　　孙毓萍老师应该是与我们同一年进入师专的，和李骅老师同时调来。孙老师那时年事已高，耳朵有点背，上古汉语课时拿着教案，不停地往黑板上抄写，他讲四声，以"花红柳绿"四个字作示范念给我们听，但他自己一口鲁西方言，所以念出来的就是鲁西版的四声了。后来知道孙老师是老北师大毕业，是黎锦熙、罗常培先生的弟子，本来在山东师范学院从教，1979年"落实政策"才改入泰安师专。

讲古汉语的还有孟祥鲁老师。孟老师胖胖的，眼睛眯着，冬天一条大围巾，最儒雅。他好像也是南方口音，读"泉香而酒洌"时"洌"字发音不似去声，倒仿佛是二声，即阳平，声音是升上去的。他后来调到山大，1983年暑假我去山大阅卷（高考卷），曾到孟老师家去看望他。

杨树茂老师讲当代文学。印象最深的是他讲王蒙小说，《说客盈门》，特别是用意识流手法写的《春之声》。这种引导使我此后很长一段时间追踪王蒙的创作。杨老师讲课，不用备课本，手里只有厚厚一沓卡片，他的口头禅是"于是乎"，下了课大家也跟着"于是乎""于是乎"地嚷……

课程考试中最有特色的是外国文学。记得当时采用了口试的办法，几位老师分头在不同教室里召集抽到该组试题的同学，先个人准备十分钟左右，觉得可以了就接受老师的提问。我抽到的好像是关于雨果的试题，但提问者是姜岱东老师。现在还记得他那笑眯眯的样子，考完还故意吓唬我：回答得不是很理想！结果成绩出来时却是优秀。不知这口试的办法是哪个老师主张的，我觉得很有意思。姜岱东老师当时还以"齐勉"为笔名出版过抗美援朝题材的长篇小说《碧空雄鹰》，我上中学时读过。

我暑假回莱芜时，把师专听课的事讲给高中班主任隋庆云老师听。她告诉我刘增人老师是她大学同学，便特意写了封信让我带回。这样，有一天，我就带着隋老师的信去拜见刘老师了，从此成了刘老师家的常客。刘老师讲现代文学课，激情而富有风趣，比如他讲到狄更斯小说《大卫·科波菲尔》中一个人物笑的时候把胸前衣服上的纽扣都崩飞了，听课的同学们哄堂大笑。我经常把我的课堂笔记本拿给刘老师看，刘老师则每每认真地为我指谬，我在笔记里批评当时的电视"广告文艺"节目只有广告没有文艺，刘老师也给予肯定。这都是不能忘记的。

同学们

不入园林，怎知春色如许。大学毕竟是大学，格局和人物跟中学就是不一样，这是我在泰安师专读书时的真实感受。

师专的同学多数来自泰安地区各县，一部分来自济南、青岛地区，无论是"老三届"还是应届生，一定都是各地各中学的精英。虽说精英中有不少去了更好的大学，但来师专也往往有各种原因，有考分很高而不被其他院校录取的，也有高考失利的。总而言之，在学校不同场合，总会不断产生人才济济之感。

首先是被同专业师兄师姐们的才华和成就打动，而感觉佩服。1977级入学晚，他们在校最后一学期是我们入校后第一学期，不过或许他们已开始忙于实习、毕业，所以并无什么交集，倒是1978级学长们的活动我们看到的多些。大概是高洪雷同学的推荐，入校不久我就被告知成了中文系文学刊物《岱蕾》的编辑成员，1978级肖永久学长向我约稿，我就把自己的日记本给他，让他从中选，后来油印的小报出来，我看到自己的两首古体"小令"被选用了。这大概是我第一次发表"作品"吧。作为编辑，当然会参加编辑组的会议，但感觉自己常常是无话可说，因为学长们太成熟了，他们还会因为观点不同产生分歧。有一次小报印出来，发现右上端编辑组成员一栏内有两个名字用毛笔划掉了，据说就是在用稿上看法不同而导致两位成员宣告"退出"。

《岱蕾》先是对开 16 开小报的形式，后来刊头由黑色变成红色，再后来成了 16 开杂志形式，就很像样了。1978 级严斌学长的小说像模像样，后来我们 1979 级的郭仁勇也是重要作者。

1978 级留给我们印象较深的，还有他们排演的话剧《炮兵司令的儿子》。据说在省里大学生汇演中获了奖，回来在食堂前面的大礼堂里演过一回，非常精彩，很有些正规话剧团的表演水准。后来我重回母校，看过不少次学生们的话剧表演，觉得都比不上 1978 级的演出，是因为他们更成熟还是我的印象问题，就说不清了。男女主角的扮演者武传涛和朱丽琴，是 1978 级的佼佼者，武传涛学长的朗诵更是为历届校友所知。

说到我们 1979 级，除了倪和平、刘民在高兰先生讲座时参与的朗诵，郭仁勇的小说写作，令我印象深刻的还有几件事。第一件事是联欢活动中一班的男声小合唱《春天里来》，那首歌我第一次听到就非常喜欢，很久以后才知道是民国时期左翼女作家关露作词。当时的演唱者是王本群、刘玉彬、唐亮、魏武，他们似乎还演唱了南斯拉夫电影《卡斯特桥市长》中那首著名的插曲。

第二件事是中文系古典诗词背诵比赛。老师们事先做了一些卡片，写上诗词的题目，同学们抽题背诵。一般同学背几首绝句甚至七律、满江红什么的也就罢了，令人称奇的是来自平度的姜挥先，他竟然连《琵琶记》《长恨歌》都背下来了，令众人刮目相看，最后他拿到的奖品当然是最高最多的，是两套罗曼·罗兰长篇小说《约翰·克里斯朵夫》的中文译本，让我很羡慕。

第三件事是在一次演讲比赛中，杨平刚同学的演讲受到了不少同学的质疑。为什么质疑？我印象中好像是他在谈到毛泽东时情绪比较激烈，本来这在当时背景下也很正常，但却未必人人都能接受。毕竟我们这代人的认知水平有缺陷，自我启蒙并不容易。所以我记得杨平刚讲完，就有同学上去很激动地反驳他，其他同学也在下面议论纷纷。回头想想，倒觉得杨平刚着实不简单。

还有件与我有关的事，或许也可以记在这里。那时候对课程的学习，大家都比较上心，基本上不存在逃课现象，反正我从未逃过课。但下了课，对学习抓得紧一点松一点还是不一样的，这可以从晚自习在教室里的人数以及离开教室的时间看出点眉目。晚自习一般两节课时间，十点左右教室里就熄灯了。此时大多数同学都离开了，可还有五六个不走，一直待到十一二点。用什么照明呢？用白蜡烛，我印象中坚持较久的同学有李天真、刘民、吴雪梅，时间长了，就有了"蜡烛派"这个说法。我很幸运，是"蜡烛派"的一员。这是我们二班，一班有没有我不知道。

我在师专时对文艺理论课兴趣更大些。记得为了考试，把以群、蔡仪各自主编的文艺理论教材对照着读，对照着做笔记。对张继堃老师的"文学理论"课也很喜欢，结业考试中张老师给我打了92分。

1980级二班请1979级同学为他们介绍"学习经验"，被叫去的人以"蜡烛派"居多，包括我在内。我还记得用一首台湾现代诗《月之故乡》为例，与1980级同学分享自己课外阅读的"经验"。

我们1979级两个班，同学们的年龄差距已不似1977级、1978级那样大，但最大和最小之间也还有十几岁的年龄差。虽说平日住在一起也觉不出明显的"代沟"，可实际交往中微妙的心理距离到底还是存在的。我没太留意同学们之间的结伴或交友情况，自己对交友的态度却像是偏于苛刻，两年当中仿佛只跟高洪雷关系密切。毕业前那个寒假，我们二人最迟离校。有一次天气极冷，在宿舍待不住，我们遂跑到红卫西路路口的前进饭店要了两个菜和一两白酒，体验了一下"微醺"的感觉。

做了一个暑期的"保安"

两年师专，时间实在太短，再去掉两个寒假和一个暑假就更短了。当我意识到这个问题时，就决定把中间那个唯一的暑假利用起来，不回家，而选择留在学校。刚好学校保卫处也要找假期护校的学生，我就报了名。

这样，1980 年的暑假，我就变身为在学校大门值班室值班的"保安"，有一半时间是白班，另一半时间是夜班。

其实无论白班还是夜班，都谈不上多么辛苦，无非是时间大大被消耗掉了。虽说可以带本书，但毕竟是值班，总不能把值班室变成自修室吧？

而那个暑假我之所以读了十几本书，主要还是利用了"下班"后在宿舍的时间。读的第一本书是李骅老师借给我的希腊神话，因为开学后就有外国文学课了，李老师要讲神话，所以借给我这本书。我费力地记那些希腊神和英雄的名字，从完全陌生、拗口到慢慢熟悉，知道希腊名字有它自己的特点，跟英美俄法的人名不一样。读了希腊神话，再去了解欧洲文学，就会感觉轻松多了，因为这是欧洲文化的源头，欧洲文学的典故要么出自希腊神话，要么出自《圣经》，不从这两个源头出发，欧洲文学就进不去。

现在想起来，那个暑假读的书好像多半是外国文学。譬如塞万提斯的《堂吉诃德》，拜伦的《恰尔德·哈洛尔德游记》，狄更斯的《大卫·科波菲尔》，巴尔扎克的《幻灭》，莫泊桑的《俊友》，司汤达的《红与黑》《红与白》，托尔斯泰的《复活》……《安娜·卡列宁娜》是不是暑假读的不太确定，只记得后来课堂上李骅老师讲到安娜的悲剧时，我曾经不同意李老师的观点，举手发言谈过我幼稚的看法，那时候我竟然认为安娜是"不道德"的。

刚入校时，图书馆在教学楼一楼，办好了借书证就去借书，却不知道借什么书才好。翻半天卡片，看到《古谣谚》的书名心里一动，就让管理员拿出来了。厚厚的精装本，显然也是"文革"前旧书，但没怎么读进去。后来又心血来潮，借了同样是精装本的《资本论》，也还是读不进去。

回顾大学读书生活，除了那个暑假读的外国文学经典，印象最深的还有两种：一是《十月》杂志上礼平写的长篇小说《晚霞消失的时候》，二是钱锺书的《围城》，我在火车站旁边小巷里的新华书店买到一本新出版的《围城》，细细读了。

《晚霞消失的时候》给我的感觉是震撼。特别是男女主人公在泰山盘道上的对话，几乎每句都带着新鲜的"哲理"。比如万物起源于水的说法，好像故意跟我们从小熟悉的"万物生长靠太阳"唱反调一样，年轻的心立刻就被感动了。这部小说在同学群里产生了巨大反响，排队打饭时，大家拿着饭碗也在不停地议论、争论这部书的人物和主题。至于《围城》，给我带来的更多是惊讶和愉快，想不到小说可以是这样的，它给我的愉快是智慧的愉快。

至于专业方面的购书，一般是班干部通知一起邮购当时外地学校编写的新书，如一套三册《外国作家谈创作》，如《中国当代文学作品选》，我注意到后一本书的书名为吴伯箫题写。

此外，在校期间不少同学还自订了期刊，我订的是《诗刊》。我在一次朗诵活动中朗诵的老诗人冀汸的《回答》，就是从自己订的《诗刊》上选的。当时不认识"汸"字，查了字典才知道不能想当然地念"半边字"。没想到二十年后，我竟然在杭州见到了耄耋之年的冀汸先生，而介绍我去认识冀汸的则是我熟悉的老乡诗人吕剑。

两年的学习生活，也不尽是听课读书，令人放松开心的娱乐或许更难忘。然说到娱乐，则又因人而异，不同的人自会有不同的记忆。就我来说，晚上在中文系走廊里看连续剧《大西洋底来的人》和平日同学们包场到电影院看外国电影，就是最令人愉悦的精神享受了。《大西洋底来的人》是科幻题材，极大地满足了大家对外星神秘来客的好奇，我印象深的则是麦克哈里斯英俊外表下的善良心灵。几个外国电影，我记得的有《冷酷的心》《叶塞尼娅》，有同学补充说还有《佐罗》。

实习、春游与告别

1981 年开始了，大学生活进入最后一个学期。

这个学期最重要的内容就是校内的"模拟实习"和校外的实习，算是师范性质的集中体现吧。

课程中有《教育学》、《心理学》、《中学语文教学法》，也是体现师范性质的，但说实话，这些课程的课时既不多，师资配置也不理想，所以除了《心理学》略好些，我对另外两门课的印象不深。到了模拟实习阶段，记得曾看过几位特级教师的讲课录像，北京的刘朏朏老师，上海的于漪老师，还有"得得派"什么的。这个比课堂讲授效果好，直观、生动，一看什么都明白了，轮到自己上讲台，心里就有了"模范"。校内的模拟实习分小组训练，每个组一块小黑板，轮流试讲，大家互相挑毛病、提建议，感觉很好。

真正的实习是分头到泰安郊区几个中学，好像有范镇、汶口、北上高几个地方。我和本班一部分同学是到东郊北上高的十九中，乘大卡车去的。东出泰安城不久北转，一会儿就到了，自带行李，住大通铺，吃食堂的大锅饭。我们小组的指导教师是十九中一位女老师，现在印象都模糊了，感觉还是本小组成员之间的互帮互学更有效。教学实习，无非是听指导教师和本小组成员的课，最后自己上台讲一节。第一次登台虽说也颇紧张，腿打哆嗦，但同时也有一种强烈的自信或曰表现欲，使自己努力不显露紧张。当时讲的什么课也忘了，总之根据备课要求，把每一环节都设计好时间，从题解到导入课文再到字词句篇以至最后的课堂练习，毫不含糊。可爱的是那些初中学生，跟我们很亲热，离别时候依依不舍，这大概说明人人都喜欢新面孔，喜欢结识新朋友吧。

还有一点就是，当初读师专的"一半无奈"经过两年的"专业思想教育"，到临近毕业时的确淡化了不少，某种程度上甚至有点喜欢当教师了，这是始料未及的。不过我这个人在职业方面似乎持开放态度，好像什么都愿意去尝试。

实习回来就是清明了，班里组织了一次春游，到四十里路外的灵岩寺游玩。从泰安站乘火车约半小时，在万德下车，向东沿公路步行约十里就到了。灵岩寺是历史上的著名古刹，辟支塔是标志性建筑，我们那时候去好像已经开放了一段时间，游人很多。特别是上山时感觉人头攒动，当时拍了不少照片，有集体照也有个人照。李薪同学自带相机，给我照过一张独照，又和我、洪雷三个人合照了一张。同宿舍的宿茂国同学也拉我照了一张，后来发现背景正是辟支塔的塔身。回来还是先步行到万德，再乘火车返校。

前段时间翻翻在校期间的照片，发现竟然还有7月份照的，比如校宣传部通讯员在校门口的合影，这说明那年毕业离校较迟。还能证实这一点的就是，当时在教学楼走廊里看新闻，看到新当选为中共中央主席的胡耀邦讲话特别富有激情和鼓动力，本来是挥着手臂坐着讲，后来突然站起来了，说新长征就像登泰山，从十八盘到南天门再到泰山极顶。当时很为胡耀邦的形象激动，因为从来没看到过如此热情奔放的领导人。后来查查，那天正是七月一日。

天下没有不散的筵席。不过毕业离校，大家仿佛都像是学成凯旋，没什么感伤，只是很重视为这样的分离留下点什么纪念。每个班里给同学订了纪念册，大家互相留言，都是好话，把两年积累起来的情感凝练成动人的语句写在了纪念册上。

这本纪念册和师专两年与父母以及中学同学的通信，连同当时的一两册笔记本都遗失了，真可惜。特别是济南外祖父给我的回信，因为不知道我的学名，信封上写了我的乳名，多么有意思！可是也找不到了。

第二章　重返莱芜

重返莱芜

参加省直分配的希望落了空，最终还是被泰安地区教育局按原籍分回莱芜，再由县教育局二次分配，遂令我与地处莱城东南方向颜庄镇的四中结下一段缘。

这个结果有点出乎意料。那年从师专中文系毕业的四个县机关干部子弟，都没有被"照顾"留城，全分到了基层学校：离县城最近的在高庄十八中，另一个去了口镇二中，被分到颜庄四中的是我和王霞二人。

意外归意外，接受起来也并不困难，对工作的热情和理想帮助了我，让我平平静静地准备从四中开始自己的教学生涯。

家里也毫无异议。父母这代人都是"公家人"，服从惯了，再说看到子女大学毕业成为中学教师，毕竟欣慰的成分更多，先到基层锻炼锻炼也非坏事。种种因素，使得他们也同样平平静静接受了分配结果。而且，如同两年前上大学为我买了上海牌手表一样，现在又给我添置了一辆青岛产的"大金鹿"自行车。颜庄距莱城三十里路，骑车一个小时，故而自行车是最实惠的往返交通工具。

用树枝当筷子，吃了第一顿饭

既然参加的是二次分配，自然须按县教育局的要求到单位报到。这样，从县委大院东邻的教育局拿到介绍信后，我就在暑假中的一天打起铺盖卷，骑上自行车，过汶河大桥，第一次向莱城的东南方向出发了。

莱芜虽说不大，可除了杨庄、高庄、县城和口镇，其他地方我都还不曾涉足。颜庄在县城东南，与新泰、沂源接壤的一带全是山地。柏油公路北侧是汶河的上游，公路两边种的是白杨树，白杨树的外围是田野和村庄。较大较有名的地名则有鄂庄、安仙、南冶、港里，其中鄂庄、南冶都有煤矿，这些都让我充满了好奇。如此一路走，一路看沿途风光和高高的煤渣山，不知不觉渐近颜庄，庄北那段笔直、平坦、林荫满路的大道尤其给我留下了好印象。

四中恰好就在庄北路边右侧。院落坐北朝南，大门东向，距公路约有百米，避开了公路的噪音。进大门，迎面是语录墙式的照壁，南侧一排平房为教师办公区，北侧一排平房则为教师宿舍。校园中间是一个不标准的运动场，场子北面依次是行政办公区、伙房、另一个运动场地和新建教学楼。学校南面则仍为红瓦平房，有图书室、校办工厂等。

因系暑假，校园里一片宁静，也几乎看不到师生走动。在行政办公区找到教导处，接待我的是一位和气的老人，后来知道他是快退休的肥城籍老教师武冬如主任。

办好报到手续，武主任又带我找到管后勤的一位东北口音、高个子的老同志（董树德），给我安排了宿舍，把行李放下。看看已是中午，武主任又带我到办公室后面的伙房吃饭，向伙房值班的师傅介绍我，师傅略带歉意地表示，假期没人来吃饭，只能将就着做碗面条了。于是不一会儿，就端给我一碗热腾腾的面。可是面有了，伙房里却没有筷子，我自己也忘了带餐具。只好跑到院里，折了一根下垂的柳树枝，做成一双"筷子"，吃下了来四中后的第一顿午餐。

汶河边的合影

近日从相册里找到在四中时的照片，其中一张是语文组同事在汶河边的合影。由照片上的人判断，应该是第二年所摄，因为那时语文组成员已有所变化，有的退休，有的调走，有的是第二年新分来的。

刚去四中时，语文组办公室在前面平房教学办公区，分初中、高中两个小组，初中有三位老师，杨守诚老师负责，另有刁向坤、李光举两位老师。高中也是三位，姜如松、亓俊良、张仲芝，我和王霞新去，一个分到初中，一个分到高中，凑成了"八仙"。整个语文组，由姜如松任组长。姜老师也是唯一的南方人（江苏宜兴），他和亓俊良对桌，犹记得他常在办公桌后面放一双雨鞋，下雨天就换了雨鞋回家。他也是唯一不吃食堂而到家里吃饭的语文老师，他家住在学校西面的埠东村（实际是赁屋居住）。

张仲芝、亓俊良老师是高庄人，刁老师在莱城西关东头，杨、李两位似乎都离颜庄不远。

第二年暑假后，学校又有新来的教师，数学、外语、物理都有一两个，语文组的新成员是山大毕业的司厚一和师专毕业的管然荣，分别接替上年退休的刁老师和调到泰安教师进修学院的姜老师，总人数没变，还是"八仙"。办公室却搬到了新教学楼二楼东侧一间空置的教室里。

这张照片，显然是第二年以后语文组成员的合影，至于是当年初秋还是翌年初夏所照，就记不太清楚了。照片上的七人，前排左起依次为：亓俊良，张仲芝，李光举；后排左起依次为：我，王霞，管然荣，司厚一。

秋假骑自行车，作鲁中七日游

暑假后开学不久，又有秋假两周，这大概只有农村中学才会有吧？这不是"待遇"，实则出于师生们的实际需求。放假是因为家在农村的教师、学生要参加秋收，不是为了休闲。不过对我而言，倒的确是一次休整的机会。或许是受了高中毕业后与几位同学骑自行车旅游博山的启发，我有了新的计划：骑着新买的大金鹿自行车"走读"鲁中地区。反复查阅地图后定下的行程线路是从莱芜到博山，再到淄川蒲松龄故居，然后经张店、周村到济南外祖父母家，从济南经长清到东平，接着是汶上、济宁、曲阜、邹县，最后到新泰高洪雷同学那里落脚返回颜庄。

我用了整整七天，骑行了千把里路，如期回到了出发的地方。一辆崭新的大金鹿自行车，一把长柄黑伞挂在车把上，先后在淄川、周村、济南、东平、济宁、曲阜、新泰住宿，济南、济宁和新泰都是住亲友处，其他地方住招待所，最贵的招待所是曲阜县招待所，住一晚一块两毛钱。最圆满的是，北方的晚秋之季，天气晴好，不下雨，甚至也不会阴天，走到哪里都觉得阳光灿烂。自行车是新的，一点毛病没出，配合着我这个"新人"独自看到了新的风景和人。多年以后，读川端康成小说《伊豆的舞女》和余华的《十八岁出门远行》，感觉自己和小说人物特别贴近。

博山是瓷都，满街的瓷器和到处飞腾的白烟给我留下了印象。淄川蒲松龄的故居、墓地以及传说中他记录乡野故事的柳泉遗迹，从当时所购路大荒著《蒲松龄年谱》扉页的题签知道，到蒲松龄故居那天正是 10 月 1 日，为了纪念这次不同寻常的拜谒，我推着自行车在故居门前留下一张照片。

到东平老县城州城时恰是黄昏，有不少青蛙蹦蹦跳跳穿过公路，我小心地躲闪着它们。

过汶上，我看到一座高高的青砖塔；到邹县孟庙，拍了旅行中的第二张照片；在曲阜，在明亮的朝阳里第一次进入恢宏而带些神秘感的孔府、孔庙、孔林。此时，还充分体会到拥有一辆"车"的好处，那就是：在景点分散的情况下，你可以随心所欲地到想去的地方。比如从孔府到孔林，路虽说不远，但步行至少总需要几十分钟，骑车则十几分钟就到了。孔林真是个好地方，在北方干旱少绿色的环境里，那一片巨树参天的林地给人的感觉好极了。在孔林门口热闹处，我在一个小摊上买了一个泥塑孔子立像，听到一位兜售货物的老人信誓旦旦的声腔："孔子（音 zhi）面前不说（音 fo）谎……"心里想：当年孔夫子的口音也是这个味道吧："有朋自远方来，不亦说乎？"

备课本、茶与羊肉锅

如果问两年中学语文教学对我个人的影响，我的回答是，它让我学会了抠字眼，也纠正了我容易写错的一些字。

混乱年代，中小学的底子就没打好，两年专科又太匆匆。虽说毕业，实际上一锅夹生饭，完全没法跟古人的"小学"修养比。这是我们这代人的先天不足，仅仅靠"拨乱反正"后潦草的补课远远不够，幸亏做中学教师，才有机会补了补自己的"小学"基础。

比如"蒙"这个字，我就一直忽略了"豕"上面的一小横。有一次讲课板书"内蒙"两个字，写完之后就感觉学生们的眼光有点不对劲，赶紧问学生："有什么问题吗？"果然有学生指指点点，告诉我"内蒙"的"蒙"中间少了一横。当时我还拿不准，答应回头查查再跟同学们交代。下了课，到办公室拿字典一查，果然那学生说得没错，是我的问题。第二次上课，便跟学生作了交代，也拿自己开涮了一回。学生们宽宏大量，没跟我过不去。自此以后，我倒格外小心起来，除了把生僻字的形音义查清楚，就是自认为正确的字词，也学着重新打量。认错的同时就是纠错，就此明白教学相长一句话不是随便说说的。不怕出错，就怕虚荣，一虚荣，就错失改错的良机，那可就真错了。

封面黄皮红字、十六开的横写白纸备课本，红蓝两色的墨水瓶和塑料杆的"蘸笔"，是我的备课文具。语文课一般都安排在上午，第一节在三班讲，第二节在四班讲。接下来的时间就是坐在办公桌前备课，或批改作业、作文。我喜欢听笔尖在纸上发出的沙沙声。因为要给生字词注音，分析课文，往往红蓝两色的蘸笔并用。我和张仲芝老师搭档教高一，两人对桌，少不了相互讨论。但作为初入行的小青年，更多时候是我向仲芝老师请教，尤其是他一笔漂亮洒脱的字和一丝不苟的教学态度给我留下了极深的印象。

备课间隙，大家也时时说笑，或者谈点莱芜风俗、方言什么的。比如有一次说到莱芜方言中的歇后语，仲芝老师和守城老师就都提供过生动的例子，现在还记得的有，一是"打了蒿子现出狼来"，一是"蛇出溜子吞豆扎，敝了梗了。"还有一句与当地一个地名有关，道是："米埠的闺女爬北岭，上了协（邪）了。"协，是协庄；而"邪骨"，在莱芜话里是任性、执拗的意思。

坐办公室，一来二去养成了喝茶的习惯。每天一、二节下了课，大约九点多钟，就回到办公室泡上一杯茶，边备课，边品茗。茶水淡下去，午饭时间也就差不多到了，于是大家收拾起来，从靠墙的橱子里取出各自的饭盒或搪瓷碗，到伙房打饭，再端回办公室边吃边聊。这仍然是长期形成的集体生活制度，现在想来倒十分怀念那种氛围。那个年龄也正是胃口最好的时候，什么饭菜吃到嘴里都觉得香，但我最爱吃的，回想起来却还是一个星期蒸一次的大包子，还有用白菜帮子做的渣豆腐。

秋冬时节，办公室生起了炉子，亓俊良老师拉几位老师"攒穷"，也就是凑了钱买些羊肉、豆腐炖熟分了吃。对此，我毫无意见，且积极响应，因为这实在不失为一种有效改善生活的好办法。在单位里，多数人是单身，没有条件一个人吃小灶，"攒穷"的办法体现出某种"互助"成分。几十年后，我怀念四中语文组冒着热气和香气的羊肉豆腐锅。

如果不"攒穷"而又馋了，我也会到颜庄街上一家羊汤馆买一碗全羊汤喝。虽说做工不如莱城东关的羊汤好，也足以解解馋。

办公室灯光

如同在泰安读书时的秉烛夜游，在四中，我也喜欢在宁静无人的办公室里开夜车。

说到这一点，我会想到两个人，一位是当时的校支部书记段元明，一位是后来新去的副校长刘高鹏。

段元明记是学校一把手，胃不好，人极瘦，很健谈，爱吸烟。一副淡黄色边框的眼镜，最喜欢到各个教研组串门，和老师们闲聊天。他毫无架子，一口纯正莱芜话，还时时夹带骂人的口头语。这种骂人的口头语，莱芜人听了不会产生任何误会，因为方言里这类有点糙的字眼太普遍了，几乎就是方言中最重要的"油盐糖"，是用来"调味"的。即便是县长、县委书记，通常也未能免"俗"。这种"俗"，仿佛是日常生活的润滑剂。

段书记的宿舍紧挨着学校的会议室，正处在学校的中心位置，他可能是全校睡得最晚的人。常常，我在深夜从办公室回宿舍，多数情况下会看到他宿舍还亮着灯。故而，晚上在办公室备课或读书时，段书记也会到语文组跟我打个招呼："这么晚了，还不睡啊！"或者干脆踱来踱去说半天话。所以他也会给别人讲："张欣老师比我睡得还晚！"大概后来语文组搬到他宿舍后面的楼上，他会看到楼上唯一亮灯的语文组办公室吧！

刘高鹏副校长从茶业某校调来，言谈举止较为持重，不似段书记那般放达，我只在会议室里听到过他说话，却没有主动跟他打过招呼。有一次，也是很晚了，他忽然推门走进办公室跟我聊起来，说："经常看到语文组的灯亮到很晚，就是不认识你，今天总算认识了。"刘校长教数学，年富力强，属于话语不多，细心做事的人，后来他也调到泰安，担任了泰安一中的校长。

图书室

没想到四中还有一个只有几排书架的图书室。

同样是中学，四中的图书室完全不能跟我记忆中的母校莱芜一中比。即使在"文革"未结束的时代，一中的图书室也很像样，几大间房子，一周有几次向学生开放，规范的借书制度，温和慈蔼的图书管理员温老师。四中呢？只是办公室前面两间平房，几个书架，干巴巴的落上尘土的几排"文革"前旧书，学生们似乎都并不知道有这么个图书室。管理图书的是陈宪志老师的妻子宗国莲，后来他们调走，刘高鹏副校长的妻子段伦花接任。

不过，尽管条件如此简陋，我还是在这里找到几本可看的书，留下了记忆。

比如柳青的长篇小说《种谷记》，田仲济杂文集《微痕集》，还有方志敏著名的遗著《可爱的中国》，还有吴伯箫的散文集《北极星》。前两种，我甚至分别写了阅读笔记，成为我最早写下的书话。

语文课与历史课

在四中教高中《语文》，第一年教高一，没想到第二年学校却安排我改教复习班，也就是专为升学而设的高中复读班。如此一来，也就未能把高中语文系统教下来。

我开始教的高一是四中第十三轮高中，故称13级。仲芝老师教一、二班，我教三、四班。

两个班学生总数约有八十余人，绝大多数都是附近的农村子弟，也有几个来自附近厂矿如硫酸厂、潘西煤矿和莱钢。学生年龄多在十五六岁，稚嫩、淳朴、单纯，虽说基础不见得多么好，却都有着一颗积极上进之心，我的课似乎也能为他们接受，故而上课气氛总是很好。看到他们明亮的眼睛紧盯着自己，心里是相当有成就感的。

由于实习养成的习惯，我备课总会把一堂课的内容按时间切分好。比如导语几分钟，范读几分钟，解释生字词几分钟，分析课文、课堂提问、训练、布置作业也是如此，严格按这个时间表执行，不跑野马，不拖堂，当然还要学着举重若轻，适当来点小幽默。常常听到同行抱怨学生不配合，开小差，我的印象中却几乎没有上课乱糟糟或上不下去的情况，但是也有少许例外。一是有个叫郑文红的男生，眼睛亮亮的，很聪明，也很爱动，常在语文课上搞点小动作，还故意看我两眼，大概是想引起我的注意吧。这时候，我也就将计就计，只要看到他动起来，就立马叫起他来，让他回答个小问题。有时候还让他和另外几个学生帮我分拣刻印的训练题，发现他很乖，很可爱。还有一个插班生，年龄比一般学生大几岁，我在他作文本上改了若干错别字，又写了一大段批语。没想到下次交作文，他却在我的批语后"回敬"我一段他的"批语"。他认为语文老师看作文应着重看内容，而不应该看错别字，还引用一句"名言"说："都是中国人，谁不会语文！"这是我在教学中遇到的最有趣的事情之一。

第二年大调整，根据成绩和高考方向重新分班。我被安排到既非高二亦非高一的"复习班"。复习班的学生，都是当年高考不成功而留下来继续复读的，由于来年高考升学率高，学校格外重视。把我调整到这里，自然包含着对我上一年的肯定和对下一年的期望。不过我觉得压力大，找书记校长表示继续教原来班级，未获同意。

复习班的学生来源更广，上年在俊良学长班里的几个莱钢等厂矿的学生变成了我的学生。不过复习班的授课计划要专门设计，核心是应考，不能像原先那样按部就班讲课文了，可又没有依傍，全靠我自己摸索。如今几十年过去，一些具体做法大都模糊了，只记得作文训练时自己曾经以身试水，写过一篇题为《济南的人流》

油印出来发给学生，后来不少老学生见面，多曾提及此事。

总之这一年面对的是程度较好的学生，教起来也比较得心应手，学生们似乎也还满意。最终这个班八十几位学生，有四十多名顺利考取大中专学校。虽然不知道语文单科成绩究竟怎样，但看来至少没拖后腿，还是颇觉宽慰的。

在接任复习班的第一学期，因为新入校的初一缺历史课教师，我还临时受命兼任了两个班的历史课。这又是一番新的体验，课程内容是初级的，学生年龄更小，稚嫩又清纯，上课时他们显得既胆怯又好奇，我只好像个大哥哥一样怀着热情去感染他们、带动他们。

"资料·吴伯箫专集"

也是在四中，我开始了自己的"吴伯箫之旅"。

最早知道吴伯箫为莱芜人，还是在师专时从《北极星》集里的《一种〈杂字〉》了解到的。那篇散文上来就说："我的故乡莱芜……"到1981年毕业后去了四中，收到泰安一中语文组编辑的《语文小报》，发现不但报头由吴伯箫题写，第一版还刊载过吴伯箫书信的手迹。第二年，我用的高中语文课本第二册有吴伯箫的散文《猎户》。这些事促动我开始留意这位莱芜籍的当代作家。在办公室与语文组同事说起，大家也给我提供了一些线索，比如俊良学长就告诉我，他与吴伯箫的外甥亓举安邻村，很熟。亓举安原为鲁家联中教师，已退休在家，平日跟他大舅吴伯箫保持书信来往，也常去吴家花园三舅家。有了这条线索，我就在五月份回家时，顺便到莱芜城东吴家花园一趟，找到吴伯箫三弟吴熙振家，他家里人让我到公路边的小饭店去找。果然，在新华书店斜对面的吴家花园饭店里我找到了吴熙振老人，那时候他应该六十多岁了，但身体很壮实，也很健谈。他告诉我：大哥生病住院了，病得不轻，去北京也不一定能见到，让我写封信试试，还把人民教育出版社吴伯箫宿舍的地址写给我。我随即致信吴伯箫，主要表达慰问和祝福之意，别的事基本没提。信发出，却迟迟没有回音，不想进入八月份，却突然从报纸上看到了讣告。讣告里还提到老人家把骨灰撒到家乡泰山的遗嘱。

吴伯箫的突然离世对我既是意外，也像是一个开始。除了把《光明日报》、《人民日报》、《大众日报》的讣告分别剪下来，我也格外留意着各类报刊上的悼文，这是我搜集、整理吴伯箫文献的最初一步。我用备课本做了一个"资料·吴伯箫专集"，将剪贴的报纸杂志文章集拢起来，还编了一份《忆念吴伯箫》的纪念集目录油印出来。

这时候，泰安地区教育局恰好在举办首届中学语文教师征文活动，我就想写篇悼念吴伯箫的文章参加。到年底，文章写成了，标题定为《永怀故乡——挽吴老伯箫》。文章先送莱芜县教育局教研室评审，给了个二等奖；接着由莱芜推送到泰安地区，没想到竟被评为六篇一等奖中的一篇，实在出乎意料。在四中和几位同事编《百草》油印小刊，我又写了赏析吴伯箫早期散文《马》的文章。1983年调到教师进修学校后，为到泰安参加省写作年会，写了第一篇关于吴伯箫的论文《试论吴伯箫的散文美》。结果同去参加会议的师专黄原老师，把我的论文悄悄推荐给了《泰安师专学报》，在1984年第2期上发表出来了。这份学报的样刊和稿费好像都是唐功武老师转给我的，稿费十几元，样刊我至今还保存着一份。

《百草》：创刊号也是终刊号

1982年下半年，几位同事酝酿编一本油印杂志。从鲁迅写三味书屋和百草园的散文中受到启发，打算就以《百草》二字为刊名。

政治组的王涛声老师喜欢写新诗，他热心鼓动，我积极行动。语文组张仲芝老师热情题写了刊头，毕玉亭、王霞、管然荣几位青年同事很快写出了诗文，我负责编辑、刻板、印刷和装订，经过一番努力，刊物终于在学期末漂漂亮亮地印出来了，刊头"百草"二字甚至还套了红。

一共十六个页码，分了三个专栏。"百草诗笺"内容最丰富，收了王涛声、王霞、毕玉亭和我的新诗作品；"百草文汇"只有两篇文章，分别是我的《永怀故乡——挽吴老伯箫》和管然荣的《雨珠》；"佳作欣赏"栏选了吴伯箫的《马》，附我的鉴赏文字《诗情画意眷眷乡情——读吴伯箫早期散文〈马〉》。

没有学生的作品。我在《题辞》中作了说明和解释：

> 为了引起大家对语文学习的兴趣，提高同学们的写作水平，我们忙里偷闲，筹办了这期《百草》——意在为热爱语文的同学提供一个练笔的园地。这次老师们提笔撰文，目的是"抛砖引玉"，我们热切希望同学们众多的好文章在下一期出现！"百草丰茂"——那是我们最大的快乐。
>
> 鲁迅先生说："野草，根本不深，花叶不美，然而吸取露，吸取水，吸取陈死人的血和肉，各各夺取它的生存。"它追逐着春风，使大地变得年轻。沐浴朝阳，积极向上，努力生长，怀抱理想。——艺术应该铸炼壮丽的人生！
>
> 不必祈祷，不必祝福，因为"只要春风吹到的地方，到

处是青青的野草！"

刊物印出来，我很兴奋地拿着散发出油墨香的刊物到处分发。用今天的话说，是真心希望与每个人分享这样一份劳动成果，自然也期待得到进一步的鼓励。

不过，我的预期落了空，因为没有听到任何反响。

我从这没有反响的"反响"中意识到，功利之外的语文空间或许并不容易开拓，《百草》的表态也未必能得到正面理解。既然如此，何必再自找无趣呢！

以故，《百草》是独生子。

龙卷风

从四中往东，过去汶河桥不远，就是潘西煤矿。煤矿天天开着巨大的浴池，俊良学长常常与我一同去那里洗澡。

应该是 1983 年四五月份某天的晚上，那一带突遭龙卷风袭击。龙卷风由学校南边刮起，掠过学校南侧小工厂而进入颜庄村，又一路刮到潘西煤矿。我在办公室听到外面吵嚷的声音，就匆匆赶到颜庄街里，发现风虽已过去，几家老百姓的房子却陷入火海中。人们都在紧张地扑火救火，中间夹杂着哭叫声。我开始没敢近前，但看到有几个四中高一的新生在帮助救火，也就加入进去，接过水桶水盆，泼到熊熊的火焰上去，听到吱吱啦啦的燃烧声和木头塌落的声音。参与救火是一方面，更多时候还是不时招呼这几个学生注意安全，不让他们走近起火的房间。直到明火被彻底扑灭，我才和他们一起回到学校。我们的衣服都湿透了，灰头土脸，我让他们回宿舍早点睡觉，不要影响第二天上课，同时也去向段书记作了说明。

第二天再和俊良去潘西，远远就看到河对岸的麦地有二三十米的倒伏带，颜色已变得焦黄。这二三十米宽的河堤上，又高又粗的白杨树齐茬茬从中间折断……再往前，就看到潘西煤矿也完全变了样子，好多大型建筑面目全非，大礼堂更是整个房顶都被掀了起来……

第一次经历如此不可思议的风灾，真有些触目惊心。

雪蓑子、棋山及其他

四中所在的颜庄一带，自然风物亦有佳处，可说，可游赏。

可说，因为有传说，有记载。东南方向十几里外的棋山，有雪蓑洞，还有雪蓑碑，而雪蓑子乃是明嘉靖年间流浪民间的诗人和书法家。用戏剧家李开先的话说，"雪蓑者，乃一狂妄简傲人"也。颜庄西南方向则有与新泰交界的名山莲花山，我自己在澜头村南的山顶上也发现过关于捻军扰民的石刻文字。可观赏，是大汶河的清流和风光宜人，春天埠东村、澜头村的梨花开得热烈奔放，棋山下面雪蓑先生留下的书法碑刻真风流。

那年春天，我们几个同事相约骑自行车去棋山游玩。从留存的照片看，有体育组史能成，英语组宋秀梅，语文组司厚一和我，或者还有政治组的王庆洪。

棋山、雪蓑洞给我留下的印象不深，山下村口的雪蓑碑倒的确有些气势非凡。《道德经》里"玄之又玄"被雪蓑子四字竖写，之字打头，一捺到底，变成了"之玄又玄"，这布局本身就十分特别，显见书写者不一般之胸襟和艺道。

雪蓑碑旁边，另有一碑，乃"抗日阵亡烈士纪念碑"，徐向前题写碑文。我在碑前留了一张影。

后来我自己又去棋山一次，在山梁上看到一只被惊起的兔子飞奔而去。走累了，在一块大石坪上坐下休息，吃带去的干粮，如是云云。

去山东大学参加高考阅卷

我平生第一次被评为"优秀教师"，也是在四中，还发给我一张奖状。那是在去四中的第二年，究竟是第三个学期末还是送完高考的第四学期，已然记不清了。

我从未设想为了荣誉而刻意表现，但主观上对自己并非没有要求。我要求自己从第一节课就要站稳讲台，不许玩忽职守。另一方面，主要也还是年轻，有理想，有热情，也真有以苦为乐的挑战性心态。所以就工作而言，我实在并没觉得有什么苦恼。当然这并非意味着缺乏对生命之苦的体验。不过说到生命之苦，那是有点哲学味了，似乎也不适合在"诉苦"会上诉说。一己的生命之思之痛，岂可随便拿出去展览！

总的来说，四中的两年，匆忙而又适意，不知不觉就过去了。学生们参加高考，我被学校推荐到省里参加语文阅卷，在济南度过了炎热、紧张的一周。记得当时住山大学生宿舍（在走廊里碰到了师专1977级魏建学长），白天到会议大厅分组阅卷。我所在的小组有六七位各地来的老师，其中也有山大已故老校长华岗的女儿华滇珂，比我大不了几岁的青年诗人耿建华。耿、华二位常常相互打趣，逗得大家哈哈笑。我当时还想考研，遂向他们了解山大老师情况，听我说对戏剧感兴趣，就向我推荐了孟广来老师。中间我还到与吴伯箫有过联系的郭同文先生家里拜访过。也还记得开始阅卷前，山大校长吴富恒先生到阅卷大厅看望大家，风度翩翩地站在大厅中间讲了一番话。我被这位白发皤然、玉树临风的美国文学专家镇住了。

阅卷工作很是紧张，七月中旬也是济南最热的时候。大厅里没有风扇，于是拉来许多巨大的冰块放在食堂用的大盆里慢慢释放些冷气，但效果似乎微乎其微。伙食虽然很好，无奈一天到晚很少活动，反而对那些大鱼大肉有些消受不起。我有时就在下午散工后跑到馆驿街外祖母家，刻意要外祖母做点面条或粥，缓解一下。

从济南回到莱芜，我接到了新的调令，要我到莱芜教师进修学校去报到。

我离开了颜庄，离开了第一个教学工作单位。

第三章　葵之歌

飞向大海

　　《飞向大海》是我写给程玉柱的一封回信。本来没有标题，因为几年后编《莱芜教育》小报时在某一期的第四版发了这封信，就加上了这个标题。

　　程玉柱是我在莱芜四中最初教过的高一班学生，他家住潘西煤矿，是个很淳朴的高个子美少年，也是我当时关注较多的学生之一。程玉柱因为个子高，很为体育老师器重，常常拉他去训练短跑。而从我语文教师的角度，则觉得他花在体育上的时间太多了，不该顾此失彼，加上他的作文总有一些不同于其他学生的灵气，遂使我不期然而然地对他多了些提醒和要求，有时会叫他到办公室聊聊，希望他眼光放远，争取考上大学。第二年文理分班，他到了文科班，我教理科的复习班，但有时还是会关照他几句，他也常常被我对桌的仲芝老师叫到办公室训斥一番。玉柱不算特别聪明的学生，但本分、用功，最后凭着这点本分和用功考取了烟台商校，中专。我离开四中调到进修学校后，陆续收到考学成功的学生们从不同地方写来的信。程玉柱虽然没能考上大学，可因为我们彼此之间建立的信任与默契，我给他的回信就写得格外用心些。而且，从我离开四中的心境说，这封信也可说是写给我在四中教过的所有学生的告别辞。

此信全文如下：

　　我的年青的朋友呵！在这极美的秋天里，阳光温和得恰象慈爱的双亲。收到你入校后的第一封来信，似乎也收到了永远的高兴——这是一个年青教师第一次享受着丰收的快乐呵，为此我在深深的感动里提起了笔。

　　的确，两年的短短的时光，令你我以及八十多位同学由陌路变得相识。虽说少言寡语，深谈无多，但平淡里不也开出了无数热情的花朵？当寂寞的时候，该可以随意地去采撷，去欣赏，那红热的花色会足以温暖了身子的吧？

　　想呵：两年之前的秋天，我——一个仅有十九岁的师范院校的毕业生，在万般缱绻中告别了自己的母校，告别了几年中朝夕相处的师友，令本行的长辈抛到那偏远的乡村学校，由一个勤苦的学子转而成为年青的"老师"，听钟声呼唤着自己走上讲台。从前听惯了师长的教诲，眼下也做了严于律己的师表了——八十多位等待考取大学的高中同学呵！激动？不如说是少有的新鲜感吧，叫我鼓起了年青人的勇气，于那昏黄的灯下翻查脆响的书页，按下一颗急躁的心去写出蝇头一般的小字，纵是熬红了一双困眼，也会心平气静地睡它一个好觉——年青人哪会有失眠的经验？天天是连续两节课的唠叨，看到的是几十双湖水般清澈的眼睛，我知道那里面有多少热情的启望，便从不敢让这启望变作失望。早晨，听那滔滔的书声，我觉出自己是置身长啸的列车，无穷的力量载着我奔向理想的远方；晚上的自习却是静里崩紧的一根弓弦，我觉出几十个年青的大脑紧张的劳动，迷蒙中培植着希望的花朵。还有，小河边三两个学生青春的笑谈，静夜里校园土路上悠然的慢步……那时节，自己过的是诗一般的日子呵！自然，无端的愁绪也曾像潮湿里的跳蚤，于郁热的暗夜爬上心头。寂寞呵，孤独呵，丝丝缕缕的青春的烦恼呵……但那，终归只是一时一刻芝麻大的小事，一觉醒来，眼前不还是充满阳光的早晨？

况且，我又毕竟是一个年青的教师了，怎好一口咬住了苦闷便舍不得放下呢？我又想起了与咱们同学的相识，更想起与你的相识。想想吧：开学时彼此都那么腼腆的初次见面（你们都十六七岁，而我也只有十九岁呵！），你那篇刻印在咱们《语文小报》上令人深思的日记，半年后牵牵挂挂的文理分班，你的学习热情几次的高高低低……几番的曲曲折折，断不了几番的曲曲折折的长谈，那是愉快多于苦闷的呀！两年中风雨兼程，我们在彼此的心里埋下了多少信任的种子，我们的生活又是怎样的丰富多彩！尽管高考日近，我们还能够忙里偷闲，紧张里忘不了舒一舒疲劳的筋骨。沙滩上树林里集体的欢娱，日光灯下难以忘怀的"吴伯箫作品欣赏"……只是，我们久已订好的登山计划，却终因高考紧张气氛的搅扰付诸东流，至今我觉得遗憾得很呢。但同学该不会计较这些了吧？学习，使我们细细地咀嚼了两年的乐趣与苦趣，一步一步地艰难跋涉，我们终于从艰难中拔出了双脚。两年，时光竟像脉脉的流水一样默默地远去了。如今——

　　如今，请不必叫什么老师了吧！两年的辛苦，总算开出了绚丽的花朵。济南阅卷归来，首先听到的是咱们一百四十多位同学被录取的好消息。那时，我竟高兴得吃不下饭去呢！平生第一回，我体会到一个教育者砰砰心跳时的幸福与骄傲。而你，我最亲爱的学生呵，终于也能够远走高飞，去那春凉夏暖的东海边缘，学那极高深的专业了。虽说不是什么名牌的学校，但只要是汗水浇出的绿芽，则谁又敢说，日后它没有长大成材的未来呢？何况，值此我们民族努力腾飞于世界的时候，域中每一块黄土不是都可以播种芳草的吗？看你的信，我也看到了远隔千里的想象中的大海，知道那是无穷的力的所在！

　　呵，大海，那是我殷殷向往的地方呵！听诗人讲：大海吞百川之水，蕴千古之力，它的天空无边，鸥燕都在那里飞翔；它的胸怀宽广，鱼鳖都在那里潜藏，还有，还有……然而遗憾！我是终于没见过大海，只能从那飘缈的梦里去听她自豪的潮声了。

　　去吧，去吧，去三年五载地学那大海所有美好的秉性，勇敢、大度、深厚、宽广，力大能移山，坚忍而又刚强。且想着我们百年迷蒙，而今百废待兴的祖邦，记住那"匹夫有责"的古训。盼着几年后的一日，我会在熙熙的人海里，迎来一位高高大大有出息的男子汉！

　　在永远的高兴里，等着你第二封信，更盼你积极上进的好消息来！

　　你的很年青的朋友在故乡一个秋阳高照的日子。

莱芜县变成了莱芜市

莱芜，在二十世纪八十年代初期经历了县改市一事。但还不是后来的升格，只是由莱芜县改为县级市。时间刚好在 1983 年 8 月。也就是说，莱芜县教师进修学校一变而为莱芜市教师进修学校，正是我从莱芜四中调过来的时候。

教师进修学校是县级小学教师培训机构，到地级单位就是培训中学教师的教育学院了，如泰安教育学院。那时候莱芜还有个莱芜师范学校，称为"中师"，招收优秀初中毕业生，培养小学师资；进修学校则负责在职小学教师的进修和培训。

进修学校的建校时间应该不太早，也不太为人所知。它在莱城东区的人民路北侧。正门对着物资局，其东邻是县医院，西邻一条小河沟，裸露出来的砂质石头是赤红色的，这是那一带很奇异的景观。后来红石公园的得名一定与这种石头的颜色有关。

平常走过这里，只知道是十七中，这回调来才知道这个院落分东西前后几部分。中心道路西侧是操场、礼堂和食堂，东侧前面部分的教学楼是十七中，东侧最后一个二层楼是进修学校的教学、办公楼，中间还有几座教工宿舍楼。

我初来时，给我安排的宿舍是校园西北角一间不规则的平房，山墙外就是野地，西、北、东三面无窗，只有南面一门一窗。差不多半年之后，办公楼前面一个三层套房里腾出一间九平方米的北屋，我就搬过去了。另一家住南屋，两家共用一个很小的卫生间。这个九平方米的小屋，一张单人床，一张旧办公桌，一个铁炉子，就满满当当了。就这样的条件，有一次吕耀亭书记竟然来到这里，关心我的政治前途，动员我加入组织。

师专 1977 级学长朱应海比我来得早，知道我来了很高兴，把我叫到他那儿吃饭聊天。他家在口镇，每周都要骑车回家，但不久之后他就调到市府某机关单位去了。

学校小，人也不多，吕耀亭书记来自机关，不久又调走了，从高庄十八中调来了苏书记。其他同事包括校长郑维屏，教导处郭、张两位主任，还有一位打字员；函授处马主任，一位女办事员。语文组在我来之前是三个人：冯道长、宋洪海、朱应海；数学组是宋汝玉和亓永兹，图书室张老师是一中魏书记的爱人，再就是魏会计和后勤、食堂的几位了。

副班主任

在进修学校一年半时间，全日制进修班只招了一届。学员是来自莱芜包括莱钢的三四十名小学教师，年龄差距甚大，有的三四十岁，有的二十一二岁，那年我也只有二十二岁。

学校安排宋汝玉老师和我分别担任这个进修班的正副班主任。

副班主任，角色应该就是辅助班主任做些组织活动的工作。但事实上并没有什么大的活动，一般也就是开开班会，跟学生有些沟通，经常到教室里去跟学生聊聊。时间长了，有几个喜欢写作的年轻学员无形中聚拢起来，经常到我的小北屋里扯闲天，他们是李汉德、张正乾、亓俊发，直到我再次离开莱芜，调回泰安师专，他们还和我保持通信联系。

同时，我也为这个班讲授《语文基础知识》和《文选与写作》两门课。把汉语和读写分开来讲，这是与中学不同的地方，应该属于中等师范的正式教材。《文选与写作》有若干册，编得还不错，但时间有限，根本讲不完。学员大致有两种情况，年纪较大的一般是民办教师"转正"，没有接受过正规的中等师范教育；年纪较轻的则一般是"接班"，也就是父母从事小学教育，按那时的政策，可以有一个条件相对较好的子女接班，自然也谈不上正规师范教育。所以这两部分学员都需要"回炉"——此所谓"进修"之含义也。

全日制进修班仅此一届，在进修学校主要的授课方式则是老师们分头到各乡镇函授点集中面授，去一个点要连续讲三四天课。通常是安排在某个学校，白天全天上课，本乡镇不同学校的小学教师骑自行车来听课。我自己坐车到过苗山、茶业两个山区函授站上课。茶业地处莱芜最北部的山区，乘长途车经过口镇、山口、雪野水库，还要过一两条水流湍急的河，那应该就是汶河另一条支流嬴汶河。车子七转八拐，在一个山坳下车，入住路边一个小旅店。洗把脸到附近的山上走走，立刻被漫山遍野深红色的石竹花吸引住了。那时候我已与北京的莱芜籍老诗人吕剑先生有了联系，从他寄给我的《吕剑诗集》里读过其名作《故乡的石竹花》。所以看到茶业山坡上这些密密层层的花朵，很兴奋，也证明了吕剑的诗乃是写实。因为茶业离吕剑的故乡林家庄也不太远，同属莱芜山区。

只是回想起来，我不太确定这样集中授课的方式效果如何，我的课程和所讲的内容、方法又是否符合那些基层教师的需要？因为没有交流，也不容易听到他们的反馈，我心里是没有底的。

莱芜师范代课

莱芜是个不大的地方，县城就更小了。我家在二十世纪七十年代初搬到县城，住县革委大院的时候，莱芜基本上就是横贯东西的一条大道和胜利路这条南北向的路，其他路都很窄，所以那时候有"莱芜城，稀搭拉松，一条马路三盏灯"的民谣。县城既如此小，相互认识熟悉的人就多，所以我到进修学校后，不少同事说起来跟我的父母往往有这样那样的关联。另一方面，我在进修学校的情况也很快为其他单位或别人所知，于是也就建立起不少新的关联。

刚到进修学校，就接到教育局通知，以评委身份参加中学语文教师讲课比赛活动，集中听课、评课。最后还应约写过一篇《难得孜孜进取心》的听课感受，刊载于教育局编的内部小报《莱芜教育》上。我是年龄最小、资历最浅的评委，难免对青年教师的处境抱强烈的同情态度，故而在感想中所谈较多的就是对青年教师的理解和称赞，这篇短文应该是我最早撰写的教学随笔了。

1984年下半年，莱芜师范语文组组长徐业新老师打电话给我，让我去临时"代课"。因为1983级语文教师调走了，周转不开，所以找我帮忙。我跟徐老师此前不认识，也不知道是谁向她推荐了我。在那时我不过是刚参加教学工作两三年的小青年，怎么会找我为师范学生讲课呢？但我当时倒也未及多想，就答应下来，一周一次或两次骑自行车，自东而西穿过莱城去师范学校讲文选、写作，时间并不长，前后也就一两个月。课怎么上的，现在没什么印象了，但那些学生的聪慧好学，与进修学校学员程度的参差不齐还是形成很大的反差。这是因为，当时的中等师范，都是从初中毕业生招生，而农村孩子的家庭从考学找工作和投入成本角度考虑，更倾向于让自己的孩子考"中专"。这样一来，初中相当一部分好苗子就被截流了。这虽然对后来的高考有些影响，但中专、中师的生源就好多了，所以我感觉到的反差是确实存在的。

短短一段代课工作得到了师范学校的好评，学生们对我似乎也不讨厌。代课结束，照例有学生写信来。在那段时间，还认识了闵军一家。闵兄毕业于福建师大，分配到莱芜师范语文组，他妻子吴向荣是我姐姐的中学同学。让我没想到的是，一年后，我调入泰安师专中文系，他夫妇二人竟也同时调入师专了；而且，我代课那个班的学生张期鹏，竟然也通过再次考试升入了师专中文系 1985 级。

那段时间，我的母校莱芜一中曾有意让我调去，我父亲则说莱芜市委两个部门也有意向要我去做秘书，而且我父亲更倾向于我改行做行政。但那年师专方永耀老师在给我的信中向我透露，说师专领导刚刚换届，正需要人，希望我向刘增人老师提出调回师专。与前两种机遇相比，我当然更乐意回母校继续执教，便毫不犹豫给刘老师写了一封信，提出了调动的要求。而刘老师也很快复信，爽快地表示他本人极愿意我去，并让我先做通莱芜这边的工作，师专那边，他去和系、校两级领导沟通。

吴伯箫与吕剑

我在颜庄开始了对吴伯箫的关注，调回莱城后，吴家花园就在离进修学校不足一公里处，方便多了。故而那段时间，我没少往吴家花园跑，也会骑自行车扩大范围，到吴伯箫幼年随父亲读书的"邻村"大故事村和吴伯箫高小同学田珮之故乡田家庄走访。甚至借助到泰安出差机会，到泰山的盘道上寻找据说是署名吴伯箫的题刻。尽管经我辨认并非吴伯箫而是"吴伯威"，但这些走访调研的过程毕竟是有意义的。

大故事村离吴家花园很近，童年吴伯箫随父亲在这里寄宿读书，不过是正式上学前的一段适应期。由于年龄小，不习惯这种离家寄宿的学习生活，有一次趁父亲不在，他想偷偷溜回家。不料刚出村就碰到迎面而来的父亲，被一个巴掌打回去了，这是吴伯箫三弟吴熙振老人讲给我的故事，而我也在村里找到了当年吴伯箫父亲的学生，一位因病卧床的老人，他在一张纸条上为我写下了"吴式圣在我村教书"八个因手颤而显得歪歪斜斜的字。

那时候的吴家花园村，还是一个保持原貌、只有土坯墙体和草屋顶房子的小村子。北面、西面是公路，南面则紧靠莱芜县粮食局和面粉厂，吴家就在靠近面粉厂的村西南。一条窄窄的胡同里，东侧是吴家的老宅，由吴伯箫三弟住着；吴伯箫二弟吴熙功住在西侧吴家另一个宅院里。有一次我从东侧老宅出来，又去了西侧宅院拜访了吴熙功老人。吴家三兄弟，上面还有一个姐姐，三弟样子像大哥，二弟则跟大姐很像。而且，不同于熙振老人的乐群健谈，熙功老人似乎有点像个自足自乐的小孩子，对大哥的事也谈不出什么，只会嘿嘿地笑。但他把大哥一封信的信封送给我了，从邮票上的日期看，是"文革"后期的家信，竖写的毛笔字苍劲有力。

我"研究"吴伯箫的第一篇论文是《试论吴伯箫的散文美》，发表在《泰安师专学报》1984年第2期上。虽然幼稚，可毕竟是一个开端。写在作文簿上的《吴伯箫著译年表》（1906—1949）和剪贴在备课本上的《忆念吴伯箫》文集也小有规模，引起了周围一些人的注意。比如莱芜师范退休的杜伯奇校长为了给莱芜县史志办写吴伯箫小传，就向我借了这两种自编小集作参考。后来我从《莱芜县志资料》上看到杜校长写的小传有错误，便以读者来信方式作了纠正。史志办也以"来信照登"形式印在了下一期《莱芜县志资料》中。

《忆念吴伯箫》是当时报刊上有关吴伯箫的悼文剪贴本。为了收集这些报道和悼文，我下了一番功夫。《人民日报》、《光明日报》和《大众日报》刊载的虽然均为"新华社北京八月十三日电（讯）"，但标题和内容都略有差异，《人民日报》的标题是《著名作家吴伯箫逝世》，《光明日报》的标题是《著名文学家和教育家吴伯箫逝世》；而山东的《大众日报》标题与《人民日报》相同，却把讣告最后一段吴伯箫遗言和"希望把骨灰撒向家乡的泰山"一句删去了，不知出于什么考虑。

另外二十七八篇悼文悼诗，分别采自《人民日报》、《光明日报》、《文汇报》、《文学报》、《学作文报》、《语文报》和《人民文学》、《文艺报》、《诗刊》、《人民教育》、《写作》、《语文学习》、《中学语文教学》、《山东文学》等杂志。这些报纸和杂志都常见，只有《深圳特区报》上的一篇悼文得来不易。这是 1984 年 10 月 28 日的报纸，我是在莱芜新华书店新店大门口的报栏里看到的，隔着玻璃，不知道怎样才能得到它。这张报纸一直贴在那里很久，每次经过都能看到，可就是无法拿到。直到调泰安后才设法找到一张同样的报纸，把这篇标题套红的文章《吴伯箫的品格》剪存了起来。

这两份材料也被吴伯箫外甥亓举安借去很久，对我编的"著译年表"也作了些补充和订正。

莱芜县委办公室的孔亚兵秘书雅善书道，年轻而和善，他不但带我到莱芜县档案局查看莱芜现代教育档案史料，还最早向我介绍了另一位莱芜籍现代诗人吕剑。他从一位与吕剑有往来的老干部那儿了解到吕剑的通讯地址，让我直接跟吕剑联系。就这样，我跟吕剑先生接上头了。

吕剑原名王延爵，后改为王聘之。再后来以吕剑为发表诗文的笔名，渐渐吕剑的笔名取代了原名，这跟不少现代作家的情况相同。正如鲁迅的"鲁"为母性一样，吕剑之"吕"也是吕剑母亲的姓氏。吕剑生于 1919 年，小吴伯箫十三岁，家在莱芜城北口镇附近的林家庄，那是个只有几十户人家的小山村。1990 年暑期

我曾经骑自行车到林家庄探访，见到了吕剑的二弟、三弟，也在
村后山坡上看到了吕剑诗中的石竹花。对故乡，吕剑早年有歌谣
体小诗咏之：

> 家乡有座山，
> 名叫谷堆山；
> 又有一座山，
> 名叫米粮山；
> 还有一座山，
> 名叫锅子山。
>
> 谷堆山上不出米，
> 米粮山上不打粮。
> 没谷没米怎做饭？
> 锅口朝底底朝天。
>
> 山名倒好听，
> 肚里饿空空。
> 唉，女的给人当丫头；
> 唉，男的给人当长工。

从吕剑 1984 年 1 月 19 日给我的复信判断，我可能是在上年
底寒假前给吕剑写信的。自那时起，一直到 2011 年 11 月 27 日吕
剑最后一次来信，其间我从莱芜调到泰安，又从泰安调到杭州，
近三十年的时间里，我们之间的通信从未中断，真可谓铁杆儿的
忘年交了。

吕剑是抗战军兴后离开山东走上流亡之路并开始发表诗作的。其成名作是《大队人马回来了》，与当时另一位诗人天蓝的《队长骑马去了》并称为"南北二马"。1949 年后，吕剑先任《人民文学》月刊的编辑室主任，后来与臧克家、徐迟三人一起筹办《诗刊》，是不折不扣的《诗刊》创办者之一。但 1957 年被错划为"右派"后就离开了《诗刊》。1979 年吕剑获"改正"后，创作了大量反思历史的抒情诗，成为 20 世纪 80 年代一位重要的"归来者"诗人。

我第一次与吕剑先生见面是 1985 年春节期间。那时我二弟刚去北大法律系上学半年，寒假回家过年，我就利用寒假去了北京，住在海淀北大我二弟的宿舍里。除了到工人体育场看春晚第二日的演出和在中国书店买书，我也第一次去了吴伯箫和吕剑先生家里，见到了吴先生的家人，吕剑先生则留我吃了一顿午饭。

自印诗集

与老诗人吕剑的交往，似乎也强化了我写诗的热情。

我大约是在 1976 年毛泽东去世后那段时间学着写"诗"的。写新诗，也写旧体诗，但都是照当时流行的样子写，无人指导。新诗，我是从家里所存 20 世纪 50、60 年代《人民文学》里模仿的，旧体诗则是照着毛泽东、郭沫若和大字报上的诗词写，用过的词牌包括"满江红"、"水调歌头"。可说来好笑，这"满江红"也罢，"水调歌头"也罢，都只做到每句字数相同，至于平仄等声韵方面的要求却茫然不知。那时候什么情境下会写"诗"呢？一是读"毛选"当学习笔记写，二是参加学校的政治活动时写点应景诗，三是个人的写"景"抒"情"之作。记得毛泽东去世后，全班同学带着铺盖到离县城十几里路外的地里沟村劳动，晚上住窝棚，同学们睡不着，就做"写诗"的游戏，你一句、他一句、我一句地"接龙"，形式是七言旧体，内容是批邓，最后好像凑出了二三十句的样子。到批判"四人帮"时，则又模仿郭沫若写过一两首词，我在一篇关于写日记的文章里引述过，兹不赘。

大学时期、在颜庄教《语文》时也写过，但都是偶尔写一点。所谓认识吕剑先生后"强化"了自己写诗的热情，是说读了吕剑寄来的《吕剑诗集》受到触动，特别是其中《故乡的石竹花》、《一觉》诸首，那种强烈的情感和酣畅的节奏深深打动了我。终于在一个不眠之夜，我几乎一气呵成地写出一首《葵之歌》。那大概是我全身心沉浸在诗的激情中而不能自己的第一次吧？

《葵之歌》在1984年3月18夜间写成，是我写诗初期最长的抒情诗，近五十行。而且这首诗的抒情调子明显受到了吕剑诗风影响，说明与吕剑的交往，特别是读其20世纪80年代诗作确实对我产生了导引的作用。但《葵之歌》的写作虽说很投入，传达出了我当时激扬与孤闷相互交织的青春期症候，但技术上犹稚拙粗疏，仿佛恰与那份青春心态般配。兹引起首四行，以见"葵"字之所寄托：

> 自从生命在泥土中扎根，
> 我们就开始了自己的追求，
> 向太阳伸出碧绿的双手，
> 编织一个金黄色的梦……

说来也怪，有了这个创作激情的"初体验"，我的潜伏着的诗心好像被唤醒了。自那以后，写诗的冲动就不时跃起，让我一次又一次地形诸笔墨，慢慢就积累了不少长长短短的"诗"了。

读大学时参加岱蕾文学社以及在四中自编自印《百草》的经验又让我有了"编辑出版"的念头。进修学校教务处有刻字的钢板和油印机，经过一番设想，打算这回印一本 32 开的个人诗集。蜡纸是 8 开的，那么就按 32 开大小在每张蜡纸上刻写 4 页，等印出来再作裁切就是了。就这样，我的第一本"诗集"，经我自己编辑、排版、印刷，终于"出版"了。

我把这本油印小集命名为《黄色花》，收入了从莱芜四中到进修学校三年间的诗作。装订好之后，封面上"黄色花"三个字是拓印上去的。所谓"拓印"，就是在硬纸上刻了字，用黄绿色油画颜料拓印在封面右上侧。封面左下侧则是竖写的一首小诗，如此看起来还算悦目。记得当时寄给吕剑先生看，他回信称赞之外，也有商量意见，如认为"黄色"二字已有特定含义，可以调换一个别的名字。其实我当时命名时也费了不少心思，之所以叫"黄色花"，还是因为其中那首《葵之歌》，因为葵花就是黄颜色的嘛！但"黄色花"的确容易产生歧义，如果径直叫《葵之歌》也就够了。两三年之后，济南一位叫李现文的朋友悄悄打印出其中一部分诗，重新编了一册《金色花》寄给我，或许也是觉得那个标题不太好吧。

到了 1985 年上半年，我已调到教育局教研室，但还住在进修学校宿舍。泰安师专美术系的任建华兄因为筹备国际青年年纪念活动，让我按照一定格式打印一本诗集参加。结果我又编了第二册个人诗集《自由神》，收入了半年期间的十几首诗作，但个人感觉多为急就章，乏善可陈，只有一首《又过黄河》自己多少满意些。

高中语文教研员

最早跟我提及从莱芜调回泰安的是方永耀老师。在师专读书时，方老师主讲魏晋南北朝文学。他是浙江萧山人，一口萧山话，不少同学表示听不懂。我对方言向来很感兴趣，对方老师的直爽和讲话风格亦抱有好感，毕业后也保持着通信联系。1984年下半年，他来信告诉我师专中文系领导班子换届，曹抡元老师任系主任，刘增人、刘凌老师分别担任副主任，现代文学教研室魏建学长考上了山师大研究生，系里各专业都需要补充新教师。方老师提醒我与刘增人老师联系一下，争取趁这个机会调回母校。

说实话，自从分配回莱芜做了中学语文教师，我对下一步该怎么走想的不多。1984年我也报考过山东师范大学现当代文学方向研究生。可惜正赶上函授教学与研究生考试冲突，加之平日太忙，疏于复习，考试还是错过了。事后魏建、张用蓬学长问我为什么没去，因为他们都知道我报考，又被安排在同一个考场里。

对于重回母校执教，我从未想到过这种可能。因为以专科学历和中学教师身份去教大学，实在太有些"天方夜谭"了。但方老师既然提出，我当然很想试试。好在毕业后我对现代文学的兴趣一直保留着，还受刘老师委托帮他校订过王统照、臧克家著述目录，我自己也在做吴伯箫等人的资料收集工作，还算勤勉吧。这样，我就给刘老师写信，提出了调动的愿望。

刘老师很快回信表示支持，并告诉我他要向中文系和学校争取，也希望我直接跟新校长提出自己的想法。新校长，就是从莱芜师范校长任上调去泰安师专中文系的唐功武老师，也是我在莱芜一中的语文老师，刚刚在新一轮校级领导换届时升任师专校长。

唐老师也很支持。就这样，校、系两级都很顺利，刘老师写信告诉我下一步可以走流程了。但就在泰安市教育局把商调函发给莱芜市教育局后，没想到莱芜这边不同意，并且要调我到教育局教研室，因为教研室高中语文教研员升职了，让我去接任。

我对行政机关工作无兴趣，此前市委两个部门希望我去做秘书我没去，现在让我去教研室也不想去。后来刚由教研员升任教育局办公室主任的熟人打电话劝我先过来，再找机会近距离跟领导沟通，这样不至于"弄顶了"。我斟酌一番，觉得确有道理，只好答应下来。

教研员，我的理解应该就是从事教材、教学方面的研究工作。但作为教育局属下的教研室，实际上却担负着对全市中小学各科教学的指导任务，要在分管局长和教研室主任领导下经常性地到各校听课、评课及作出相应指导。教研室分为中学、小学两个单元，中学又分为初中、高中两块，每块再有语文、数学、物理、化学、外语、政治等课程的区分。我在四中教高中语文时，就跟高中语文教研员有业务关系，现在我自己担任高中语文教研员，自然就要再跟各校的高中语文教师打交道。而那年的中心工作，就是围绕 1985 年高考做相关的课程信息和应考训练这些事。

故而那个半年，我的主要任务就是负责全市高中特别是高三年级《语文》课如何应对高考一事。首先是隔三差五地出差，由分管局长和教研室主任带队，和各科教研员乘坐局里一辆中巴车到不同学校去听课、听汇报，然后和高三教师座谈。当时到过的学校，记得有牛泉的八中、寨里的五中以及口镇的二中和大王庄、羊里等地，记得在口镇的莱芜二中见到了师专 1978 级陶善海学长。数年以后，他调到莱芜一中，曾与另一位学长负责校庆和吴伯箫文学馆的筹备，我们又多次见过面。

那时候教育局有个八开四面的内部小报《莱芜教育》。开头由陈文中编，他改任办公室主任后由我继续编。每月一期，那个半年的重心就是高考，所以内容多为各科训练。我既然分管语文，就组织过一次《时文阅读训练》，还写了一个谈阅读的"小引"。

为了解 1985 年高考动态，教研室还与泰安教育局教研室联合赴京走访一些专家、学校，希图探听到某些口风和讯息。这样，继春节第一次到北京之后，我又在这年四月份第二次去了北京。莱芜教研室由孙副主任带队，先到泰安，再由泰安教研室主任刘高鹏总带队，乘火车硬座到北京。记得那天车上特别挤，几乎转不动身体，又热又闷，出了一身汗。下午到北京，再转公交车入住陶然亭附近一家小旅馆，睡的是折叠床，而且就在窄窄的走廊里挤着，北京可真是居大不易。

时间安排也很紧张。专家，访问过刘国正先生，本来我很想跟刘先生聊聊吴伯箫的事，但领导在场，时间也短，我一句话也插不上。直到 20 世纪 90 年代，因在北京人民大会堂参加一次诗歌颁奖活动，我才再次见到诗人的刘征（刘国正笔名），上前跟他说了几句话，建立了通讯关系。

走访几个学校之余，忙里偷闲，领导特别安排了去八达岭登长城和游天坛公园的活动。自由活动时李耘耕老师和我去参观过中央美术馆，还在美术馆外面的绿地上拍了照片。另外，李老师还让我跟他去了一趟北大，与莱芜一中考去的一位女生和我二弟见了一面，在未名湖边走了几圈。李老师那时候还在辅导高考地理，随身带了海鸥相机，为大家拍了不少照片。我自己则往往趁早晚时间去附近的陶然亭公园逛逛，在看到高君宇石评梅墓碑的同时，发现那里早上老年人多，晚上年轻情侣多。说来也是，那个时候，北京虽说是首都，但老百姓居住条件真不比其他城市好，情侣们无奈，只好下了班到公园里去约会。

公事忙完，大家就回山东了，吕剑先生那儿也没去成。离开北京前，带队领导给大家安排了"购物"时间，在陪同事逛市场时看到一件深灰带碎花的女式衬衫，突然想到比较适合我母亲，就买下来了。母亲收到我第一次给她买的衣服，自然很高兴，尽管衣服有点肥，她还是至少穿了一个夏天！说来惭愧，工作五年，那是我第一次想到给母亲带礼物。

平日忙于工作，抽空还是不断向李勤农副局长等领导提提去师专的要求。他们一直不松口，看来这事肯定还需要局长表态才行，为此父亲和我都找过局长本人。李发瑞局长是我莱芜一中数学老师李家芳的丈夫，人胖胖的，很和气，虽说一时也未表态，但工作总还是要做的。

彼时几位局长都是教师出身，除了李局长，还有一位王副局长也是从莱芜一中调去的，他的妻子刘淑琴老师是我初中时的化学老师，他们夫妻二人也都是胶东人，一口浓浓的胶东话。我记得在一中上学时，有一次打防疫针，刘老师的丈夫王老师急匆匆跑到我们教室门口催促同学们："打针（jìn）了，打针（jìn）了，抓（zhuà）紧去！"这些老师虽说都是教数学、化学，性格也不一样，但知识分子气很浓，讲话做事文雅，有风度。分管教研室的李勤农副局长曾任五中校长，听口音，应该也是鲁北鲁西一带人，其人相貌堂堂，工作也有水平。

但好事多磨，直到高考过后的七月份，教育局办公会才总算通过了我的调动申请。一听到局里已回复泰安教育局的商调函，我立刻行动起来，直接坐长途车去泰安教育局人事科，将正式调令随身带回了莱芜。

七月暑假中，我再次收拾东西搬家。趁局里有车去泰安，我就请刚刚从师专毕业的齐福民校友来帮忙，把那年以八十块钱添置的一个书架和其他行李搬上了车，去五十公里以外泰山脚下的母校再次"报到"了。

第四章　八十年代兮

走出山林

正像 1979 年是我生命中的重要年份一样，1985 年同样也是。说它重要，是因为对我个人而言，人生再次面临重要的调整与改变。或许在每个人一生中，都会面临很多次这样的再选择吧？不断地成长，不断地发掘自我和变革自我，是生命对自我的启示，也就是生命的本质。迄今为止，我从未甘心于任何一次完成，也不愿沉湎于任何已有的满足，我喜欢让自己保持一种醒觉和探求状态，怀着憧憬面向未来。

小时候家庭搬迁和济南、宁阳的"走亲戚"，中学语文老师讲的"读万卷书、行万里路"，都对我有潜移默化的影响，使我对外面的世界满怀向往之心。前曾说过，1981 年下半年工作不久，第一次趁假期骑自行车翻过莱芜东北面的大山，过青石关而入博山、淄川、张店，再从这里经周村到济南，继续穿过长清、平阴到东平，而后汶上、济宁、邹县、曲阜，最后经新泰回到了颜庄。

一千多里的骑行，让我领略到了不同于莱芜的田园风光和历史文化，初步意识到地理与风情的差异。到了 1985 年冬天，我二弟寒假从北京回到家，我却突然产生了去北京过年的想法。想到做到，随即带上二弟宿舍的钥匙，先乘汽车到泰安，再从泰安买了去北京的火车票。记得是夜车，当然也一定是硬座（那时候对卧铺完全没概念），第二天到北京时天还没亮，出了北京站从左侧走出广场，看到路灯下深灰色的民居院墙，心里很激动，想：这就是传说中的北京四合院吧？

1985 年是我两次调动工作的年份，先是年初从进修学校调入教育局教研室，由此有了四月份的第二次北京之行，接着就是八月份暑期从莱芜调到泰安师专。这次调动对我而言意味着生命中的巨大转折，我的兴奋之情不言而喻。处在这种兴奋中，我再次萌发了外出旅行的念头，这回的目标是陌生而充满魅惑的大海！对于一个在内地出生、在山地长大的孩子，也许没有比大海更具吸引力、更能使之产生浪漫想象的了。两年前，我在四中教过的学生考学到了烟台，在写给我的信中附一份烟台旅游图册，让我对烟台殷殷向往。尤其是我当时热衷于吴伯箫散文的阅读，对他在青岛的"山屋"所写不少有关海的作品以及与朋友们所办的《避暑录话》，也抱着一探究竟的强烈愿望。故而我一边忙着办调动，一边下了去胶东走走的决心。还是从泰安坐夜车到青岛，在栈桥附近市南区教师进修学校办的暑期招待所住下。冲了澡，就迫不及待地去栈桥看海——就像在北京看到灰色的四合院院墙一阵激动那样，看到朝思夜想的海及天海交会处的海平线，内心的激动也持续很久。在栈桥上来来回回几趟，静静观看雪白的海浪扑打着栈桥，又到东侧滩涂和礁石处捡拾着各样贝壳甚至活着的小海螺……青岛的第一天仿佛就是在青岛湾一带反复留连中度过的。

在青岛的五天中，有一天是去市图书馆查看当年的《避暑录话》。我看到过鲁海先生所写吴伯箫与青岛的文章，也知道他正担任馆长，所以去图书馆就先找到鲁海先生。在他的热情帮助下调出了薄薄的一册《避暑录话》，看到了这份足以见证民国时期青岛"避暑文学"盛况的报纸副刊，甚至还当场抄录了上面吴伯箫的散文《萤》和短诗《秋夜》。办完了"正事"，接下来的几天就分别去几个海水浴场感受海水的浮力，到海洋学院寻访当年青岛大学内闻一多住过的石头楼，但在学校北门外山坡上却看不到吴伯箫的"山屋"。我还乘旅游车去了崂山，一路迎着溪水登山，下山后在海边清澈的浅水里留了影。

离开青岛，我去了烟台。游览了烟台山公园，又分别到威海游览了刘公岛，到蓬莱游览了蓬莱阁。去刘公岛乘的是一艘军舰，当军舰行驶到海水深处上下颠簸时，我想到：人在浩瀚的大海里是多么渺小！

时过境迁，一些细节都模糊了。但海的博大，海的力量，海边带着腥味的劲风，夜晚涨潮时那看不见却阵阵轰响的潮水，都给我一些从前没有的生命体验。几年以后，我写下了一首题为《听潮》的小诗。

不错，那个暑假也是我密集写诗的一段。在为参与"国际青年年"而写的十几首粗糙的诗作中，最后一首《走出山林》是怀着告别莱芜的心情写的。诗如下：

　　倾听着海上风的召引
　　我渴望走出山林
　　告别——
　　那玉米秸烧起的炊烟

清流汩汩的甘冽泉水
二十多年积攒的
故土的温馨
二十多年听惯的
硬朗纯朴的乡音
还有终年在瘠薄土地上
埋头耕耘的父亲

不是一只大雁去追逐温暖
不是一河流水一去不回
远游——
只是不愿再像父辈
与这封闭的角落厮混
让凝固千年的岁月
再来凝固年青的心
在泥土与石头之间
循环蚯蚓一样的命运

也许终会等到那么一天
一艘远航的大船由远而近
父老呵——
那是我一腔挚爱满载而归……

其实泰安莱芜之间不过百里，但对我而言，从莱芜到泰安的意义不在空间远近，而是生命旅程的一次大转折。我说不出什么道理，但感觉就是那样。

在兴奋与憧憬中，我提笔给幼时同一个大院里的伙伴、早我几年到泰安的同学写了一封信。向他们报告了自己的调动信息，似乎也是对赓续友情和思想交流的新的期许。这封信因为另抄了一份，得以保存下来。附录于此，以见当时心态。

　　××、××：

　　走过了将近十年的路，而今我不但记得二位的名字，也还记得二位那时的相貌，一张温和腼腆、一张生动开朗但都充满笑意的脸庞——我怀念近十年或十几年前的那些充满阳光的早晨……

　　说起来会觉得奇怪吗？人在不断地长大，却常常要回首童稚时期朦胧的、烂漫的梦。时间愈久，怀念愈深，尤其是在当时就觉得弥足珍贵的印象——当然，甚至也还包括如今想来常觉得负疚的一星半点的误会……（设若真有什么误会的话）

　　我也在不断长大，同时也常想起这些往事，尽管我们都还没有老，都正年青。

　　近十年来——你、我、他……还有所有留下深刻印象的伙伴，是怎样从幼稚中跋涉过来的呢？想来都该有无数的话要说，有无限的感慨要发的吧？

　　好在天地长存，春水常绿，人生之途，正因了我们自己和我们大家的努力开拓而变得愈益宽阔与平坦，设若是在这样的路上重逢，不用说，定会有无上的激动与欢欣的。

　　我也即将离开相处了二十余年的莱芜了。泰安师专中文系正等着我去讲授我曾学过的课程，对那里的师长们来说，也许我只是一只"归来的燕子"——然而对我来讲，一切也可以这样解释么？怕不能。

　　总之，殊途同归，我们将在泰安重逢。许多的话暂且不说，且待将来！

　　（这信算是约书，分寄二位）

张欣　八五年七月十七日

时间又开始了

　　说是工作调动，但其实谈何容易。二十世纪八十年代教师紧缺，某虽不才，想要调离莱芜却也困难重重。泰安那边还好，中文系和学校层面的工作都由刘老师做。新校长又是唐功武老师，一说就通，最大困难还是莱芜那边。为了做通莱芜的工作，师专人事处还派人去了莱芜一趟（恰好那天我出差），与教育局人事科反复协商，最后才达成了给莱芜追加两名应届毕业生的"交换"条件。记得那年上半年我去泰安向刘老师报告进展情况，结果就在去师专的路上（文化东路水校门口）与骑车前往人大开会的刘老师相遇。刘老师看到我，马上从自行车上下来，拉我到路边蹲下，就那样把有关情况和接下来要做的事跟我交代清楚，才又骑上车去开会。

　　至于去师专教什么课，刘老师也在通信中让我自己做选择，并未指定某门课程。本来，我在学校时对文艺理论兴趣更大些，但毕业后因为与刘老师联系较多，参与了刘老师所做王统照、臧克家研究的课题，还以中学教师身份去泰安参加了全国师专现代文学教学研讨会，故而一番考虑之后，我最终选了现代文学学科。这样，刘老师很快就把我的工作安排通知了我，诸如为1985级新生讲某些章节的课，以及高师函授和参编现代文学作品选教材。

处理完莱芜那边的事，我就在暑假中去泰安报到了。搭的是教育局的便车，师专1981级齐福民同学来帮我搬的家。

到师专报上到，张兆勋老师带我领了宿舍的钥匙，又找学生帮我把行李运到了田径场后面的宿舍。说来也巧，我上学初进校时住的也是这里，这回分给的宿舍是在二楼，208！

房间里很干净，有三张海蓝色的铁架床。看来这里要安排三位新人，而我是第一个住进来的。后来另两位陆续来看房，李德华先来，曾兵似乎开学后才来，他们二位都被分到物理系，又都毕业自山东大学，家都在泰安。德华是果科所的，曾兵家在泰山医学院。开学后德华也住进来，曾兵则几乎不住，只偶尔打篮球后到宿舍休息休息，抽着烟跟我们吹吹牛。

随后，各系新分配来的同事陆续都集中到这座楼上。二层、三层差不多住满了，可见这年新进人员不少。另外还有分配到泰安教育学院的五六位，不知什么原因也临时住在师专。每次去家属院打饭，他们几个都是一起去一起回，因为个子高高低低落差不小，远远看去十分滑稽。

中文系也新来不少人。从莱芜调来的除了我，还有莱芜师范闵军夫妇。另有从山东师大分来的毕建模，曲阜师大分来的李长风、宋阜森和聊城师院分来的范正生，我和阜森分在现代文学教研室，其他几位分别教写作、文艺理论或古代文学。

1985年下半年真够忙的。自从报到之后，我就开始为编教材和备课做准备了。从图书馆借来大量作家文集看，摘抄各种资料，写作品题解和教案，每天都要半夜后才得睡下。教工食堂在家属院，白天都跟几个新来的同事互相吆喝着一起去，晚上饿了就不方便买东西吃。后来买了一个电热杯，又买了方便面和鸡蛋，晚上九点十点就方便面加鸡蛋，也就对付过去了。有一次不注意，结果电热杯热水漾出来，引起短路，瞬间一阵烟雾和刺鼻的气味腾起，电线和电热杯都烧坏了。还有就是到了冬天，单身宿舍没有取暖设备，大家都偷偷以电炉取暖或做饭，也常常引起跳闸，那时整座楼立刻一片漆黑。往往这时候，物理系同事就发挥所长，在大家的簇拥下，设法去修好。

正式开学后，系里通知我兼任1983级二班班主任，遂不假思索答应下来。其实1983级已入校两年，还有一年（1981到1984级学制为三年，1985级恢复两年制）就毕业了，这时候插进来做班主任未必是件容易事。但既来之，则安之，服从需要吧。

我不知他们原先的班主任是谁，知道了也没用，但路从脚下起，只好做起来再说。实际上接手之后，工作比预想的顺利。两位主要班干部，班长和团支书主动到宿舍跟我联系，此后第一个班会跟同学们见面也没有任何问题。按照系里安排改选班委后，原先的班长和团支书都到系学生会任职了，亓修举和段崇海成为新当选的班长、团支书，他们一个来自莱芜二中，一个来自莱芜四中，其他的班干部还有曲红、孟宪励等。大家丝毫不排斥我，证据就是我那个寒冷的宿舍从此不断有学生来聊天，或自我介绍，或扯扯读书或对某些人事的看法。总之，跟我在四中、进修学校时一样，学生们和我还是亦师亦友的关系，很自然。

两个学期下来，也没有什么太大的意外事件。只是第一学期肥城的汪翠萍生病住院一次，第二个学期我带一部分学生到泰安二中实习。还有就是毕业前的几天，似乎突然多了一些谈话，有些谈话甚至有点不同寻常，譬如在操场上绕着跑道走许多圈，又譬如在路灯下聊到很晚……

所谓编教材，是刘老师主持的自编《中国现代文学作品题解》。由我和卓森分别负责撰写上下册每篇作品的题解或内容提要。现在想来，这个工作无论对教学还是学术研究都不失为一种扎实训练。因为这要逼迫自己从熟悉作品开始，诗歌、散文和短篇小说写个数百字的题解，戏剧和长篇小说写个千把字的内容提要，都需要细读作品和相关的权威评论。一个学期下来，完成约四万字的撰稿任务。到第二年上半年，则开始到肥城、临沂等地联系印刷或发行，去肥城是我自己，去临沂找钱勤来先生则是我与阜森一起乘火车去的。

正式讲课是从 1985 级开始的。该年级共招收一百三十几名学生，分成三个班。我原先以为自己只教过其中一个班，实际上三个班都教过。也许是先教了三班二班，第二学期又教过一班，总之三个班都有印象很深的学生。一班的李树林和二班的常森通过专升本和考研，都留在了北京工作。一个在国家机关，一个留在北大中文系任教。一班张期鹏本可通过专升本再去深造，却因为某种特殊原因而被取消资格，不得已分回原籍莱芜教中学。但多年以后调到济南，业余则从事文史研究，完成了多部著作。

摘录当时一则日记，或许可以见出那份如履薄冰的忐忑不安：

1985 年 10 月 5 日，星期六

本以为还要过一周才讲课，但结果下周一（也就是后天）就要登台了，心里却毫无头绪，只有万分的惶急与不安——每逢做一件从未做过又较为重要的事，总要经过一次心灵的磨难。

实际上似乎也确如此。许多作品没有读，读了的，也记不清情节，更缺乏理性的总结，到时候如何讲好？如何分析这些作品？还有，讲的方法也拿不准，不知从何处入手，又从何处出来。漫漫的一滩海水，只觉得广大，只觉得浩渺，却无从驾一只小舟，劈风斩浪，真觉得难。

　　而且，还有那么多的事情急需去做而又无从去做，萦萦绕绕纠缠在心头，真正是，剪不断，理还乱呵。我是一只断了线在四无着落的空中摇摇摆摆行将覆灭的风筝么？

不过，真到开始讲课了，也只能硬着头皮顶上去。事情往往这样，因为认真而十分焦虑的事，结果倒不致太出丑。看来有压力，或者感觉压力大，的确不见得是坏事。从后来的日记看，那一关我总算过得比较顺利。关于讲课得到学生认可这事，有一个例子或许可以提提。

1986年教师节征文期间，我从师专南门东侧的报栏内偶然看到李树林的文章，题目叫《老师啊，老师》，写了我课堂上讲艾青抒情诗的情景，让我仿佛从镜子里看到了作为青年教师的自己。此文附录于本书中，有兴趣的朋友不妨一睹当时年轻教师和学生之间不会当面表达的那份真性情。

诗，潮，以及学术

直到现在，我还保存着1985年回到泰安后陆续积累起来的图书。其中有不少校园文学产品，比如北大五四文学社自印的《新诗潮诗集》和泰安师专探海石文学社自印的社刊《探海石》、《季风诗刊》，以及当时各地诗友们自印的诗刊或诗集。那是一个文学尤其是诗的时代，文化的青春期时代，年轻人身体、情感、思想同时恣意发育和左冲右突的时代。

其实这套上下两册的《新诗潮诗集》加一本《青年诗人谈诗》，纯粹得之偶然，那也是去泰安后才有机会得到的馈赠。

上节说到，我在 1985 年暑假提前到师专报到后，就住在操场后面的单身宿舍里。没想到我在这里接待的第一批客人，竟然是来爬泰山的十几位北京客人。

他们都是我二弟的北大同学或朋友。记得那次有十几位同学，我事先留下了地理系同事孟华房间的钥匙（他报到后先回莱芜老家了），以便安排他们住下。不想他们下午刚到，晚上就匆匆上了山。直到第二天下午才疲惫不堪地回来，十几个人在两个房间横七竖八地倒头就睡，休息过来才开始一起吃晚饭。他们到外面买了些熟菜回来，我也提前买好了一些，房间里两张桌子并在一块，大家围坐着边吃边东拉西扯。记得扯到将来做点什么的话题，我就说希望能写本《20 世纪中国文学史》。之所以这样说，可能跟当时现代文学史著作的编写热有关，也可能受到中学时代李希正老师想编一部中国文学史的理想影响。

休息了一夜他们就回北京了。可让我没想到的是，不久就收到从北大寄来的一大包书，打开看，却是新鲜出炉的五套《新诗潮诗集》！是那十几位北大同学中叫洪宗标的一位寄给我的。

中等个子的洪宗标是福建人，眉眼棱角分明，后来多次买书寄给我。其中就有一本叶嘉莹文集《迦陵论词丛稿》。开始只寄书，后来又通信，直到他毕业回福州后还来信告知工作情况。

《新诗潮诗集》上下册和《青年诗人谈诗》，都是北大五四文学社印的，编者署名老木。这套书对当时正处于如火如荼大学生诗潮中的人们真可谓雪中送炭！因为大学生们都在四处寻找着北岛、顾城、舒婷、杨炼们的集子，而往往并不容易找到。这套书不止是解燃眉之急，更有把新诗潮导入一个"传统"又开辟一条新路的意义。因为其一，这套书收入了朦胧诗人们的代表作，也收入了比朦胧诗人更年轻的大学生诗人的作品。结果这同时起了导入和导出两种作用，酿成了不同于朦胧诗的新的大学生诗潮，或曰第三代诗人。其二，《新诗潮诗集》后面还附录了三四十年代中国现代诗人的探索之作，这就把新诗潮与中国现代诗乃至世界现代诗作了衔接，实际上就有着把现代诗作为一份传统介绍给当代诗人的意图。这是一种极有文学史意义的自觉。

年轻一代富有叛逆性和探索性的诗风，早在二十世纪六十年代中后期伴随着知青运动就开始萌动了。贵州、北京、上海都有不少人在悄悄写着与流行的口号诗完全不同的作品。到七十年代，各地知青的手抄本抒情诗就更多，再加上不少遭贬黜的老诗人悄悄写的"干校诗"，势头更大。及至七十年代末，老一代"归来者诗人"和年轻一代"朦胧诗"汇成的强劲现代诗大潮势如破竹，卷起千堆雪，就一点也不足怪了。只是从我个人角度，也许因为上大学期间不够自觉，回莱芜又去了山区中学执教，就未能与新诗潮形成呼应，显得迟钝和落伍了。

但重回泰安后情况就不同了。一方面我自己写诗的热情正高涨，另一方面新入校的1985、1986、1987级学生有不少有锐气的文学爱好者。一来二去，大家竟在师专校园里不期然而然地营造出了浓浓的现代诗风。

《探海石》和《季风诗刊》就是当时校园文化催生出的产物。这是两种油印的刊物，以泰安师专探海石文学社名义编辑，具体由几位特别热心的校园文学写作者如政史系王克柱、马启代、中文系刘夏明、常森、时新华、边立平、李德政先后负责组编。而实际上又与师专团委的支持分不开，特别是于鸿远、张庆国两位，不然哪有钱和设备印刊物呢。

我在毫不知情的情况下被学生们推举为名誉社长。实际上我哪里配呢，不过应他们要求写个一篇两篇文章，或者在他们活动时去吹吹风，又或者请老诗人吕剑、木斧为他们题写个刊头或写句鼓励的话，略表支持而已。我当时写的文章如关于教师节和《季风》出到第三期的感想，附在本书后面备考，也有为近四十年前校园文学留点印痕的意思。

探海石文学社的骨干分子中，颇有几位在坚持中走向自觉、不断超越者。常森成为高校教师和学者，马启代则于毕业后一边继续写诗，一边撰写诗评，三十多年来持续努力，出版个人诗集十数种，如今已成为非常优秀的中年诗人。

在这样的氛围中，我自己也一度沉醉于某种自觉状态。通过流沙河编的《台湾诗人十二家》喜欢上了台湾现代诗，时时沉浸于斟词酌句的兴奋中。《山东青年报》、《山东文学》和新创刊不久的《黄河诗报》陆续刊发了我的诗作。

二十世纪八十年代是思想解放的年代，新诗潮正是此种思想解放的表现之一。因为那些诗的内在精神都与人性与艺术的醒觉有关。另一些方面，思想解放也表现在大学生对国家事务和民族命运的关心参与意识越来越强上。当我还在莱芜时，就因为与师专美术系青年教师任建华的结识，而参与到他组织的山东青年纪念国际和平年（1985）的活动中了。我编的第二本个人诗集《自由神》作为纪念活动计划的组成部分，按照建华的要求统一规格打印和装订，由他带到济南。这年冬天，活动在济南举办，我应建华之邀赶去，参加了那个活动的开幕式。记得当我匆匆赶到时，突然被后面的人抱住了，转头一看，原来是活动的组织者之一、在《山东青年》杂志任职的师专1981级同学王茜。那天前来参加开幕式的有不少省委省政府官员，山东省委书记梁步庭先生也出席了。因为第二天还有课，我在听了任建华的热情致辞、开幕式结束后就赶回了泰安。

一年之后，我甚至被裹挟到那年的学潮边缘，一度成为人们眼里的"异类人物"。

以现在的说法，我那时很有些"愤青"倾向。譬如在诗中流露强烈的叛逆情绪，深恶痛绝特权、官僚主义和社会不正之风，对改革恨铁不成钢般的满心期待，并且相信批评的力量。对刘增人老师提倡的"对话"式教学很是赞成，也乐于实行。所有这一切，都和二十世纪八十年代特有的开放、进步之风息息相关。我是这种开明、宽容气象的受益者，即使在小小的师专，我也能感受到那种新的校园文化氛围。

1986 年冬天某晚，正值期末。我像往日一样在中文系办公室备课，1985 级一班两个学生干部和两个山东农学院的学生进来了。经他们解释，才知道他们准备与北京的学生做呼应，在泰安举行一次争取民主的游行，问我能不能为他们提供印传单的方便。听了他们的话，我很受触动，也为他们的满腔热情所感染，觉得理所当然应该给予支持。于是让他们把手写的传单留下，第二天印好请他们来拿。第二天，我刻了蜡版，而且一张蜡版一分为四，刻了四份，这样每份变成 32 开，印起来就会效率高些。晚上，我让那两个中文系学生在东头的一间储藏室里用油印机把传单印好，带给了农学院的学生。

过了几天，还是晚上，农学院那两个学生再次到来，告诉我他们的计划被学校发觉了，游行没做成，但传单在校内张贴了一些。我说没关系，自己责任尽到就好，安慰了他们一番。而且，我以为事情做完，就跟自己无关了，完全没当成什么了不起的大事。

结果期末考试期间，我正在校行政楼上监考，刘凌老师走进教室，悄悄跟我说学校保卫处有事找我，他替我监考。保卫处就在同一座楼的一层，我就下来直接去了保卫处。

　　没想到，并不是保卫处找我，而是泰安市公安局政保科的两位干部！一见面，他们就很轻松地跟我说，他们和我父亲很熟，今天过来有点事和我谈谈。随后，让我坐"里边"去。所谓"里边"，是临时用床单隔出的南边靠窗的地方，大概是为了避开门口的视线吧。坐下，谈话正式开始，这才慢慢道出实情，原来是为了农学院学生游行、贴传单的事。当然，两位中年干部一直很和气，一再说只是为了把事情搞清楚，让我把事情经过详细地讲出来，于是我讲，他们记。后来到午饭时间了，让我先去吃午饭，下午接着讲。

　　待一切流程走完，他们回单位，我也回到田径场后边的宿舍。当天晚上，刘增人老师第一个为这事来找我，他说学校已通知系里，系里则派他来和我谈话。谈话是那时约定俗成的术语，就是跟犯了错误或出了问题的人"做工作"。我是刘老师的"兵"，刘老师自己又是系领导之一，派他跟我谈话当然很合适。但也说明这是客气与温和的表示，算是给我面子罢了。

　　刘老师跟我谈，不是"公事公办"那种套路。除了家人般的关怀，就是"好汉不吃眼前亏"的劝慰。在公安局干部和我谈话、让我谈对学生运动的看法时，我一再为学生单纯的爱国热情辩护，强调他们良好的动机。提问的人对我"民主就是人民当家作主"的观点不予认可，但究竟什么是"民主"，他也没有说出什么答案。我承认那时的确没有深究过这类问题，支持学生，完全出自对国家的爱护，更多是一种情感，我相信学生也同样。所以我不认为自己有什么错，倒觉得各级部门既不肯反躬自省执政中的种种问题，又不从正面理解大学生的爱国行为，才令人痛心和失望。但这似乎不是可以平等"讨论"的问题，在沙漠里拼死呐喊又有什么意义？我接受了刘老师的意见，着手写"检讨"。

我父亲也接到公安系统内部的通知，先打电话，接着专程来泰安督促我写"检讨"。待我写出初稿，他又戴上眼镜仔细看过。某些地方作了补充调整，在我这里住了一夜，第二天才回莱芜。

好像一夜之间，我的事情在泰安尽人皆知，我也似乎突然感觉到冷暖不同的温差。在泰安某机关工作的解培辰老同学专程来宽慰我，1981级的陈泰生还托王传宝约我到他家和七八个校友吃饭。陈泰生年龄虽然比我大，但进师专却比我晚两年，他进校我离校，彼此并无交集，他毕业后分到泰安公安干校任教。他以公安部门干部身份，在这种时候不避嫌，反而拉我去吃饭，这和我在学校里碰到的某些有意回避的目光，形成了不小的反差。

二十世纪八十年代末，我父亲在临近退休之年调入公安干校，和陈泰生成了同事。我去干校有时会遇到他，他担任学校的中层干部不久，即罹患肝癌去世，年仅三十九岁，真是可惜。

我从未想到自己会走上"学术"之路，甚至成为在大学里"治学"的学者。不过既然进了高校，尽管这高校并不似北大、复旦甚至一般师范大学那么"高"，而仅仅止于师范专科学校。可一方面受几位老师影响，另一方面师专也确实参与着各级学会的学术活动，每年总有机会为年会准备论文。还有，就是既然教专业课，总会有意无意地介入某些个人感兴趣的学术话题中去，久而久之，自然也会有相应的成果出来。

1983年4月，应刘老师特别邀请，我以中学语文教师资格参加了在泰安泰山饭店举办的全国师专现代文学教学研讨会，会后与中国社科院的樊骏先生建立了通信联系。这年下半年，因为暑假去济南山东大学阅卷时拜访了山东省写作学会的郭同文先生，他又约我到泰安参加了另一个会议：山东省写作学会的年会，这回认识了现代散文名家李广田先生的学生、潍坊教育学院的刘可牧老师。在会上，师专的黄原老师主动找到我，热情称赞我提交会议的论文《试论吴伯箫的散文美》，会后又把我这篇肤浅的文章推荐给《泰安师专学报》发表了。不管怎么说，这总是我正式发表"学术论文"的开始。

调回师专后，忙于备课上课和编教材，一时顾不上做研究，只偶然写点所谓"评论"发在《山东文学》和刚创刊的《黄河诗报》上，严格说算不上学术。直到 1987 年 5 月，为了参加在济南东郊宾馆举行的山东省现代文学研究会年会，才依据新出版的《李广田文集》，写了篇近万字的论文《作为现代诗人的李广田》，附带写了首关于李广田之死的现代诗《莲死于池》。这一文一诗，大概是我学术与诗歌写作第一阶段最好的成果吧，因为它们都产生了令我始料未及的"反响"。论文，在济南会议上受到不少老师肯定，特别是山东师大现代诗研究专家吕家乡先生看了，专门向刘增人老师了解我的情况，见到我时又当面予以首肯，给了我很大鼓舞。此文在《泰安师专学报》发表后，旋即被北京中国人民大学报刊资料复印中心全文复印——我把这理解为现代文学学术圈对我的接纳。

至于《莲死于池》这首诗，虽说未公开发表，可到了二十世纪九十年代初，我把它投给了北京诗刊社举办的"人民保险杯"全国诗歌大奖赛组委会。后来接到通知，荣获三等奖，并邀我赴京参加在人民大会堂福建厅举行的颁奖典礼。因为恰好在寒假中，我就乘火车再次去了北京。在那次活动中，我认识了雷霆、陈显荣、李晓梅、曹宇翔几位山东籍诗人，也见到了程思远、赛福鼎、魏传统、臧克家、贺敬之、李瑛、邹荻帆、刘征这些老诗人以及梅葆玖、关牧村、陈铎这些艺术家。颁奖仪式结束后，大家乘车到前门全聚德烤鸭店用餐，我和几位山东诗人一桌，其乐融融。

参加颁奖活动前，我还借机会到中央民族学院拜望了九十三岁的冰心老人。又到展览馆路再次拜访吕剑先生，而吕剑先生又介绍我去见见他的好朋友邵燕祥。于是我从二弟住的体育馆路骑车到了虎坊桥，敲开了诗人邵燕祥的家门。

回到泰安，新担任系主任的姜全吉老师在办公室跟我闲聊，开玩笑说：你能见到冰心，相当于从政的人见到邓小平呵！

助教进修班

我从莱芜重返泰安，自认是一次很大的提升，工作上如此，精神上更是如此。这当然不是轻视中学教育，乃是就办教育的观念和方法而言。二十世纪八十年代是经济、社会、观念全面解放的时代，中学教育虽说也在改革，然而在实践层面、特别是基层教育的行政层面，"高考指挥棒"所执着的"现实原则"毕竟更实用，也更贴近大众的需求。故而真要"改革"，难度就大如天，就算改起来也要打不小的折扣。相对而言，高等教育的"拨乱反正"毕竟从容些，这使得八十年代的中国大学校园往往成为思想解放的发源地。自然科学也好，人文社会科学也好，在文化开放方面一般都比校外环境幅度大、速度快。

泰安师专作为地方所属专科学校，即便其自身有种种局限，但因为毕竟是高校，就有了与科学和文化前沿进行沟通、来往的渠道。具体到个人，由这种渠道建立起的互动就更明显了。拿我个人来说，假如不离开莱芜，就无从设想参与高层次学术会议和交流，更不要说其他形式的进修提高了。

省内高校系统有若干学会，仅现当代文学学科就分别有现代文学研究会、当代文学研究会、鲁迅研究会、郭沫若研究会和茅盾研究会。上述研究会另有全国性的，文学理论、古代文学、外国文学等学科也都一样。写作虽不是独立学科，但也有个武汉大学挑头的中国写作学会。全省师专中文系也有个校级联谊组织，以泰安师专所办的《情况交流》内部杂志为纽带。我曾经协助方永耀、黄原诸老师编这个内刊，还为这事出差德州师专一次。

1987年5月参加山东省现代文学研究会年会后，当年暑假又参加了在烟台东郊前七夼某国家部委培训中心举办的新学科讲习班。这个讲习班由什么组织举办记不清了，却还记得来讲课的几位先生。年长的如北京人艺老演员苏民，年轻学者如中国社科院的何新，上海的民俗学家陈勤建等。之所以记得，是对他们的讲课印象深刻。苏民先生回忆人艺老院长焦菊隐执导老舍剧本《龙须沟》和他自己在"文革"后饰演曹禺话剧《雷雨》周萍一角儿的情景最生动，最叫座。不仅学员爱听，连其他讲课的老师也都出来听了，那真叫绘声绘色。现在我还记得他介绍《龙须沟》里程疯子老婆喊"疯子……"时舞台声音效果的样子。他演周萍时已近六十岁，为如何表现三十岁的周萍很费了一番心思，最后是偶然的一次挺胸拔背动作启发了他……

何新先生大约四十出头，人高马大，面若桃花。且绝无一般知识分子身上那种书生气，分析问题给人高屋建瓴、鞭辟入里之感。他关于解读作品三个层面的说法，对我就好像有醍醐灌顶般的唤醒作用。所以尽管后来了解到学术界对何新的争议，我还是对他存有好印象，买了不少他的书看。

在烟台这次讲习班上，还认识了杭州大学研究生傅瑾。后来傅瑾兄一直给我寄他们学校的杂志，直到他考入北京的中国艺术研究院读博。

1988年暑假，我还参加了一个讲习班。这回是在北京，三联书店和《读书》杂志主办的"文化：中国与世界高级讲习班"。

当时的暑期讲习班很多，为什么选择这一个？这是因为我对《读书》杂志的好感和对"文化"的热情。二十世纪八十年代中期，寻根文学兴起，出现了"文化热"，诗、小说、戏剧和影视都有不少作品引发社会关注。《读书》杂志也是最受欢迎的通过介绍图书传播海外文化的期刊。我时时留意着中文系办公室门后面的收信"布袋"，个人信件之外，有不少寄给中文系的讲习班通知。《读书》杂志的"文化：中国与世界高级讲习班"通知就是在办公室看到的。我觉得很对我的胃口，就赶紧去信报了名。

暑假中，我带上周国平的随笔集《人与永恒》就乘火车去北京了。因为从收到的正式通知知道，当时以译介尼采和写随笔的周国平也是讲课人之一。其他讲课人也都是活跃的中青年学者和作家，比如甘阳、苏国勋、郭宏安、何光沪、赵越胜、陈宣良、梁治平，还有北大中文系的钱理群、陈平原、黄子平，诗人杨炼（因故未到场），层次够高，阵容也够大。

讲课安排在北京 27 中。学员四五十位，住教室，一律是简易折叠铁床，听课在一间会议室里，吃饭则在学校食堂。这么一来，吃、住、学一条龙，学校的功能发挥到极致。照合影时，讲课的老师到得最全，《读书》杂志的沈昌文先生也来了，还专门讲了《读书》的创办以及困难。学员们都表示全力支持《读书》，有学员建议将零售价提高到每本两块五毛！沈先生听了直乐。

我的感觉，那次讲习班档次甚高。无论是主办者、讲课的学者还是来自各省市的学员，仿佛都抱着某种使命感，讲课、听课都极严肃认真。每一位学者都有自己鲜明的风格，法律学家梁治平和现代文学史学者钱理群大概是最具对比性的两位，梁治平讲课不苟言笑、一板一眼，钱理群讲课则激情洋溢、几达忘我之境。

钱先生个子不高,脑袋大,眼睛小,总仿佛一张笑脸,给人以弥勒佛的印象。他那天上身穿一件人造棉的短袖衬衫,这种布料时间一长容易往下坠,他穿的这件就是两侧都已坠下来了,显得衣服特别大。讲到动情之处,手臂高举,满头汗水淋淋,直到现在还记得一句话:"我们这代人没有幸福,只有痛苦!"他站起来转身找黑板写字,却找来找去找不到,学员们笑着告诉他黑板在一侧的架子上,才算了事。

学员没留下名单,但我记得周国平讲课时,有一位上海的十六七岁少年跟他讨论笛卡尔,让我大吃一惊。那天课间休息时,我拿出带去的《人与永恒》请周国平签名留念,周先生说他的诗集要出版了,等印出来给我寄一本。学员当中,我只跟同住一间教室的几位熟悉了,厦门集美学校一位,青海文联两位,记得还一起到天安门广场去散步。青海文联的山东老乡梁兄后来也一直给我寄杂志。

那次在北京,我还到人民文学出版社找牛汉先生。人家问我:"你找牛汀?他不在社里,住家里呢。"我正纳闷何以叫"牛汀",那人又告诉我一个电话号码,说:"这是他女儿史佳的电话,你问她吧。"我更纳闷了。小心翼翼地拨过电话去,那边接了,我开口就问:"请问您是牛史佳、牛汉先生女儿吗?"对方一听乐了:"我叫史佳,您找我爸,我告诉您地址……"后来搞明白了,牛汉先生原名史成汉,所以他女儿当然也姓史,牛汀、牛汉都是他的笔名。在人文社大门口的读者服务部里,我买了牛汉一本诗集《蚯蚓与羽毛》,还买了另一位诗人屠岸的签名本诗集。关于到十里堡牛汉先生家里拜访的情景,我曾在牛汉去世后写过文章,此处就不多说了。

那年我二弟刚刚从北大法律系毕业,分到了国家体委法规处

（后改为法规司）。某天傍晚，我们相约在东华门夜市见面，一人一只油炸鹌鹑，边吃边聊了会儿天。

暑假之后的九月份，我如约前往省城济南，参加了为期一年的中国现代文学专业助教进修班。进修班是山东省高师培训中心举办的，由山东师范大学中文系承办，故而吃、住、学都在文化东路的山东师大老校区。

我专科毕业后，1984年报考过山东师大的现代文学研究生，因外出讲课，未能到泰安参加考试。不过那时候太忙，根本没怎么复习，英语更是没有底，就算参加考试也基本没戏。所以这回以高校助教身份参加的业务培训，是我工作以后第一次正式的专业进修。而助教进修班所开设的就是硕士研究生的主干课程，读助教进修班大致相当于硕研同等学力吧，对我这样学历不达标的高校教师，此种进修实在是不得已的补课。本来，我最初联系的是北京中国社科院文学研究所，事到临头学校却规定只能参加山东省高师培训中心举办的同类助教进修班，为此我有点不高兴。张继坤老师劝我说，你去山师大也好，熟悉熟悉本省的专业圈有利于工作。我想想也对，也就接受下来。

九月秋高气爽天气，助教班如期开学。在开班仪式上，我见到了现代文学专业的大部分老师和十几位助教班同学。当时中文系主任韩之友老师，也是现代文学专业的。记得先是介绍教师和学员，介绍到谁谁要说几句话。轮到我，不知怎么就随口批评起当时的学风来，且说了"著书都为职称谋"的话。说这话，一是有感而发，二是或许前一天拜访宋遂良老师时涉及到此类话题。但从学员角度，在开班仪式上讲这些或许有点僭越吧？后来朱德发老师讲话，就特别强调学术研究和多出成果，似乎还有"不做研究不出成果怎么行呢"这样的诘问。朱老师所言未必是针对我，但却使我意识到开班仪式上自己的发言有点欠妥。

接下来就是排课上课了。有朱德发老师的现代文学宏观研究，宋遂良老师的当代文学研究和吕家乡、袁忠岳老师的新诗研究，蒋心焕、王万森老师的现代小说研究，韩之友老师的一门课。还有一个青年教师讲座性质的课，即每位青年教师各讲一次，姚健、杨洪承、姜静楠、魏建、刘新华、李掖平都来讲过。朱老师的课有点特别，是大家到他办公室坐在沙发上听课，他是蓬莱口音，湖南和新疆的同学完全听不懂。宋遂良老师的课是漫谈，经常叫起大家来讨论，我也在课上发过几次言。宋老师自己说："我的课听一次比较好，多了就没什么意思了。"

课程之外，第一学期还有可记的几件事。先是姜静楠老师跑到我们宿舍，说他参加朱德发老师编的现代纪游文学史，让我们也参与写稿。大概有三四位同学选了题目，我也选了郁达夫游记一节。结果我费了不少时间集中读郁氏文集，写出了万把字的初稿。但此事似乎一直未有结果，我们的稿子是用了还是没用也不知道。我第一次遇到此类情况，不知如何应对。第二件事，也是姜静楠老师约我和另一个同学到洪楼山东大学，和山大几位当代文学研究生讨论《收获》第六期上的实验小说，完了让写文章。我读了史铁生、格非、苏童、孙甘露等人的作品，写了篇《先锋文学与批评的隔膜》，着重谈文学批评面对当代小说实验性作品时的滞后状态交给了姜老师。转年省作协主办的《文学评论家》第二期报道了姜老师策划的这次讨论，参加座谈者写的稿子，也都在专栏里发表了。

这学期还有一件事。山师大和山大要举办孔孚诗歌讨论会，我得知消息后专门去拜访了孔孚先生。得到他赠送的一本诗集，我也找到一些孔孚作品读了，有了初步印象。总体上感觉他虽然在写诗"做减法"方面确有心得，但技术上总还有某种缺憾，意蕴的提炼和升华方面也有限，似乎达不到我的期望值。但我想，对诗人不好苛求，孔孚先生即便有一首好诗留下也就够了。另外，我还写了一首题作《山狐》的诗表达对孔孚的印象，潜意识里写到了诗人与自然的某种精神契合。拿到山大研讨会上给诗人看，他顺手将拙诗中"凝练"一词改为了"吐炼"。那天到会的人不少，发言踊跃，我几次举手才获得主持会议的吴开晋先生"特批"，他说："张欣要求一分钟的发言，请他发言。"我在匆促发言中所谈的就是上述感想。

那几年举国练气功，我到山师大不久就看到西侧运动场里有不少练气功的人。正好有山东体育学院的老师要在山师办气功班，抱着十分好奇的心态，我也报了名。每天下午站好队在某个固定的地方学习、训练。教练有两个，一个中年主教练，一个年轻帅气的辅导教练，一套功好像有九节，每一节都有个名目，整套功好像主要是健脑明目，现在依稀还记得类似"干梳头"等几个简单动作，当时是全学会了。我看到宋遂良老师的夫人傅老师也站在队列中。春节后第二学期，有个著名气功师在济南八一礼堂带功讲课，我还和美术系的小友孟卫东骑自行车去听。偌大一个礼堂全都站满了听讲的人，而气功师在台上滔滔不绝地讲着、暗示着种种带功效应。我看到身边不少人前仰后合、东倒西歪的样子，很纳闷自己何以无动于衷，真的属于对气功不敏感那类人吗？可是，就在那一年的三月份，深陷于气功的诗人海子却在山海关卧轨自杀了。

第二学期开学后，济南下了场大雪。山师大校园里遍地皆白，我穿着新买的一件浅灰色羽绒服和牛仔裤在东方红广场雪地里照了张相，这身衣服穿到中文系，还引来几位老师的称赞。这学期除了另几门课，还有一个结业论文的写作，为此先要根据个人志愿配备导师。照说我那时的兴趣在新诗，但出于某种考虑——一

方面想扩大自己的视野，
另一方面也想跟朱德发老
师多接近一些，结果就选
了朱老师做我的导师。但
那个学期实在非同寻常，
尤其是四月中旬以后。先
是政治形势陡然一变，接
下来又持续升级，至六月
份却又陡然滑落，真是惊
心动魄。不消说，在如此
风云变幻的时刻，我也无
法置之度外。而朱老师的
"宏观研究"方向一下子
也找不到入口，最后还是
回到新诗上来，定了一个

1989 年春在山东师大，孟卫东画子张之一

"中国现代城市诗述评"的论文题目。

　　为什么是"述评"呢？原来在和同学们商讨论文写作时，我
因为受到山师大 88 届研究生们"现代作家研究述评"启发，遂建
议助教班结业论文也围绕一个相对集中的论题，争取让山师大学
报出个"增刊"或专集。商量来商量去，大家确定写现代文学的
各体文学研究述评，题目可大可小。这样既尊重每人的研究方向，
体式又相对统一，做出来就有点意思。这也算是我读助教班参与
的学术策划吧。让学报出"增刊"的事没搞成，有的同学后来又
调整了题目，最终还是各写各的了。这大概和助教班学员来源、
结构都有些关系吧。

　　我这篇论文自己并不满意，主要是资料看得少，那时候好像

1989年春在山东师大，孟卫东画子张之二

还少有人注意城市文化与城市文学，可供参考的文献不多，写起来也费力。勉为其难地给现代城市诗下了一个初步定义，从史的角度作了些梳理而已。初稿写出交朱老师提了修改意见，最后就以这篇论文结束了一年的"深造"。此文后来发表在中国现代文学研究会会刊《中国现代文学研究丛刊》1992年第二期上，这是我第一次在"丛刊"上发表论文。

助教班的一段"准研究生"生活，在我有不少可纪念之处。单就现代文学教学和学术研究来说，大抵算我初步的学术训练吧。

带队实习与班主任

当我忆及二十世纪八、九十年代忙碌、紧张的工作时，不禁感慨六十年代出生的这代人无可取代的历史形象。每代人的历史形象应该都有其独特性，都有其无可取代处。我作为六十年代第一年出生在"困难期"的人，作为中学毕业侥幸搭上高考之车、以八十年代青年人资格充当"劳力"的社会成员，对自身的幸运与辛劳感受尤深。幸运是真幸运，辛劳也真辛劳。说幸运是与成为历史牺牲品的前代人比，说辛劳是与享受到更多社会发展成果的后代人比。特别是进入 21 世纪后，更年轻的一代在相对正常的社会环境中承担他们的历史职责，其责、其权、其利大致对应，不似前代人之处处"不配套"的尴尬和无奈。

这代人的幸运是赶上了能赶上的"历史机遇"，辛劳则是其付出与报偿之间的某种错位，这是因为没赶上另一些"历史机遇"。自然，每代人也都会有类似遭遇，无从选择也无可逃避。从这一点来说，真的不好说"公平"或"不公平"。最好的办法恐怕还是与历史达成"谅解"，只有如此才能安放好身心，才能建立起精神的平衡。

二十世纪八十年代的"拨乱反正"是一个持续漫长的过程，中学教师也好，大学教师也好，职称评审从无到有、从"应急"到完全正常同样经历了漫长和曲折。多少人一辈子都没有获取名正言顺的"身份"就退职甚至不在了，又有多少人长期做着远超出职责范围的工作却没有相应的薪酬待遇。

说完这些感慨，回到个人记忆。

自从调回母校从事教学，就全身心融入新的工作，"割稻便割稻，舂米便舂米，撑船便撑船"，且信心满满，常自以为生正逢时，奋斗正未有穷期。

这里说说课堂教学之外的实习和班级工作。

教育实习是师范院校最末一个学期的教学环节，教师带学生到各实习点实习乃题中应有之义。我在学生时代做过实习生，如今却要以带队教师身份出现了。第一次带学生实习是 1986 年上半年，中文系 1983 级部分学生，去的是城东的泰安二中。因为在本城，不住宿，实习学生每日往返，听课、讲课具体由二中的语文教师指导，我不过只有一去一回两次礼节性发言——见面，答谢，如此而已。答谢时用了"扶我上战马的人"形容指导教师的功绩，那是当时一部电影的名字，是希望实习生不要忘记这段经历。二中的指导教师中有一位是师专 1981 级校友王传宝，另有一位气质优雅叫陆志华的年轻女教师。

第二次带队实习是 1987 年春。这回去了东平县。学生是 1984、1985 两个年级，教师则每系一位，由政史系李炬主任带队。他是东平人，由他带队方便与地方教育局联络，另有化学系李震、政史系李永玲和体育系赵老师。怎么去的忘了，总之到了东平新县城后屯，被安排住县招待所。当晚就有教育局设饭局招待，入口即化的东平湖糟鱼，热腾腾的东平粥，都可口，都让人喜欢。闲时我们到街上逛街，还买过东平另一种名吃：对烧饼，也是我喜爱的吃食，比泰安的好吃。

我带的中文系学生住在县城南十里之外的彭集镇马代村中学。这样我就按要求每天乘车先到彭集，再借自行车骑到马代村中学，主要是听学生们的试讲以及正式讲课，提些意见和建议。好在学生实习队长很稳重负责，学生们也都懂事，所以整个实习过程相当顺利，没出任何意外。忘不掉的是，后来我改为骑自行车到彭集，那条柏油路开阔平整，中途穿过大清河（即大汶河），河两岸的四月春景实在好看。有时回程半途故意绕远，就是为了更好地看看乡村麦田的风景。这让我想到在莱芜颜庄骑自行车往返的情景，乡村野外的生机真是令人难忘。

实习生，除了几个家在胜利油田，多为东平本地人。我就在闲聊时向他们提出了到东平湖一游的想法，结果家住王台的穆兴年就热心承担起这份临时的"责任"，在一个周末叫上油田的张纯洁和我们三个青年教师去了他家。他父亲帮我们找了条船，我们五六个人就登舟顺流而下了。但或许我们都不会摇橹吧，虽然用力摇，可船行并不快，大半天也没见到东平湖。最后只好在一个平静的河湾里休息、游玩一会，李震给我们拍了不少照片。中午回到穆兴年家里，他父母早已准备好一桌饭菜在等着我们了。饭后，兴年的父亲又托付亲友开拖拉机把我们送回了县城。

这次大清河摇船给我留下的印象还包括严重的河水污染。河水看起来颜色很深，水流平缓，但呈暗红色，还有一股刺鼻的气味。我知道这是造纸厂废水特有的气息，我在莱芜四中工作时途经的大汶河上游也有类似情况。河水甚至变成了酱油色，水面上漂浮着大团的泡沫……看来大汶河从上游到下游都被污染了。在我少年时期，小学校就在莱城南关河边，汶河是我们最喜欢的地方，水清，沙细，白条鱼和沙里的金色小贝，给我们带来多少快乐！河南岸更是大片大片雪白、柔软的沙滩，小伙伴们常常在那儿拔轱辘（摔跤）。可当我大学毕业回到莱芜再去汶河，发现从城东酒厂流出的废水已然使整条河流改观。河底灰黑，河水酸臭，可称之为"鱼"的，仅有一些不时浮上来冒个泡的ninggou（莱芜方言，指泥鳅）了。

在回忆这段东平带队的生活时，我还从旧笔记本中看到当时在招待所写给友人的一封信。由这封信或许可以感知我青春年少时的某种精神状态。兹录于此，也算留下一点往事的痕迹：

> ……要干的事情很多。读书，写文章，在哪里都可以做到，又哪里都可以做不到。关键在个人是否真有意志去做点什么。在尽可能勤勉的情况下，我时时谴责自己仍然不是十分刻苦，常常疏懒过度，不肯把更多的时间用在创造价值上。这归根结底是意志的缺乏。到师专两年，文章几乎没写，诗写了一点，也还是不满，尽管思想、性格上较为成熟了一些。也认识了许多新的朋友。

人生的路的确十分艰难，但我毕竟充满了自信，至少我们在精神上是充实的，问心无愧的。我们没有丧失自己，没有出卖自己，也没有为了自己的幸福而牺牲别人，尚且能尽最大可能充实别人，帮助别人，乃至整个中国与人类——为此我对生活、对未来是满怀信心的。事实上，生活本身就是充满生命活力的世界。大漠孤烟直，长河落日圆；苔花如米小，也学牡丹开——真是处处都有盎然的生机。这几天，我一直在读苏联作家帕斯捷尔纳克的长篇小说《日瓦戈医生》，有一种发现新大陆的快乐和激动。对一个普通读者来说，这部作品在文学史上的全部价值也许并不十分重要，感人的是它在一个阔大的背景上，展示了一些身与心的诸多秘密。这些人异常善良，个性突出，修养极高，对世界满怀善意和热情。但处在一个悲喜剧混杂的时代，他们的种种遭遇却令人深思。通过日瓦戈医生，冬妮娅，拉拉，我们理解了一种更为丰富和深沉的人生，在这种理解过程中，我们自己心头的块垒得到浇融，并在灵魂深处发生了微妙的酵变。我们似乎受到某种洗涤，听到某种人的内在本性的高尚的呼唤。而当我们意识到这一切的时候，我们终于感觉到了自己的存在，并预见到我们在人类的道路上必将继续发展——向着那个谁也说不清楚、但却像磁石一样诱惑着我们的方向发展。

在这个偏僻而贫穷的小县（是副总理万里的故乡），我还看到感觉到不少其他东西，但这只能在以后的机会里畅谈了，为了尽早地把信发出去，请允许我在此告一段落。

快乐！

1987 年 4 月 7 日上午
东平县第三招待所

第三年带实习在 1988 年春，带的是 1986 级。这回亦不曾出泰诚，就在山东农大斜对面的回民中学。接洽，听课，答谢，这已成为流水线，没啥好说，至于实习本身的意义，我在几年后再次带队到肥城矿务局实习时写的《陶阳听课记》中有所提炼，收在本书下卷了。实习时的其他见闻或体验，也还记得一些。譬如去回民中学这回，就因为在泰诚的回民街，又赶上开斋节，就应约到清真寺参观一回，还戴上小白帽拍了张照片。

到肥城矿务局是第四次带实习，但那是三年以后的事了。这中间我先去济南读助教进修班一年，回来为 1989 级做班主任两年。想到做班主任的事，就先说说我的几次班主任经历吧。

第一次做班主任，是在莱芜教师进修学校，为中师进修班做副班主任，留下印象的就是常常在下午课外活动时间教学员唱歌。唱的什么歌？张明敏的《一把泥土》。那时候喜欢张明敏的歌，买了不少磁带，这首《一把泥土》学员们都不熟悉，我就每天下午教唱一节课，几天之后，他们差不多都会唱了。

到泰安后，我先接了 1983 级二班的班主任，一年之后他们就毕业了。我随即再任 1986 级二班班主任，做到两年后他们毕业。

接 1986 级是从头做起。照十八九岁入学，则学生应该是 1967 或 1968 年出生。虽说只比我小六七岁，可在我眼里他们真算小孩子了。到现在我还记得不少学生纯真的模样——其实不要说 1986 级，就是 1983 级的不少学生在我看来也够小。记得 1983 级一个谈恋爱的秀气男生，为了毕业分配时和女友分到一起，曾跑到我宿舍擦眼抹泪地让我为他们说情。之所以觉得学生稚嫩，大概因为我参加工作早了些吧。也难怪，我开始教高中语文时还不足二十岁，正好跟后来一般新入学的大学生年龄相当。

所以我记忆中，1986 级的学生较之 1983 级更小更单纯。给他们做班主任的两年多是愉悦的记忆。彼此共同语言多，我也容易被学生接受，故而我的宿舍里又常常有学生三三两两来闲话，我也照例每周一次班会去教室跟他们"切磋"。现在保留下来的照片中，有一张是运动会期间我跟班里运动员的合影，看着照片，好像又回到篮球场边上那几棵核桃树下了。

可能做班主任也需要积累经验吧？回头看看，虽说在泰安师专我先后为1983、1986、1989和1994级做过班主任，若言做得比较有感觉，比较有成就感，那还要数后面的两个年级，尤其是1989级三班这一次。直到三十多年后的今天，我通过这两个班的微信群跟同学们聊天，感觉还是跟当年一样踏实。

1989级三班进校时，我刚刚从济南进修回来。一开学就是连续几天的高频率时政教育，这是该年级与此前不同的开学第一课。但生活总还是常态状态为多，所以接下来的两年也就与其他年级大同小异，甚至每届都会出几个不大不小的"事故"也很相似。所谓"事故"，最常见的就是遇到学生突然因急病或意外而住院治疗。1983级、1989级和1994级都碰到过，甚至我2002年调到浙江工业大学任两个中文班的班主任时也碰到过。"意外"多为学生打架闹纠纷甚至动了刀子受了伤，这种"事故"不但使班主任的责任骤然升级，也往往会让学生突然增加了深层的互动和凝聚力。那个时候，学生们的自治力量好像骤然爆发，他们平日的矜持一下子转为热情和担当，排班轮流到医院陪护他们的同学，似乎一下子拉近了学生之间的距离。

如今我回想这个班何以好带些？何以"升本"的数量最多？何以跟他们比较谈得来？想来想去就想到"素质好、入门正"六个字。素质好，也可以表述为品行端正，这一条保证了他们对同学对老师都能持一个"宽"字。即使几十年过去对不少事情的观

与泰安师专 1991 届校友刘成友、展曙光重聚

点不同了，却仍能互相宽容、包容，不苛求，更不排斥，相互尊重。和其他几个年级一样，这个班的班干部中间也调整过一次，但两届班干部一如既往地和睦，彼此并没有隔阂，对我的态度也一样。为此我感谢张子峰、展曙光两任班长和孟庆玲、王启华两任团支书，当然也感谢所有班干部和同学。如今在微信群里活跃的，莱芜籍的张子峰和唐仁福分别在莱芜和枣庄从事行政工作，东平籍的刘成友、展曙光、宋纯志或任职于国家新闻单位，或从事律师工作，或在家乡基层机关，宁阳籍的安顺德在省城媒体，肥城籍的陆理原从山东高校调到上海……恕我不能一一列举所有同学的名字，相信你们不会在乎我的挂一漏万吧。

　　"入门正"是素质好的另一侧面，这个"门"既是专业之门也是人生之门。这个"正"我理解为对所学专业和人生有比较自然和健全的把握，对专业不抱绝对功利性态度，对人生亦能宁静达观。如此一来，保证了同学们在人生的路上，事业的路上，都没有那种令人害怕的功利性追逐。几十年后也不会以成败论英雄，这是我最欣赏的。不管怎么说，从我的观念出发，自然的人生才是健康的人生。

第五章 "跨世纪"

讲师

说着说着，就进入了二十世纪九十年代。

不知为何，对九十年代，我总有一种大海退潮、暮色苍茫、沧桑历尽的印象。就在经历了一个惊心动魄的夏天回到泰安重登讲台后，在秋天的宁静中我以一首短诗表达某种无法言说的心情：

在潮湿的秋夜
我曾经追寻萤火的脚步
它轻盈而短促
划出一道没有声音的旋律

在寂静的山谷
我常常凝听河流的絮语
它的脚步刻在船舷上

　　纵横着柔韧而美丽的轨迹

　　在我们这个星球的边缘
　　有无数沉默的纪念碑
　　它们把人类的脚步
　　耸立在遥远的梦境里……

　　1988 年下半年和 1989 年上半年离职进修，我未能给 1988 级上课，这可能是我在泰安师专唯一没上过课的年级。进修回来，一切恢复如常，担任 1989 级三班班主任的同时，也给他们讲授现代文学史。到这一年，我的高校教龄已满四年，加上此前从事中学、中师教学的四年，就是八年教龄。莱芜四中时候还没有"职称"一说，到莱芜教师进修学校时"职称"的说法突然有了。大概是一九八四年吧，教务处郭处长跟我谈到职称问题，说是按中等师范的职称名称我可以定为"助理讲师"。但也就这么一说，究竟是校方自主决定还是走了什么具体流程，都很模糊。随后调到教研室，也只是一个高中语文教研员的说法，并没有类似职称证那样的东西。

　　回到师专后，助教手续记得是办过的，不然就不会有参加助教进修班的资格。照规定，照道理，从事助教满三年，又有了助教进修班经历，就符合评高校讲师的条件了。但在事实上，那个年代的事本来就难有准数，更何况八九年秋后高校职称评审陷入停顿状态，结果就再次延宕。这一延宕就是三年！直到 1992 年才恢复职称评审。这年的《中国现代文学研究丛刊》第二期打头的是个新诗研究专栏，我读助教班的结业论文《现代城市诗述评》就在这个专栏里发表了。记得收到样刊后，注意到这个专栏里有两位叫张欣的作者，编者还在名字前特意标注"（北京）张欣，（山东）张欣"——我猜这个栏目可能是刘纳先生编的，因为我的文章就是寄给刘先生的。

我参评讲师所填报的学术成果就以这篇居首，还有一篇代表性成果则是发表于师专学报而被北京人大报刊资料复印中心全文复印的《作为现代诗人的李广田》。因为是第一次正经八百参评职称，我很认真地填表、述职，一位我原先的老师看了我的成果目录，说：其实中级职称用不着《丛刊》上的论文，有篇一般性文章也就够了。但是谁让职称评审工作突然中断了呢？假如讲师能早两年评上，现在这两篇论文不就可以用来评副高了？想想确实有些"浪费"。不过话说回来，需要不需要用《丛刊》上的论文评讲师，也要看当年职称评审的难度，假如名额少，要排队竞争，那就只能比发表论文的层次了。好在那时候大家都还没怎么进入学术状态，名额也相对宽松，故而1985年新参加工作的几位同事都通过了评审。

假如说二十世纪八十年代是我教学、学术工作的开端和不断调试阶段，经历了从中等教育到高校的转换，学术研究开始起步。那么进入九十年代，我的教学和学术研究就开启了向某种高度爬坡甚至冲刺的阶段。而回头看看走过的路，九十年代也的确算是我人生最紧锣密鼓同时最心虚气短的十年，是满怀憧憬与信心激流勇进却又瞻前不顾后、虚荣浮躁的十年。十年中，我由助教而副教授，在最后一年的冬天（2000年）又以三十九岁破格晋升教授，达到了那个年代一个大学教师职称的顶点。在管理岗位上，也从九十年代初的教研室主任做起，到1997年开始担任中文系副主任。此外因加入九三学社，陆续兼任了民主党派、社团和政协的不少"闲职"。这些事后想想并无什么实质性意义的兼职不提也罢，倒是曾宪梓教育基金会颁发的全国师范院校教师奖和省级优秀教师的荣誉为我后来南下杭州增加了一线光环，但总归还是青年时期不能免俗之虚荣心吧。

走过的路愈长，经历的事愈多，年纪愈大，对所谓身外的幻象就看得愈真切了。这也就是我以"紧锣密鼓同时最心虚气短，满怀憧憬与信心激流勇进却又瞻前不顾后、虚荣浮躁"形容那个阶段的原因。

不过，如果换一种视点，或者抛开这些表层的泡沫不说，而去重新回头检点自己走过的那段人生路，细细咀摸种种生命体验，以及经受人生历练、不断超越虚荣和庸俗，向着纯粹和完善提高自己的那些过程，是不是又会有所会心、同时也还有某些意义呢？

海岳书屋

不妨从八十年代和九十年代之交的个人生活说起。

1989 年我两度去北京。上半年的四月份去过之后，暑假中送女友回新疆又去过一次。在北京的四五天内，女友在北京的同学接待了我们，且约了不少在京的夜大农垦班同学见面。他们当时读的北京外国语学院夜大班，是专为各地的农垦部生产建设兵团中学师资举办的，因此有不少人毕业后没有回原单位，留在了北京。女友乘车返疆后，我又去沙滩后街人教社宿舍与吴光玮见了一面，也去西城展览路再次拜望了吕剑先生。那天正好有位吕剑的老友去看他，就聊了不少那年的时事，当他听我描述六月五号济南学生声势浩大的游行情况时，连连向那位老友说：你看你看，我们山东六月四号以后还有游行！

下半年开学之后，有一次我因事去办公楼找党委副书记，恰好碰到去济南调查我学潮期间表现的两位中层干部。他们正向书记汇报调查情况，见我进去，错以为我也是为这事被叫来的，便顺口告诉我："人家吕家乡教授对我们说：我以人格保证，张欣没有任何问题！"随后他们二人告辞，我也顺口说了一句："学校为我的事操心了！"副书记人厚道，说："了解清楚，免得麻烦。"

1985年到师专后，我一直住田径场后面单身楼。后来物理系两位同事结婚后都离开了，我就享受了"单间"待遇。在1988年买了一组家具，父亲还把一台落地立体声收录音机也带来了。

那时候单身，日子过得简单而快乐。喜欢音乐，买了不少流行歌曲磁带，最倾心于张明敏、童安格、张雨生、邓丽君和崔健的歌。崔健的摇滚音乐会磁带是一位朋友给我的，一听就感觉很震撼。待到《新长征路上的摇滚》正式上市，我立刻去买了。但一支一支的歌曲放出来，就不如现场录音那种嘈杂、夹着掌声和呼哨的效果。那时候课外活动时间，我常和系里的青年同事打篮球，打完了汗流浃背，回到宿舍，拿上脸盆就到隔壁盥洗室洗浴，常常是一边洗一边唱歌。后来此事常为楼下食堂工人家里那些大嫂们提及，倒让我有些不好意思了——不知这样的噪音是否扰乱过他们的安宁？

我在1990年初的寒假到新疆库尔勒农二师干休所岳父母家里，与董晓霞举办了婚礼。年前年后也为调动的事奔忙，回到泰安后则向中文系和学校层面提出申请，希望对妻子调动给予支持和照顾。这件事上，我必须感谢学校。虽说人事处也曾让我自己联系接收单位，但在我一筹莫展时毕竟还是爽快地表示由学校负责解决。如此一来，调动工作的困难就反而不是接收方，而是新疆那边不放人，直到1991年初孩子要出生了才松口。这年寒假我也是在新疆过的，同时也是为了把怀孕六个月的妻子先接过来。

开学后，新疆那边看看人已离开，也就只好答应放人，如此才托亲友办好了调动手续。我单位这边中间也有波折，就是1990年初学校领导换届，唐校长调走，张品一和洪声芝被任命为师专的书记、校长。转换之际，诸事难料，人事问题往往也要重来，我的事就是如此。经过一段时间的延宕，问题最终按原先的方案解决了。

此时中文系也换了班子，张兆勋老师任书记，原先担任过系书记的姜全吉老师在"赋闲"若干年之后再度回到中文系担任系主任。在1990年下半年，新任系主任的全吉老师召集青年教师座谈，有"以老带新"之提议，让老教师和青年教师"结对子"。我那时候没领会新任领导的意图，还是直来直去提出了不同看法。我的想法有两点：一是这种办法的出发点过于陈旧和机械，对于青年教师或许限制意义更大些，甚至形成依赖和门户意识；二是我个人自工作以来的经验是，以一种较为轻松、自然的形式主动向老教师汲取营养，而不必人为形成捆绑式的"对子"。如我在莱芜四中时与张仲芝老师做"搭档"，对桌而坐，不期然而然地就会受到教学方面的有益启发，调回母校后自然也从刘增人老师那里受到若干影响。但这些都很自然，彼此都不觉有压力，一旦形式化为必须如何如何，就意兴索然了。

姜全吉老师很大度，听我如此说，也就没再特别坚持。不过稍后倒是把教研室建起来了，这样就形成了以教研室为单位的教学机构，相对自然地形成一个一个老中青结合并相互切磋的业务组织。我觉得此种形式虽然也是一种形式，却比较切合高校教学组织的性质，因而持赞同态度。我就是从那时开始担任现代文学教研室主任的。

进修回来，继续讲现代文学，从1989级开始，然后1990、1991、1992、1993……一直到2000级第一个本科年级。待当代文学刘克宽老师因担任校级领导职务、不在系里授课后，我又开始讲当代文学。当时上海复旦大学陈思和主编《中国当代文学史教程》和北大洪子诚著《中国当代文学史》都已出版，我认为这是1949年后当代文学教材中最新也是最好的两部，就先选用了洪子诚那本。

新领导上任后把改善教职工住房问题提上了议程。

学校斜对面教工宿舍院内，最早的一座宿舍楼跟校园中央那座主楼一样，都是青砖三层大屋顶的五六十年建筑物。房间有的朝南有的朝北，走廊在中间，采光不好，所以叫"筒子楼"，又以外墙为青砖所砌而称"小黑楼"。后来在宿舍院东侧，又陆续盖了二、三、四、五号楼，还有一座沿街的单身宿舍楼。二、三、四号楼是二十世纪七十年代末建的，我在校读书时曾和几个同学帮刘增人老师搬家，从"小黑楼"搬到新落成的四号楼。最南头的五号楼最新，面积也较大，好像是八十年代中期建的。1985年后新来的青年教师和伙房工人都无法安排在家属院了，教职工，特别是青年教师的住房问题越来越突出。张、洪两位到任后，先后召集不同层面的座谈会，听到了大家关于住房问题的强烈意见，遂有盖楼之议。

这样，就在家属院南端原先小工厂的位置建了六号楼和七号楼，改建了教工食堂并在食堂北侧建了八号楼。六号楼是每户八十五平米的单元房，七号、八号则是每户五六十平米、两室一厅的小单元房。小单元房面积小，但受益面广，对青年教职工来说有雪中送炭的味道。在儿子满两岁后的1993年春天，我们从校内的单身房搬入了家属院八号楼三单元一层西户的两室一厅内，一下有了改天换地之感。

从教十二年，终于住上了簇新簇新的单元房。一层还有个小院，可以栽花种树了。不过小院是用砖头瓦块垫起来的，没有土。为了解决土的问题，我母亲带孙子玩的时候就用婴儿车从外面运土，再把院里的砖头石块倒出来，如此往返不知有多少次。我父亲则在小院里挖出几个坑，托人从莱芜弄来一棵山楂树种在窗前，又把他们原先种在一个大花盆里的无花果树移栽到我们院里。两棵果树，加上陆续搬过来的若干花盆，月季、百合、仙人掌……春天，山楂树的小白花开满了，无花果也长出了翠绿的果实。到了秋天，果实一颗一颗变得硕大、油亮，由绿变紫，红红的山楂也很诱人……

每当我父母过来，喜欢把小饭桌搬到院子里，坐在小凳子上，喝茶、赏花、聊天。我想给这个小院取个名字，想叫它"冰心花园"。

这里有个缘故。

同事们商量编一本与泰山有关的书。讨论时大家都提了些设想，后来意见慢慢集中，打算先编一本现代作家写泰山的散文集。但讨论过一次，却又并未明确分工安排进度等事项，等于是不了了之。我剃头挑子一头热，倒着实忙了一阵。翻阅各种图书报刊资料搜罗篇目，在找到一些现当代泰山散文的同时，也看到不少写泰山的现当代诗歌，有新诗也有旧体诗，就有了同时编泰山现代散文和泰山现代诗的想法。看到冰心《寄小读者》中有一段在泰安火车站站台"望岳"的描写，感觉特别亲切，就冒然提笔给老人写了封信，提出了请老人家题写书名的恳求。当时不知道详细地址，信封上只写了中央民族学院教授楼的字样。但没过多久，竟然收到了老人回信！信封上的字是圆珠笔写的，里面只有一张对折的题字，很潇洒漂亮的九个墨笔字"泰山现代诗卷冰心题"和一枚"冰心"阳文印章，没有附信。这封信给了我太大的鼓舞，内心的满足和兴奋无以名状，也一下拉近了我跟老人家的距离。怀着同样的兴奋，我又给天津的小说家冯骥才先生写信。我既看到了他写的《挑山工》散文，又知道他跟冰心老人也有很好的"交情"，料想请他题写"泰山现代散文"最理想。信寄《文学自由谈》杂志，果然也寄到了。冯骥才先生寄来一个大信封，里头不但有一张大大的"泰山现代散文"的题签，还有一封信和另两篇泰山散文的复印件。两份书名题字虽然很对应，但一"小"一"大"，体现出不同年龄的两位文学家处事和书写的"同"与"异"。

两本书因为版权和出版本身的问题一直拖着，辜负了冰心老人和冯骥才先生的厚意。但这件事却让我越来越走近他们，这也就是"冰心花园"念头的来由。

但"冰心花园"的设想仅存在于我的心中，并没有刻在我们有花有树的小院里。而且仅仅过了五年，随着住房条件的进一步改善，我们又搬了一次家。从八号楼有院子的两室一厅搬到了九号楼四楼的三室两厅。

那已是1999年，却也是第一次改变传统的"分房"概念，而改为个人"购房"了。当时为了解决盖楼需要的资金，学校以自愿形式按8%的利息面向教职工"集资"，待"购房"时多退少补。我属于"少补"，因为集资三万，购房则需要四万五。85平方米的房子，四万五千块钱，二十多年前还属于一笔巨款。虽说跟爹娘借钱"集资"说不过去，可当时囊中羞涩，实在别无他法呀。不过，有了比较理想的住房还是高兴的。尽管八号楼院子里的树要放弃，"冰心花园"的设想也不曾实现，可四楼的阳光更明亮，客厅更大，铺了浅色瓷砖的地板更显干净。当时铺地板用的大瓷砖，是我的中文系学生帮忙搬到四楼的。在雨后显得闷热的天气里，他们十几个人一鼓作气把所有的砖搬上楼，又一阵风似的跑回学校了……

我把这次搬家的事写信告诉了吕剑先生，剑翁也为我高兴，不待我"申请"，就把笔酣墨饱的"海岳书屋"四个大字寄来了……

在职读研

我的读研梦想竟然在二十世纪九十年代有了实现的机会。

自从错过了 1984 年的研究生考试，一晃近十年过去了。1993 年下半年，早经留校任教数年的魏建学长告诉张用蓬和我，山师大和南京大学准备合办一个现代文学研究生班，要我们别错过机会赶紧报名。我当时略有些迟疑，积极性并不高，有一种要证明自己不凭学历也能走出一条路的念头。魏学长听了我的话，颇不以为然，在电话里跟我讲了不少道理。最终我听取了他的意见，在这年年底和张用蓬一起报了名——事实证明，如果没有这次在职读研的经历，我后来的人生际遇可能就是另一番样子了。

在职读研，形式上与全日制读研确有不少差异。至少入学考试的外语一项显然是降低了要求。记得和济南的同学为了这次考试，专程坐火车去了南大，住在南大附近的小酒店里，正经八百在考场考了外语。最后分数虽然未公布，但我知道自己的水平，按常规要求未必能过关。其次，既然是"在职"，就只能一边在单位教学，一边业余学习，只有集中面授时才会听到南大老师们的课。而记忆中的集中面授只有 1995 年 8 月中旬在威海一次，由威海的同学负责接待并提供授课场所。讲课的老师主要是叶子铭先生、许志英先生和朱德发先生，南大丁帆、朱寿桐，山师大蒋心焕、袁忠岳等老师都去了。时日已久，讲课的内容都模糊了，但叶子铭先生讲课结束时的一段话我却一直记得。他用抛物线比喻人生，很恳切地跟大家讲：每个人的人生都是一个抛物线，有上升也必然有下降，我们能把握的只是在上升时尽量看清楚方向，使自己头脑清醒些,这样才不会在下降时落到一个不干净的地方。

在威海的集中面授留下了几张合影,有全体同学和南大、山师大老师们的合影,也有学员与自己导师的合影。因为是两校合办,实行的是双导师制,即每个学员都同时有两个导师,一个南大的,一个山师大的,我和威海一位同学的导师分别是南大丁帆老师和山师大袁忠岳老师。不过那时候通讯不便,再加上自己毕竟是在职,与导师也算同行。为了不给导师添麻烦,尽量自己解决学习和毕业论文写作问题。我不太了解别人情况如何,至少就我个人而言,三年在职读研真正比较花时间和用心思的还是毕业论文。选题、开题倒也没太费神,这是因为我的研究方向就是现代诗。1988年我参加曲阜师大魏绍馨先生主编的现代文学史教材,为了写好二十世纪四十年代后期"新现代派诗歌"一节,翻了不少资料。所以研究生论文就以四十年代后期的现代主义诗歌为论题。1996年申报副教授,未获通过,心里有点不平衡。征得系里同意,就去南京查阅写毕业论文需要的资料,实际也是想实际感受一下南京和南京大学的日常氛围。毕竟三年南大研究生,只去考一次外语算怎么回事!所以在南京数天,我一天也不浪费。玄武湖、中山陵、总统府、雨花台、侵华日军南京大屠杀遇难同胞纪念馆这些地标性景点都去了,也在南大里面"金陵大学""江南师范学堂"的石碑前留影。查资料则主要去了南京图书馆,调阅了《九叶集》《一个民族已经起来》等图书杂志,还在一家小书店买了特价的港版洛夫诗集《爱的辩证》。回泰安以后,也去山师大图书馆重新查阅四十年代的《诗创造》《中国新诗》杂志,这样慢慢搭起了论文框架,通过开题报告后就着手写起来。

也许有编教材的积累,论文写作并不十分吃力。只是随着对史料的挖掘与辨析,我最终抛弃了"九叶诗派"的说法,对"新现代派诗歌"的概念也不满意，我用的是"四十年代现代主义诗歌"这一称谓，而正标题采用了穆旦评论艾青时用的"新的抒情"一语。后来答辩时南大朱寿桐老师对"抒情"的提法有所质疑，认为这和"现代主义"是有些矛盾的。那么，怎么理解穆旦、杜运燮、郑敏、辛笛、陈敬容、唐祈、唐湜、袁可嘉、杭约赫们诗作中冷峻批判与深情赞美并存的"矛盾"现象呢？我以为这种"矛盾"并不是学术表述的矛盾，而是这些诗人在理论上标举、实践上尝试Ｔ·Ｓ·艾略特、奥登或英国玄学派诗歌时本身创作呈现出的矛盾。这种矛盾表明，诗人们面对二十世纪四十年代中国的社会现实，做不到绝然的、纯粹的"现代主义"，而仍然愿意如穆旦所说"有理性地鼓舞人们去争取那个光明的一种东西"。

现在想来，既然穆旦们的"现代主义"并不纯粹，当初就干脆不用"主义"而直接以"现代诗"称呼不是更准确、也更简洁吗？

三年读研，一朝答辩，终于到了和老师们面对面陈述自己观点的时刻了。答辩安排在山师大中文系，南大许志英、丁帆、朱寿桐老师和山师大朱德发、宋遂良、袁忠岳、王万森、魏建诸老师分在两个答辩组，两个泰安师专毕业专升本考入山师大又成为研究生的学生负责答辩记录。我的答辩很顺利，五位老师各问了一个问题，稍事准备之后我一一作答。从我留下来的一份论文和当时答问的要点看，关于"九叶诗派"这一提法是否科学、穆旦被当代学术界评为20世纪中国最优秀诗人的依据以及40年代现代主义诗歌的双重主题问题，我的回答似乎尚可。事后也多次听到山师大老师说，南大那边对我和张用蓬的论文与答辩都很满意，认为不比南大的应届生差。

答辩那天正好是五一节。

经由一年的助教进修班和三年在职读研，我总算补上了研究生教育经历。但作为高校中文系教师，假如考虑到未来发展，那仍然不够，应该再接再厉把博士读出来才好。后来几年，我也确曾留意着在职读博的信息。无奈全日制也罢，在职也罢，都不能逃掉外语这一关。2001年，在已通过正高职称的情况下，刘增人老师鼓励我继续考博。认为既然在高校工作，这一步恐怕迟早要走。话说到这份上，我也只好下定决心考一回，于是报考了山东师大的当代文学方向——结果不出所料，终于还是栽在外语上了。

电脑改变了我的世界

1997年是我的"大年"。

上半年拿到了南大的硕研毕业证书和学位证书，下半年通过了职称评审，由讲师变身为副教授。

这年暑假，我又有一次北京之行，还第一次游览了承德避暑山庄。在北京住南城体育馆路上一家宾馆，抽空去了二弟家一趟，还和另一位青年同行结伴去体育场路拜访了戏剧家吴祖光先生。我是在二十世纪八十年代末因为编写教材"四十年代国统区戏剧"一节与吴先生开始通信的，但一直没机会见到他。这次去北京前先打电话联系，没想到接电话的是吴先生的老伴新凤霞先生。只听她朗声问道："我是新凤霞，您哪位呀？"知道要找吴先生，这才叫我等等，接着就听到了吴祖光先生的声音。我跟吴先生约定了去他家的时间，他又嘱咐我到北京后再打电话，免得忘掉。在一个上午，我和那位同行如约前往。及至到了地方，我才知道吴祖光、新凤霞夫妇竟然住在临街的四楼上！那时候吴先生快八十岁了，新凤霞常年坐轮椅，不要说他们都是文化名人，就算普通的老人、病人是不是也该在照顾之列？也许北京人会说，你真是少见多怪，北京房子紧张你难道不知道？别说吴祖光、新凤霞，比他俩资格更老也一样住四楼五楼的多了去了，哪照顾得来！这话听起来振振有词，可再想想资格没吴祖光、新凤霞老却有资格住深宅大院的那些人，振振有词的辩词恐怕就站不太住了。

也是 1997 年的暑假，我买了一台联想品牌电脑。令我始料未及的是，这件不足为外人道的小事却大大改变了我的世界："换笔"不止提高了写作效率，更帮我在人生路的岔口找到了新的路标。

二十世纪九十年代是电脑兴起的年代，但电脑应用还仅限于校机关的少数办公室，个人置备电脑尚属稀见。据说老作家徐迟是国内第一个使用电脑的中国作家，他在九十年代八十岁时用电脑录入他的文集，巨大的兴奋使他陷入狂热，每天工作七八个小时，以至于对健康产生了很大影响。他用电脑的事也成为文化界的新闻，被传为佳话。我工作的单位举办了教师电脑培训班，由电教室人员上课讲解汉字输入法，我报名参加了培训，也拿到了结业证。但电脑这事不能只学不用，而公家的电脑那时也很少，不方便使用。我买电脑是教写作的同事毕建模促成的。他对电脑的热情比我高得多，因为认识一家电脑店的老板，就建议我们一起买。于是我们一拍即合，各买了一台联想品牌电脑和喷墨打印机，我买的是8888 元（主机）那一款，建模买的好像配置高些，价格当然也更高些。

那个时候超过千元就是"大款"，像我一年的工资也就万把块，没什么积蓄。也不知怎么会有勇气拿出这 8888 元买台电脑。

买是买了，但一时半会玩不转，开始只能用电脑里附带的"玛德琳"小游戏看最简单的动画短片，也已经很满足、很兴奋了。那时候打字可以不必用"dos"了，我急于求成，就用"全拼"的方式输入。但不会用 word，不知道电脑分区和文件夹这些概念，就以系统盘里的"记事本"输入自己的旧文，写东西也都在"记事本"里。有了电脑却不懂电脑，遇到死机、重装系统或其他问题，只好请建模来帮助解决。好在后来又花两千元安装了电话，用校内短号打电话，搬救兵并不太难。

我保留了一些二十世纪九十年代的文稿，哪些是手写，哪些是电脑打字，一目了然。因为1997年下半年是界限，此前皆为手写稿件，此后多为电脑输入。但看得出，电脑输入很稚拙，喷墨打印效果也不佳。我最早输入的是吕剑先生给我的信，因为剑翁有时要我把他的来信复印一份给她。没买电脑前我一般是到校机关或电脑店复印，自己有了电脑就开始自己输入电脑和打印。故而剑翁后来的信，不少都输入了电脑。

最早写在电脑里的文稿是哪些呢？着实记不太清了。但文件夹里1998年为冯玉祥研讨会写的论文和《风雨忧患六十年——吕剑其人其诗》一文应该就是直接写在电脑上的。而仅仅一年多前，我的研究生毕业论文还不得不拿到文印室请别人打印。

我的第一本书就是在买了电脑之后编集、出版的。除了少数文字，大部分都由我自己录入电脑，包括几篇直接写在电脑"记事本"上的论文。书是1999年出版的，编集则从上一年开始。出书这件事要感谢张清华兄。读研时在山师现代文学学科资料室里第一次见到留校的青年才俊清华兄。他留着长发和胡子、手里抱幼儿的形象令我印象深刻。因为刚获了山东省社科评奖一等奖，几位老师们戏称他为"张一等"，他乐呵呵地听着。不久在泰安收到清华兄来信，邀我加盟他主编的"远行者·山东青年批评家丛书"。出于对清华兄的信任，我一口答应下来。随即着手编选出一本现代诗研究文集，定名为《冷雨与热风——现代诗思问录》。封面统一由清华的夫人设计，虽然有点抽象，但我那本底色用了海蓝，以红黄紫的短线条衬托，视觉感很强烈，符合我那时的审美要求。所以这本由中国文联出版社出的书，即是我的第一本个人著作。

鲁原先生与我合著的《近百年中国文学体式流变史·诗歌体式卷》也在这年由北京的人民文学出版社出版。但这本里我写的章节都是在买电脑之前完成的。而且，该书还有个特点，以上下卷形式把五六本书合装为两厚册。这套书由青岛大学冯光廉、刘增人先生主编，是他二人主持省级社科项目的成果。该项目从二十世纪九十年代初开始做，分小说、诗歌、散文、戏剧、批评五种文体的体式，两人合写一本，"诗歌体式卷"由鲁原先生设计章节，我负责撰写新月诗派、象征诗派、《现代》诗派、《七月》诗派、四十年代现代派、归来者诗派与"第三代诗人"这些内容。为了讨论一些具体问题，鲁原先生还来泰安住了几天。在他入住的泰疗招待所，或者在登泰山、游览普照寺的途中，我们聊了不少次，他回青岛后则通过信件讨论。鲁原先生也是温和的诗人，谈吐儒雅，为人谦和，对我始终很包容。

进入新世纪，再次让我始料未及的，是这台电脑和刚刚兴起的互联网帮我实现了另一次选择：告别齐鲁祖邦，只身南下钱塘，在另一种风景中开始了另一段人生。

中文系，中文系

在不算长也不算短的人生路途上，也许不止一次需要作出选择。在分叉的路口，或在一段路的终点，再选择几乎就是不可避免的。只不过，在多种可能性中作出选择，有时很艰难，有时几乎不假思索而充满快乐。但也有处在被动位置而无奈、而不得不然的时候。

如我当初考大学，虽说中文之外，还勉强可选外语、政史，但专科的格局已定，三选一选进中文系还不算无可奈何吗？

可话说回来，冷水泡茶慢慢浓，塞翁失马安知非福？我还想起美国诗人弗罗斯特那首有名诗作 *The Road Not Taken*（一条没有走的路）所蕴含的意蕴，在没有同时走两条路的情况下，你最终选定的一条往往就决定了一切。无须后悔，从容接受当初选择的结果就是了。

从当初进了中文系的门，毕业后无论教中学语文，还是再回到中文系，仿佛已经与中文专业结下了不解之缘。或者也可以说，我所谓人文教育四十年，不过就是在中文系这片园林里的四十年，说是原地踏步也罢，说是寻寻觅觅也罢，说是豆棚瓜架也罢，都只标记出一点：中文系决定了我的一切。

那么，我爱这个决定我一切的中文系吗？思之良久，我觉得应该回答"是"。因为如果不爱，实在无法解释自己何以在这条路上连续走四十年，也无法解释我无论站在中学还是大学的讲台上都始终有的那种兴奋与投入，无法解释我对文学写作一以贯之的热情。

只是爱归爱，对中文系这个概念以及其所代表的专业有没有自觉，或者说理性认知则又是另一回事了。谈及此，我觉得自己的中文教学，有一个从泛泛之爱到逐步产生自觉的过程。这个对专业逐步产生自觉的过程就使它跟其他方面的爱好与兴趣有了区别，无论那些爱好与兴趣多么广泛、多么强烈。

1985 年以来，我一直讲授中文系的课程，而且主要讲现当代文学等一两门课。这也很正常，民国以来从事大学中国语言文学专业教育的先生们大都如此。但另一方面，这也限制了从教者对中文专业整体性的打量与思考。仿佛只有杨振声、朱自清等少数前辈对该专业的性质、课程设置和教学教法有过极认真的探索。照如今的说法，中国语言文学既是一个专业，也是一个学科，但这个专业、学科的课程体系和运行模式何以如此？其合理性在哪？又存在哪些问题？好像除了高等教育行政机构，一线的教师就很少有人真正关心和关注。

我是怎么开始关注这些问题的呢？事后回想，感觉应该和1997年前后一些背景、一些事有关。所谓一些背景，是那个时候教育问题成为焦点问题，从中学教育到大学教育，社会上也好、负责任的学者们也好，都有不少议论，议论的是大学、中学在"人"的教育方面的共同缺失，对此我深有同感且有所留心。偶然的机会，我看到台湾一所私立大学的手册，图文并茂，而一下就打动我的就是他们宣示的"全人教育"理念。于是在系里每周例行的"政治学习"会上，我很兴奋地把这条资讯转述了出来，可是并没有任何呼应。本来，这每周二例行的"政治学习"时间是老师们多少能说点话、交流些信息的机会，每当有哪位老师外出参加较为重要的学术活动，在得到领导示意情况下，会在例会上将有关情况同大家做些交流（往往是在主要议程结束之后），有时老师们会即兴议论几句，但也可能无人应和，那就显得有些尴尬。无人应和，倒未必是大家不感兴趣，更多情况下是因为话题比较敏感，甚至有所僭越。盖思想解放从来都是有"底线"的，而"原则"问题不容讨论、不容僭越更为所有人默认，经过一轮又一轮批判与改造的历练，谁还会幼稚到为了呼应几句见性情的真话就把自己卖了呢！

再一个小背景，就是中文系再次换届之后，刘克宽老师成为系主任。在推进教学改革方面，刘老师引入了湖北大学黎世法教授倡导的"异步教学法"，还把黎教授请来宣讲该教学法的要点。按我的理解，"异步教学"强调学生在教学中的主体性，强调个性化教学，与我当时认同的"全人教育"理念是有内在呼应关系的。只不过一个从理念层面观照，一个从具体方法入手罢了。所以我和其他年轻同事一样，都开始在个人的教学中有所尝试。不久之后，我亦参与到中文系的教学管理中，成为分管教学和科研的副主任，时在1997年下半年。所谓分管教学，正常情况下也就是按部就班地做计划和排课，而当时与"正常情况"有点不同者，乃是有了全系的教改实验和1998年校庆（同时也是系庆）两件事，系里让我负责编一册中文系建系四十年纪念册。凡事都至少有两种不同的做法，或止于完成任务，或超越任务层面另行达至某种理想层面，我倾向第二种。既然要做，为什么不争取做得更好些呢？拿编制纪念册来说，我是把这当成梳理中文系历史、索解中文系内涵的一个契机去做的，而老主任姜全吉老师为这纪念册写的长文让我既满足，又钦佩。满足，是因为姜老师长文的内容就是对泰安师专中文系四十年历史的第一次清晰梳理。其中有不少图表，图表中的任职起止年月清清楚楚，叫人一目了然；钦佩，则是因为姜老师这番梳理既清晰又客观，摒弃概念，不存偏见，可谓实事求是。我具体负责中文系历任和离任（包括去世、调离和离退休）教职员简介，也尽量做到不遗漏任何人。还跑到已故孙毓萍、高照夫老师家里寻得他们的遗照。在为纪念册撰写的《后记》里，我有这样的表述："泰安师专中文专业是省内同类院校同类专业中建立最早、发展较快、影响较大的专业之一。在泰安为数不少的高校中，是唯一一个有着高质量的师资队伍、良好的社会形象和丰富的教学、科研成果的资深汉语言文学教育专业，只要想一想他这种独一无二的位置，就可以推断她在从事人文教育、养成人文精神、培训人文师资诸方面无法取代的责任和功能。而中文系不能仅停留在过去已取得的成绩上，她更要在新的时代有所延续，有所发展。"

四十年校庆时我写过一首题作《青青校树》的诗，自认为那些感慨真实而深沉。而那些感慨正与我当时对大学和大学中文教育的思考有关。诗如下：

> 这神秀的学府从容
> 如炉，如星座
> 熔铁为金，为星辰
> 千颗，万颗
> 一道围栏界红尘
> 不挡风雨，只挡诱惑
> 剩有花径幽深
> 纵横阡陌，楼屋苍然
> 若先哲。学子们
> 三五成群如流星
> 往来奔走，闪闪
> 烁烁
>
> 花木枝柯相依
> 相交错，长者寿及百岁
> 幼者方才抽叶。海棠天真
> 玉兰素洁，紫薇沉静
> 丁香热烈
> 秋来红枫璀璨

冬至雪松婆娑。风啸
雨过，百木摇曳
万叶喧哗如放歌
或执经卷沉吟
或立街头演说……

千古斯文一脉传
泥土深厚，水源
清澈。青青校树
在辽阔的因特网上
盘根、错节……
这神秀的学府从容
如炉，如星座
熔铁成金，成星辰
千颗，万颗
从孔夫子到鲁迅
从苏格拉底到卢梭……

诗着眼于"校树"，乃是因为写这首诗之前，我一度对校园里的树木特别留意观察。曾若干次在校内各个角落查访，终于数清了泰安师专校内所有的树种。我真没有想到，在那个并不算太大的校园里也会有近百种树木。假如以树喻人，那就不只是惊讶了，而一定会由此及彼地对学校和教育本身产生更广更深的联想，其"千古斯文一脉传/泥土深厚，水源/清澈"的感慨，盖出于此。

使我对中文系进一步有所自觉的还有一件事。就是在四十年校庆过后不久，在高校"评估"的背景下，中文系申报了山东省教育厅高校"试点专业"项目。对高等教育的"评估"是二十世纪九十年代十分引人注目却又频遭诟病的一项举措。也许并没有理由怀疑此类"评估"的真实意图，通过"评估"认真摸摸中国高等教育的"底"，在我看来是正当和必要的，何以在具体实施过程中受到几乎全社会的质疑呢？我不确定泰安师专第一次被"评估"是否也是全国第一轮的"评估"，以我作为普通高校基层单位（中文系）参与者的感受，有以下几点不能不指出来：一是"评估"前所未有地暴露了中国高校之"短"；二是"评估"之"以评促建"原则着眼点虽好，整体效果也有，但过程中简单、粗暴的行政手段导致种种匪夷所思的做法，譬如所谓"造假"就是其一，这大概也是最为人诟病、引发普遍非议的一点。我不知道其他学校如何，在我所在的单位，其实所谓"造假"就是临时补材料。因为评估要求看管理和教学的档案材料，而此前这类材料很少，大家普遍缺乏档案意识，也没有相应的建档机制。特别是经过了"文革"之劫，从前的材料大都散失，新的材料又没建起来。拿会议记录、教研活动记录这些最基本的东西来说，因为没有制度规定，就往往因不同领导的重视程度而异。那时候我已担任教研室主任几年，完全没有为教研活动存档的意识，所以"评估"一来，各级领导只好临时抱佛脚，逐级要求把本来缺失的东西补出来、补够，这才出现了全员上阵补材料的场面。普通教师补备课、授课、作业批改材料，教研室补教研材料，系里补制度、计划、会议、教改直至考勤材料，做过而没有记录的属于"补"，压根儿没做过而要补的材料就属于"假"了——在那种匆忙混乱的局面下，真真假假，虚虚实实，最后一笔糊涂账是免不了的。

"评估"告一段落之后，"试点专业"项目评审就开始了。那时候，克宽老师已离开中文系，担任学校的副职，我分管中文系的教学科研。上次来评估的几位专家现在又以项目评审专家的身份来了，系里让我代表中文专业向他们做陈述，尽管压力巨大，我也只好顶着头皮做，尽全力做了准备。陈述时则尽力保持稳重冷静，尽力以学理性语言对中文专业的历史、优势与薄弱环节条分缕析，总的目的就是希望专家们能感受到我们的诚恳，对我们立项之后的工作态度、实力和预期中的成效能有信心。我的想法仍然是，既然要申报，那就以最大的诚意投入，然后扎扎实实把项目往理想处做。如果仅仅为了拿到一个省级实验项目而玩手段，拿到之后玩花样、做表面文章，那就有悖我的原则了。

在校、系各个环节工作都到位的情况下，"试点专业"项目顺利通过了。由于系主任张用蓬的坚持，试点专业负责人挂了我的名字，但我主张建设经费仍由用蓬负责，我觉得这样更妥当。事情就这样安排下来，"试点专业"进入"建设"阶段。

不过这个工作我没有做到底，原因是2002年下半年我就离开泰安了。项目在我走后继续进行，两年后顺利结题。用蓬电话告知评奖事宜，我告以自己既然离开，名次已不重要，我居后可矣。

结题报告内容我不详，我只就自己参与工作中印象深的略说一二，仍然围绕我对中文系以及中文专业的"自觉"展开。

既然是整个专业的建设，涉及到的面自然不小，几乎涉及中文系所有的工作。改进的改进，摒弃的摒弃，增加的增加。但就我而言，比较关键的还是理念和思路的拓展，以及课程体系、教学方法和教学手段的优化。为了继续异步教学、问题化教学的实践，按照专业基础课学生必读书目买了不少古代、现当代和外国文学经典作品，开辟了专门的图书借阅渠道；课堂教学则全面铺开学生为主体、教师为主导的问题化教学；课程体系因为当时仍以专科教学为主未及调整，但也根据师资储备陆续增设几门专业选修课。也许更该提一提的是创办了一个叫《中文探索》的内部期刊。

我在师专读书时中文系有个学生办的岱蕾文学社，后来几届也都时断时续办过类似文学社并出有油印报刊，但限于条件，都十分简陋。而中文系除了在二十世纪八十年代牵头出过一个以全省师专名义办的《教学情况交流》，自己也从未办过其他报刊。现在起意办刊物，当然首先是经费有保障，同时也是办"试点专业"题中应有之义。于是一经提议就得到老师们积极认可，系里仍委托我筹办。我先设想了几个刊名，其中我最属意的是"根柢"二字。当然这是个文学性的名字，而我的着眼点其实还是"十年树木百年树人"，即以"根柢"比喻教育的本质、根本。拿到教研室主任会上征求意见，却未获通过。最后只好从通俗易懂出发，采纳另一位同事的建议，用了《中文探索》的刊名。我找到美术系青年教师张银军，烦请他设计了一个简约而具现代感的封面。在 2000 年 11 月，就把第一期推出来了。

我在《发刊词》中说："成为中文专业的大学生，也就意味着要在求学期间通过各种方式系统获取关于中国语言文学的知识，探索中国语言文学的奥秘，提高中国语言文学的素养，最终可能将中国语言文学作为个人安身立命、服务社会的主要知识资本。"然后引述施蛰存先生的话，说明学习中文专业的三个阶段即从浅尝到博览、入门、研究，又特别强调了创新教育对当代中文专业学生和教师更高的要求，以为："学习不是被动的接受，而应该是主动的探索，学生不仅是传统的受教育者角色，同时应该是积极的研究者、参与者和创造者。同样，教师也不再是传统的权威角色，如果不能持续地更新自己的知识和观念，也将成为'不必贤于弟子'的落伍者。"其实这些话也很皮毛，不过表达了某种好的愿望罢了。

到 2002 年上半年，中文系已经出了四期《中文探索》。一位青年教师和几位学生组成一个编辑小组，大家都很投入，编出来的刊物也很耐看。老师们的学术、教改文章和学生作品是每期的重心，但为了提高刊物的层次，彰显刊物的灵魂，我设计了一个打头的栏目"学人侧影"。即每期介绍一位在高校任教的著名学者，除了发一篇该学者有关教育、治学的文章，我自己另作一篇短文略加阐发。第一期介绍的是华东师大钱谷融先生，第三期介绍了已故北师大李长之先生，第四期介绍的是北大严家炎先生，第二期因为来不及写介绍文字而空缺了。

教师和学生们的作品表明，至少大家对自己的专业产生了新的敏感，有所思考且有所行动了。泰安师专中文系早在改革开放之初即被评为山东省高等师范院校优秀专业，其积累之厚、实力之强在兄弟院校间享有美誉。在世纪之交以"试点专业"身份再度探求新的升华之路，似乎也属责无旁贷、略尽本分之举吧。

莱瑞和草间智子

"我叫 Lawrence Palmedo，也叫 Larry，老师可以帮我取一个中国名字吗？"

这是我和莱瑞（Larry）第一次见面时，莱瑞做的自我介绍和提出的要求。

莱瑞，也就是 Lawrence Palmedo，是一位美国大学生。1996年 9 月初来到泰山脚下我的单位"深造"。这或许是泰安师专办学史上第一位留学生吧？学校外事办的苏冰上学期就与我商议，让我为这位来自美国的留学生上写作课。

莱瑞的汉语口语不错，交流起来一点都不困难，显见有较好

1997 年夏，留学生莱瑞和草间智子到家中辞别，右二为儿子张千里

的汉语基础。他自己也告诉我，他在美国已读过几年汉语，现在
来中国，是想学习中文写作。

这打消了我开始的顾虑，既然不是从零开始，既然课堂上和
生活中不必用英语交谈，那我对这门特殊的课还是有信心的。于
是我就参照外事办给的教本，先准备了几周的课，打算一边开始，
一边根据情况调整计划和实施教学。

第一次上课是九月五号，星期四上午的第一二节，地点就在
主楼二层临近外事办的一间小办公室里，当然增设了一块可以搬
动的黑板。因为只有一个学生，就没有用普通的教室。二人见面
互相自我介绍之后，我们就开始像聊天那样上起课来了。为了先
摸摸底，我向莱瑞提了五个问题，包括他学习汉语和写作的经历、
为什么选择汉语和中国文化以及他的个人爱好和兴趣等，接下来

就是我对中国人写作历史的简单介绍。为了使话题轻松些，我向他介绍了中国大诗人李白和杜甫，类似"只要功夫深铁杵磨成针"和"为人性僻耽佳句语不惊人死不休"这样的典故。还向他介绍了一首中国小孩子读书的歌谣："翩翩少年郎，骑马上学堂；先生嫌我小，肚内有文章。"

莱瑞个子高大而彬彬有礼，他对我介绍的这些很感兴趣，又非常聪明，什么事只要一点他就领悟了，然后就会很主动地跃跃欲试，或者随时表达他的看法或疑问。这让我感觉到与中国学生的明显不同。在中文系课堂上，虽然我一直鼓励学生随时参与讨论，但每次都要先费一番口舌作"动员"，才会慢慢有学生起来表达意见。其他同学看到有人"带头"了，也就开始尝试站起来。往往有这样的情况，讨论课的前半段要有相当长的"热身"时间，等多数同学鼓足勇气开始抢着发言时，下半段时间却不够用了。

从第二周开始，我按照计划依次介绍"听后写"、"便条和请柬"、"启事"、"看图写"、"故事"、"书信"等文体的写作，每次也都布置作业，下一次开始先当面讨论作业的情况。我从莱瑞的习作中会发现他英文式的中文表达，就像中国学生写英文时不自觉地带上中文语法特点那样，比如"顾客往经理看看"；或者用词不够准确如"感觉很怒气"这类句子，也很有趣。

到十二月底，不知不觉已经讲到各种记叙文了。令我感觉意外的是，就在元旦假后第一次上课，准备讲"写景的记叙文"时，莱瑞却带来了他写的作文《元旦1997年》给我看。四张红格信纸，其中三张的正反面都写满了字。如此一来，我就干脆不讲别的，当场评改他这篇作文来。原来，他和几个俄罗斯朋友在元旦这天夜里去爬泰山了！如果仅仅从语言表达角度看，莱瑞的作文大概相当于中国三年级小学生水平，但若从文化或心理角度，则又表现出美国年轻人对待生活的别样热情。这两节课，我拿着一支红铅笔，一边和他逐字逐句地讨论这篇作文，一边在需要"动手术"的地方圈圈点点，直到把这篇作文从头到尾修改了一遍。特别是"那碗热呀呀的稀饭"、"陪我们爬山的那轮月亮走了"和"我谢谢她保佑我们，就这样继续往 1997 年走了"这些有点问题的句子。我请莱瑞把修改后的作文重新抄了一遍，送给了校报编辑。十几天后，这篇题目改为《元夜登山记》的作文就发表出来了：

> 每年快到元旦的时候，我总是有一点焦虑。新年我该怎么过？怎么把一年所经过的事情结束，怎么迎接新的一年？
>
> 不巧，1996 年的最后几天我感冒了，没有精神。我问了一个朋友，在中国元旦是怎么过。他说："过不过无所谓。"听到这句话，我更没有精神了。到了元旦前夕太阳刚落山的时候，我就对自己说：算了吧，反正我身体不好。我在外面熬夜等待新年的到来很麻烦。我决定早一点睡，就这样听天由命！
>
> 但不到一个小时以后，有人敲我的门。嘿，是从莫斯科来的朋友和他的一个老乡。他们从济南来爬泰山的。
>
> 我对他们说："你疯了！今天晚上山顶太冷。"但是他的决心很快感染了我。我就答应他们一起去爬山。
>
> 我找了两个泰安朋友跟我们一起吃完 1996 年最后的晚饭。在晚上九点多，我们决定午夜从一天门开始爬山。在此期间，个子高，有山羊胡子的俄国朋友就一边弹吉他，一边唱俄罗斯歌曲。晚上 11 点我们出发了，顺着红门路一直到一天门。
>
> 在新年的第一秒里，我们分别用俄语，英语，还有汉语

同时喊："新年快乐！"也碰了各人拿的一罐椰子果汁互相祝贺新年。然后我们顺着前面的黑暗盘道，继续登山。

我一会出汗，一会又很冷。虽然很累，但是不能休息很长时间，因为那样就容易冻着。我们只好沉住气一步一步往上爬。

快到中天门的时候，我看见路边有一个泰山奶奶的半身塑像被风吹倒了。我就把她扶起来，一边想着：泰山奶奶，保佑我们吧！

到了中天门，我们找到了一个有稀饭的小吃部。那碗热乎乎的稀饭实在好吃，但吃完后，我便发觉陪我们爬山的那轮月亮已经消失。云彩急速滑过天空，微小的雪片飘洒下来。

现在才凌晨两点。如果到山顶太早，那我们就得在那儿挨更猛的风和更大的雪。天又阴着，说不定还看不到日出。

在我们避风的地方还有几个日本留学生。我就想，这么冷的天，好像只有我们外国人来爬泰山，真够疯的！今天晚上爬山值得吗？到了山顶以后，如果找不到租军大衣的，也找不到避风的地方，怎么办？幸亏跟朋友一起爬山，我才没有再往下想。怀着山顶有衣服和避风港的希望，我们再一次出发了。

到了山顶，风刮得实在太凶，雪片也落得更密。虽然能租军大衣，但是在那么大的风里，穿上军大衣就像把一张床单围在身上似的。我们等不下去，只好敲开了招待所的门，在那儿睡了四个小时。但当我们起床的时候，太阳早已经升起来了。两位俄国朋友因没有看到日出，决定等日落再下山。我却不想等了，于是就在山顶告别了他们，先下山了。

外面的风还刮得和昨天一样大，但是天晴了。地面上的一层薄雪反射出耀眼的光。下了泰山南坡几步的时候，风忽然变小。这时我才能睁大眼睛欣赏周围的风景。

那天早晨，就是 1997 年的第一天，实在很美。多新多鲜的空气啊！每一次呼吸都好像进入了我的骨肉。那些弯曲的松树忍受了多少像昨天晚上似的严寒和风雪？在蔚蓝的天底下它们的松针还是像春天那么青。

不久我又看到了那个泰山奶奶的半身像。她仍然笔直地坐在那里。我从心里感谢她保佑着我们在泰山上走进了 1997 年。

文章署名是"庞美德"，这是我帮莱瑞取的中国名字，实际上脱胎于他的英文姓氏 Palmedo，看起来他很喜欢这个名字。

莱瑞聪明，富有生活情趣，眼睛里总是透露着诙谐与活力。在我们请他到家里吃饭时，他高兴极了，对女主人做的啤酒粉皮炖鸡更是赞不绝口，以至于我有点担心他是不是吃饱了。过了几天，他还邀请我们全家到他的宿舍"喝茶"。我们去了才知道，他其实没有像样的茶具，泡在茶壶里的茶对我来说也太淡了些，几乎品不出茶味。但我们还是很高兴，为了他对生活的热情，以及对中国文化的好奇与喜欢。

在课堂上，我曾把自己写的汉语俳句作为诗歌的例子讲给他，想不到下次上课时，他竟然把那几首小诗译成了英文送给我。无论是中国学生还是外国学生，彼此礼尚往来的乐趣总是令人倍感开心。

寒假之后，课堂里新来了一位日本女生草间智子。我不清楚草间智子是因为什么而来，莫非她是莱瑞约来的？或者就是莱瑞的女友？我无意探问，只是根据新的情况对授课计划略作调整。

因为完全接着上学期的内容讲我担心草间智子跟不上，可又不能把上学期的东西重讲一遍。事情过去多年，我发现当初备课本上这学期完全空白，想来想去，才模模糊糊记起来，当时是采取了随堂随机方式，把中国文化和写作穿插起来跟他们聊天而已。习作和评改的环节也有的，而且草间智子的中文写作较莱瑞更高一个层次，她的作文温情、细腻，很有感染力。我也向校报推荐了她的一篇作文，刊登在 1997 年 4 月 28 日的副刊上，题目是《我喜欢的学校》：

> 我已经上了十七年的学。小学、中学、大学，每个学校都教给我不少东西。
>
> 但是其中对我影响最大、而且教我最宝贵东西的是我的高中——上野高等学校。说她培养了现在的我也不算过火。
>
> 她坐落在东京的上野。上野有以樱花闻名的上野公园，以及许多美术馆和博物馆，还有几个很有名的大学。东京大学也离上野高校不远。我们常常逛一逛上野公园，在旁边的大学食堂里跟聪明的大学生们一起吃饭，有时候去美术馆跟来自日本各地的人一起看美展。我们的学习环境就是这样理想。
>
> 但是我并不是只为这样的环境说我喜欢上野高校，也许我最喜欢的还是她独特的校风。在各方面，她跟别的学校都很不一样。比如，她没有制服。在日本大部分的高中都有制服，不能穿别的衣服。可是她没有这样的规定，所以我们喜欢什么衣服，就可以穿什么衣服。并且她没有校规。我们做什么也不会违反规则。我们从来没有受束缚的辛苦。
>
> 在这么自由的环境中，惯坏的学生自然也很多。他们染头发，化妆，打扮着来学校。看起来不像是去学校学习的。

他们常常旷课、迟到，下了课就去繁华的街上玩玩。但是大部分的老师却不批评他们，只不过劝告一下。这也是上野高校的校风之一。那么，这些被惯坏的学生始终不改变自己吗？

老实说，以前我自己就是这样的学生。因为我初中的时候校规很严格，没有自由，上高中后突然得到那么多的自由，所以不知道怎么用，反而滥用了。高一和高二时候我误解了自由的意思，一直偷懒。但是后来渐渐地明白了自由是什么，觉得自己做得不对。我认识到：虽然老师从不难为我，但如果我不学习，以后感到困难的却是我自己。我花了很长时间才明白这个简单的道理。

我慢慢地改变我的坏习惯，开始自动地学习，竟然考上大学了。有人说如果我从高一就开始努力，一定能考上更好的大学。对，也可能是这样。但是我并不后悔偷懒的时间。正是在这段时间里我懂得了：每件事情都不应该被别人催着做，只有通过失败，自己明白为什么要做这个事情，然后愿意做的话才能做成。

这个道理是上野高等学校教给我的。如果我是在别的高中学习，也许就不能懂得。为此，我对上野高校充满敬意。她是让我感到自豪的学校，也是我最喜欢的一所学校。

我还在智子文章后面加了一个"附注"：

提到东京的上野公园，我们就会想起鲁迅先生曾经描述过的情景："上野的樱花烂漫的时节，望去确也象绯红的轻云，但花下也缺不了成群结队的'清国留学生'的速成班，头顶上盘着大辫子，顶得学生制帽的顶上高高耸起，形成一座富士山。"

一个世纪又快过去了，物换星移，人事全非，当年那些奢华的清国留学生恐怕也早就觉悟了。草间智子同学的这篇习作，记录了现在的日本中学生在自由的氛围里自我觉悟的过程，写得朴素自然，富有情趣和哲理，我想对中国同学也会有所启发吧？看来人在年轻的时候，都得经过一个自我觉悟的过程才能真正长大成熟。仅仅靠别人的责备和指点是不够的，因为凡事都贵在自觉，贵在自强，贵在自立。明白了这一点，也才能理解"自由"的真正含义。文中所说"高等学校"相当于中国的高中，非指大学。子张。

除了这篇《我喜欢的学校》，我还保存了智子另一篇作文《我的地方》，并输进了电脑里。现在我也把它录在这里，算是对我另一种教学生活的纪念吧。

我的地方

[日] 草间智子

"小孩子都有自己的地方，或者在公园的一角，或者在自己家的窗边，或者在学校的一隅。"这是我以前看过的一本书上的话。我也不例外，小的时候有一个自己的地方。不过，这个地方不在我家里，也不在学校，而是在我父母的老师家。

我父母的老师是个很风流的画家，我叫他"相川爷爷"。我很喜欢他那乱蓬蓬的花白头发和很长的胡子，不仅是他本人，他家里也很风流。家里到处都有他的艺术作品，除了画，

129

还有木偶、笛子、风筝等等。这些作品都不算特别好看，不过很别致，有点儿奇异。

我最喜欢的地方是相川爷爷家二楼的一间屋子。这间屋子很大，天棚也很高，在高处你能看到有一间阁楼，放着很多很多画，但是没有楼梯通向这间阁楼。我觉得很奇怪，估计阁楼里一定有什么了不起的东西，所以我把它叫做"秘密室"。你再往上看，在天棚上会看到两只大风筝，这是相川爷爷用纸做的鸢筝。它们生动逼真，张着大翅膀，象是在悠悠地飞着。它们的样子好看极了，真惹人喜爱。我几次忍不住问相川爷爷："我能不能坐在它们的脊背上？"每次他都用这句话哄我："智子，下一次吧。"我无法满足自己的愿望，只好在晚上回家后梦见它们。在梦中我坐在它们的大背上，在空中悠悠地打旋。在我心中，相川爷爷家的这间屋子是个乐园，是我一个人的，秘密的乐园。

后来我渐渐长大，有了自己的世界和朋友，跟父母一起出去的机会越来越少，去我的乐园的机会也几乎没有了。

我上初中的时候，有一天，父母有事要去相川爷爷家。正好我也有空，决定跟他们一起去。去相川爷爷家的路上，我想象阔别很长时间之后的再会，心里开始紧张起来了。到了相川爷爷家，跟他们聊了一会儿，就取得爷爷的谅解，跟我妈妈一起去看我的乐园。但奇怪的是，我上了二楼却觉得一切都不象以前的样子，也找不到我的乐园了。我问妈妈，"那间最大的屋子呢？""就是这儿吧。"妈妈很快地回答。可我看这间屋子并不大，是间普通房子，就说："这儿不是，这儿不是。"

然而当我抬起头，看到天棚上吊着的两只鸢筝时，心里什么都明白了。屋子、鹭筝，它们原来并不很大。就是，就是我长大了。后来我还发现一个梯子——是上阁楼用的。当时，我实在太难受了。我的乐园一下子就消失了，甜甜的回忆也转瞬即逝了。

从那天到现在，我拿忙做借口，一直没去相川爷爷家。我很害怕再看见那个现实。

最近，我竟然又产生了另外一种感觉，是一种疑问。究竟我小时候看到的相川爷爷家是真的，还是我上初中时看到的是真的？是不是人成熟后感觉到的东西都是别扭的、假的？我越想越糊涂，自己找不到答案。

但是在我心里，还是希望相信我小时候的纯粹的眼睛……

两个学期的留学生写作课结束后，莱瑞和草间智子离开泰安到中国别的城市去了。莱瑞临走，还和智子一起到我家告别。他知道我喜爱诗歌，特地委托他妈妈在美国买了一套英文版美国著名诗人的诗集寄过来，那天也拿来郑重地送给我。后来我还接到过他一次电话，是从南京打来的。

五六年后，当我在杭州开始新的教学生涯时，陆续又有与不同国籍留学生接触的机会，特别是韩国的留学生。但他们往往是插班到中文系学生的班级，由于汉语程度有限，想来与中国学生一起听课会有不少困难吧？带他们写毕业论文时我就感觉到了这种困难。跟韩国留学生也有不少故事，但说来话长，还是适可而止吧。另外除了工大的留学生，我还有为浙大举办的暑期美国留学生班上课的经历。那是应一位同事的约请，连续到玉泉校区讲十个晚上的中国文化课。如今一晃又十几年了。

海岳书屋的"海"呢?

大陆气候不同于海洋气候,大陆文化也与海洋文化有相当差异。一般说生活环境决定生活方式,甚至在某种程度上也决定着思想观念和思维方式。可另一方面,人乃万物之灵长,会行走、会阅读也会思维,即便置身于大山深处,只要有机会读到有关异邦和海洋的文字,也往往能激发出对外面世界的好奇或憧憬,进而焕发行动的热情、不断更新自己固有的观念和思维。

幼年随家人到处探亲访友的经历,使我对"外面的世界"一直保有敏感。不只对大地方,对小地方也一样,只要是从未去过的地方,我都满怀憧憬与期待。直到现在,我对出走(逃)、"在路上"主题的艺术和书籍还是格外喜欢,我觉得歌德笔下的浮士德揭示了人类最本质的一种精神,真乃不朽之作。

我从几乎最基层的教学单位莱芜四中调进县城,又从莱芜教育机关调回泰安母校任教,尽管也有偶然因素,但不可否认,我对外面世界的向往和对新鲜事物的好奇心才是核心动力。按当初的设想,我希望至少要争取省城济南那样的文化环境。事实上,在1987年,我的确已经有了具体目标且付诸行动,跟济南某校接洽过,但进展不大。后来我自己回过神来:此事操之过急!你一个专科学历,高校教龄也才一二年,区区一个助教,让人家怎么接受?从莱芜到泰安,不过是一次意外的"破格"录用,若不是了解自己的师辈出面担保,如何实现得了?

涨潮的心渐渐平静下来,明白了常规路线的工作调动跟"仰天大笑出门去、我辈岂是蓬蒿人"的豪情毕竟不是一回事。闯关东、闯江湖、闯世界,往往有不得不"闯"的无奈,天无绝人之路,天涯何处无芳草!但我还没有那样的潇洒和胆魄,我还要循现代社会规范路线走。那么，对不起！你必须先让自己"够条件"。

我真没想到会在泰安待那么久！十七年，从二十四岁到四十一岁，青春岁月最好的年华。虽说那时候我总跟别人开玩笑说，四十岁算什么呀，照现在的标准，只能算大龄青年罢了。但真到自己满四十岁时，似乎就有了那么一种暮霭沉沉的感觉。"老之将至"的恐惧令我不安，同时也令我警觉。世纪末年，我破格申报教授终获通过。听到消息，在欣慰之余，也开始了新的规划：下一步怎么走？

考博的路走不通，回过头来仍想走调动的路。刚好那时候全国高校正大动筋骨，升格的升格，合并的合并，一时颇有些重新洗牌气象。而泰安师专也正是在这时候与泰安的教育学院、乡镇企业学院以及中等师范性质的泰安师范学校重新组建成泰山学院，且在泰安西郊新建了校园。如果我没记错，中文系是在2001年暑假搬到新校区的。这一年，中文系和曲阜师大联合招收了一个本科班，名义上还是曲阜师大发毕业证，教学与管理归我们负责。这样，暑期过后，中文系就在新校区开学了。和在老校区一样，系行政人员要在晚自习时间轮流值班。轮到我值班时，往往在吃过晚饭后漫无目标地在新校区走走看看。如同所有的新校园，这里也处处暴露出既新鲜靓丽又生涩荒凉的一面。特别在一场秋雨之后，雨水顺着山势流下来，把刚铺好的沥青路也染得黄黄的。预留的草坪还没长出新草，办公区域人工铺上的草皮已破绽百出……晚上坐在办公室，有了写点什么的冲动，乃对着电脑敲出一篇短文传给了校报，这是学校搬家后我给校报写的第一篇稿子。

可差不多与此同时，我调动工作的念头愈发强烈起来。最早从《光明日报》看到天津师大的招聘信息，后来又从网上了解到不同区域一些高校也在招兵买马。经过一番选择，我渐渐形成以沿海城市高校为重心的思路，最后投石问路而有积极回应的是三个学校：大连的辽宁师大，徐州的徐州师大和福建泉州的华侨大学。这三所学校都不错，不但沿海，且都有现当代文学方向的硕士学位点，一去即可带研究生。但就在此时，一位老友打电话说，杭州的浙江工业大学正准备办中文专业，也在招人，让我寄材料给他们。我的信是 2002 年 4 月份寄出的，一个星期后就接到孙力平院长电话，在认可我材料的同时，也向我发出了尽快去杭州面谈的邀请。

事情竟然这样戏剧性地有所变化，最终因为这样那样的原因婉谢了大连、徐州、泉州三个地方。同时拥有江河湖海之便利的杭州，也以一种猝不及防的方式，给了我新的机会。

海岳书屋的"海"，就这样在冥冥之中有了更切近的内涵。

如今又是十九年过去，我也到了法定退休的年纪，我离开泰山学院的事情或许早被淡忘，也许可以多说几句了吧。

我之选择离开泰安，固然从根本上说是秉性使然，但具体到泰山学院这个新组建的地方高校，我的离开又与我当时对它的复杂感受有关。简而言之，我感情上更倾向于原先的泰安师专，对簇新而显得杂乱且越来越像行政机关的泰山学院有了陌生之感。将泰安师专升格为泰山学院，试办本科，无疑都是我衷心希望的。但我的希望中，也还有让学校保持真正大学气息、真正以教学与研究为核心、真正以人为本的要素。尽管当代大学还无法企及真正理想大学的层面，但希望能延续二十世纪八十年代思想解放时期的相对宽松、和谐气氛总不算过高要求吧？可是在与新校区整整一年的"磨合"中，我的感觉却似乎越来越糟糕，对我担任着的管理工作也产生了厌倦和疲惫之感。原先的泰安师专虽说在同类学校中积累较厚实，可毕竟是专科，骤然升格为本科的窘态不可避免，与其他几所学校的组合表面上是教职工总人数的增加，然就师资的质量毋宁说是"稀释"。抱着对新学校的期待，我在市政协会议上提交了关于泰山学院新领导人选的提案，建议走专家治校之路，希望由懂教育、专业水平高的教授出任校长。我还借写校歌的机会表达内心的真实情感，写了一首《母校》：

> 新美的朝阳在梦境深处升起，
> 让缤纷花朵沐浴万缕韶光；
> 清澈的山溪也淙淙流淌，
> 开始了又一天青春的繁忙。
>
> 身后的青山是那么安详，
> 林中的路呵曲折又长长；
> 夜晚的灯火正悄悄点亮，
> 就像你和我明媚的理想。
>
> 年华在风雨中变得茁壮，
> 生命的船舶就在这里起航。
> 走尽天涯路，心中常怀想：
> 母校的怀抱，永远的温床……

这首歌词，写于 2002 年 6 月 16 日。当时我也正为"试办"的本科班上《现代文学史》课，仍然以问题教学法为主。但那个学期中间穿插了一次实践性作业，让学生把鲁迅的戏剧体散文诗《过客》排演出来。学生们很认真地做了，并按要求写了表导演心得，我选了一部分稿子编成一册小集作为纪念，留下了我对这届本科班学生的记忆。

在我南下杭州后，这个班有几个同学曾给我来信。几年后，宫立同学甚至来到了我在杭州住的"过渡房"，告诉我他是从广东汕头过来。原来，他已考上汕头大学的硕士研究生，跟从王富仁先生攻读现代文学方向的硕士学位了。

在 2002 年上半年，泰山学院还破天荒地组织过一次公开选拔中层干部的活动，从干部制度改革角度看，这样的举措值得肯定。但如此高音量、大规模的"选干"，无疑也进一步渲染了"官本位"气氛。高校毕竟是教育和研究学问的地方，声势浩大的选拔干部就算初衷不坏，因为走的是纯行政路子，就和学校应有的气氛有点不协调了。

但说来不可思议，我竟然抱着一种尝试新感觉的动机报名参加了这次"竞选"。我很好奇，也多少有些试试水以及瞒天过海的私念，实际上那时我正在几所高校之间做着艰难的选择。事情还没个结果，我暂时不想透露出去。既然如此，那就继续跟着学校的节奏参与一下吧——就算有可能被选上，我也一定不会去做；但如果不成，我的离开不就更加顺理成章了吗？

第六章 入浙记

绿色通道

旧日钱塘湖山远

西溪蒲柳万千家

闲云近看有还无

却是园中茶树花

本来，我打算以这四行诗句分别作为"入浙记"的小标题。当时的想法是，这首自作的小诗，写的是浙江工业大学屏峰校区一带的景色，西溪、茶园，都凸显了浙工大新校区贴近自然的特点，以之为序写写我在浙工大的经历不是很活泼有趣吗？但掂量来掂量去，觉得只有短短四句话，不太好把握，况且跟前面诸节也对应不起来，最后作罢。如此，就只能继续沿着前面的路子重新拟定小标题，第一个小标题定为"绿色通道"。

"绿色通道"在二十世纪九十年代已有不少场合在用。至少在我印象中，那时不少火车站就有所谓"绿色通道"，这个用法很写实。而将这个词用之于"人才引进"，我却是在电话里听浙工大人事处工作人员说的。我原先经历过几次工作调动，对不少师友调动的遭遇也有耳闻，深知在国内通过正常途径办调动的难度。故而在达成初步意向后，我就把调动手续如何办的问题提出来了。对此，人事处的答复是：正常途径照走，人事处会给泰山学院发商调函，但如果对方不放人，浙工大可以按照浙江省的人才引进政策走"绿色通道"，即凭调动人员的"三证"直接调入，重新建立档案。三证者，指的是学历证、学位证和职称证。那个时候，浙工大人才引进主要指符合条件的教授和博士，我三十九岁破格晋升教授，调动时也只是四十出头，非老非病，正是可以"有力出力"的时候，或许这就是"符合条件"的意思吧？而浙工大组建不久的人文艺术学院正酝酿着一分为二，使人文学院和艺术学院各自独立，新开设的中文专业也正需要人手。在我之前，已先后从全国范围内的高校引进几位有博士学位的中青年教授，孙力平院长本人也是一年前刚从江西南昌大学文学院院长的位置上引进的。

但我之选择浙工大，既偶然又仓促，对它的历史与现状都不很了解，直到进来之后才慢慢从同事们口中知道了一点。浙工大从二十世纪五十年代初的化工学校，历经变迁，实际是从"文革"后的 1978 年才在衢州的化工学院基础上组建成新的浙江工学院，九十年代初才动议升格改为现名。我原单位由"专"升"本"之时，也是浙江大学与杭州大学、浙江农业大学、浙江医科大学强强联合组建为新浙大的时候。强强联合的结果固然把浙大做得更大了，可也带来新问题：整个浙江省除了一所部属的浙大，就再也没有一所省属的重点大学了。以故，浙江省遂有重点大学建设计划，浙江工业大学和另几所省属院校就是在这种背景下开始获得重点支持的，人才引进、"绿色通道"尽出于此。不过重点大学的说法虽然我来到后就听说了，但直到2014年才有浙江省政府的正式文件出来，以"首批省重点建设高校"为主题的这个文件公布的名单中除了浙江工业大学，还有中国美术学院、浙江师范大学、宁波大学和杭州电子科技大学，共五所省属高校。

听不少老师说，浙江工学院创建之前的二十世纪七十年代末，现在的朝晖校址上全是农田和纵横交错的河道。学校建起来之后，距离那时的杭州市区也有较远的路程，穿过一片农田，再过了大运河，才算进了市区。直到八十年代陆续建成大片的居民区——朝晖社区的九个小区，学校才慢慢和大运河北、东面的市区连接起来，所属区域也从西湖区变成了下城区（2021年又划归拱墅区）。这些事我当然无从想象，不过我2002年5月底第一次进校到人文艺术学院面谈调动时，的确看到上塘高架桥刚刚建成，上塘路与文晖路交叉处两棵古香樟树刚刚移栽到东北角，尚未萌发新枝。而学校门前的潮王路因为施工正一片泥泞，是中午下班的女教工给了我们两双塑料鞋套才过了马路。学校的围墙呢？当时还都是斑驳陆离的石灰墙。正式调入学校后，先在校内上塘河边的招待所（后来拆除）住了三天，又在毓秀堂对面研究生楼一楼的单间房住了半年。但直到翌年春搬到浙工新村周转房，无论是学校周边还是西湖南山路一带，也还都处于大事拆建的转换中。清清楚楚记得，出学校大门往东走，现在下城区体育馆一带全是七零八落的农民房。走过工大桥，朝晖现代城一期工程刚刚完工，南面的二期工程却刚刚开始，一片狼藉。现在的和平会展中心那儿有个易初莲花超市，再就是一个很大的货场以及另外一些灰暗的土墙，都无甚可观。西湖边六公园那儿，原来是一个马路围着的建筑群，我来杭州后亲眼看到了这个小建筑群完全被拆除，变成了绿地和步行道——再后来，连古钱塘门的遗址也被发掘出来给以保护和展示，让古今杭州零距离对起了话。

我九月开学时来报到，人文艺术学院仍在邵科馆三楼。全院教职工开会不过二十人左右，院行政人员除孙力平院长，还有支部书记姚莫诩教授，一位分管学生工作的金副书记和办公室秘书、教务员各一人。专业则有一两年前设立的广告、新闻和本年新设的中文、播音主持，与我同一年调入的就有新闻和播音主持的两位女教师，早我一年来的中文教授有三四位。开学后，学院在翔园二楼招待新调来的教师。服务员端着各种饮品征求每个人意见，院长、书记各自点的是橙汁和酸奶，在座其他人也都各随其便，也有要葡萄酒黄酒的，这个细节让我顿觉放松——我一向不善酒，对酒席上劝酒以至"逼酒"的风习实在接受不了，久而久之，往往视酒宴为畏途。关于这一点，有不少火辣辣的记忆，这里不提也罢。另外一次聚会，是毛信德教授以"大学语文"课程组名义在湖滨金色阳光大酒店召集的。毛教授喜欢喝酒，但看到我对酒不感兴趣，也只一句"山东人不会喝酒遗憾"了事。这些最初的印象颇令我愉快，似乎已经感受到某些江南生活的气息。湖滨那次聚会，我印象最深的是第一次吃到大王蛇肉块。

中秋节前后，学院组织了一次游览活动，去了复建不久的雷峰塔。说来也怪，入浙十九年，那竟然是我唯一一次登上雷峰塔。在那次游览中，新老同事之间才有机会近距离相互聊聊，慢慢都认识了。当时山东籍的宫云维还拉着温州籍的杨振宇跟我在雷峰塔上合影。只是几年之后，他们二人却又先后调离了浙工大，一个去了中国美院，一个去了浙江工商大学。

第二年春天，学院又组织一次清明祭扫活动，去了万松岭路

上的杭州烈士陵园和万松书院。差不多同时，学校工会也组织上
年新引进的二三十位教授、博士和海归人员去绍兴旅游一次，由
此得见大禹陵和王羲之与友人"曲水流觞"的兰亭。如今，这些
都成为美好的往事了。

今夜最开心的人

说过了"绿色通道"，如果继续让我叙说自己的工大故事，
则我要说的第一件事就是为中文系首届两个班的新生做班主任。

人文学院最早招生的专业是广告和新闻，中文专业在我去的
这年正式招生，一共招了六十名学生，分为两个行政班。后来又
进来四个韩国留学生，这样总数就变成六十四名学生。

学生们报到那天，我以班主任身份参加了迎新，也在他们入
住之后到尚德新宿舍区走走看看，亲眼看到不少家长在忙着为子
女铺床叠被、收拾房间的情景。男生张星告诉我，他来校之前就
知道我是班主任。他妈妈也特意记下我的通讯地址，以后也的确
为儿子的事写信来。2002年的新生应该都是1982—1984年间出
生的一代，是刚刚走上社会前台的八〇后，比我小二十多岁，完
全是两代人了。那时看他们，的确就像父母看孩子一样。转眼近
二十年过去，这些八〇后也跟我当时的年纪差不多了。时间说温
情也温情，说残酷也真残酷！

当时最使我感觉意外、或者说与在山东不同的，是六十个学
生中女生占绝大多数，男生只有九个，不足六分之一。与数量上
比例"失调"相关的，是日后在班级管理方面也明显出现了"阴
盛阳衰"现象。主要班干部全是女生，班委团支部里只有两位男生，
就连平时上课男生也习惯"扎堆"靠后做，给人主动边缘化的印象。

四个韩国留学生是插班进来的，他们有一位是女生，三位男生，多少"优化"了一点男女比例结构。

学生的来源以浙江籍为主，然后就是来自河北、东北、山东、江苏、福建几个省份，但具体到某一个省就是个位数了。凭着过去做班主任的经验，我以为只要班委组建好，有个又本分又聪明的班长，事情就好办，平时不用太费心。工大的学生来源广、分数高，属于一本录取，学习态度和自我管理能力不会差到哪里，对此我有数。在班里也好，在学生们的宿舍里也好，我看到无论女生还是男生那俊美的身姿、纯真的表情和聪慧的眼神，心里满是愉快。令我称奇的是，在辅导员的帮助下，他们很快就把班委和团支部搭建起来且开始运行了，我完全不必操心。我意识到，凡是有形的、"硬性"的事情，他们都可以在院行政学生线的带领下自行解决，我要做的更多应该体现在那无形的、"软性"的一面。这就是通过和他们的接触与沟通，尽可能给予他们以精神的抚慰。这精神抚慰有点类似于空调，热的时候降降温，冷的时候吹点暖气，如此而已。譬如请班委团支部成员出去吃顿饭，元旦请其他省份的一二十个学生到家里一起包饺子；有个女生要去英国留学，为了表示祝贺，特意请她们几个要好的同学去文晖路上的奎元馆吃面；有时也给考研的学生提供点参考书，给想读课外书的学生做些推荐……虽属琐琐碎碎甚至婆婆妈妈，似乎也并不多余。时间过去了，不少温馨的画面还留在记忆中。四年之中，也出现过令人担惊受怕的场景，两个男生在外国文学课堂上发生冲突，其中一个动了刀子，另一个受伤住院……另有一个男生头部受伤，包扎着白色绷带来上课……

我当然也忘不了学生们给予我的宽容、支持和爱。某年初夏，一位家长来接女儿回家，随车带来几箱熟透的杨梅，虽受之有愧而又不容辞谢，我只好让学生帮忙搬到学院几个办公室请老师们分享。特别是四年之后同学们吃"散伙饭"那晚，我和几位任课老师都接受邀请参加了。席间师生之间毫无距离，其乐融融。参加聚会的毛信德教授笑呵呵地对大家说：今晚张欣最开心！

我到工大后最早得到的荣誉也是"优秀班主任"，这个小荣誉我很乐得接受。学院的奖品是一个不锈钢保温杯，虽早已不用了，但直到现在还在我家茶几底下放着呢。

写到这里，本已打算收笔，夜里忽又想起一点事来，现在做些补充。

在我决定来工大之后，孙院长在电话里就与我商议做班主任的事。要我做班主任，就是希望我能在学生的学习方面多费些心思，最好在考研上有突破，多考上一些。前面所说，多为很表面的琐事，倒把这件事忽略了。

也不是有意忽略。工大生源好，入学分数高，学生自我约束力也强，多数学生的学习其实不用老师操心。就像一个人年轻力壮，能吃能睡不生病，健康问题就不会被聚焦一样。这两个班也是如此，他们的日常学习除了前面一两件意外"事件"，其他都极正常。我做班主任是兼职，有一个学期给这两个班上"当代文学史"课，课上课下所能感受到的多是他们"乖"的一面。有一次讲到"十七年文学"，学生们有个课堂活动，郭琛晖带的小组把茹志鹃小说《百合花》一个情节以戏剧小品形式排演出来了。女生分别扮演卫生员和新媳妇，帅气的男生赖笑波扮演牺牲的小通讯员躺在课桌上……

男生黄晟参与编辑《人文日新》小报时，曾向我约稿。我为这事费了不少心神，专门跑旧书店买了盗版的余秋雨文集，斟词酌句写出一篇《步履沉重的行者》为余秋雨辩护。班长郭琛晖在大四那年到媒体实习，多次就某个社会热点问题到我家或电话采访；黄凰为了考浙大比较文学研究生来跟我借香港的《诗网络》杂志……

终于说到了考研。我从前教中学是送高考生，在泰安时有几年负责"专升本"。从一门文学史课程的辅导到全面抓，成绩都不坏。考研的层次虽然更高，但也还是"考"。中国学生擅长"考试"，中国教师也擅长指导"考试"，这是教育的一种病象，可某种意义上也帮了教育的"忙"。但我发现，和北方不同，浙江学生的问题并不在水平、能力，而是愿不愿意考研。

为了求出路，或者更确切地说为了"出人头地"，北方学生更热衷于升学的路子，专升本，本升研，往往是一般地方院校的不二选择。泰安师专以专升本出名，曲阜师范大学以学生考研率高出名，令我意外的是，动员工大第一届中文系学生考研，并不像想象的那样容易。原因呢？更叫我想不到，竟是为了早工作、早赚钱。媒体、企业尤其是外资企业，以及日益红火的房地产业往往是毕业生最热衷的去处，还有些想去上海等地跟父母兄弟合伙做生意。这就是我看到的南北两地大学生的差异所在。"自古读书求上进"的说法在浙江有了不同于山东的含义。山东的孩子升本考研，绝大多数都是奔着行政事业单位，最起码也要到学校，对"铁饭碗"、对面子的要求更强烈。浙江的孩子更看重个人生活体验与质量，也就是更务实。既然先工作可以直接换来较高的生活品质，为什么一定要考研呢？当然，如此表述还不全面，实际上南方学生在选择出路时有个比较合理的"分流"，分流的出发点是对个人的综合估量。多数学生选择先就业，但选择升研、留学的学生，则一定是有更长远的个人发展规划。无论就业还是升学，都与个人规划相关，这方面浙江学生似乎更自觉一些。

所以在这样的背景下，两个班最后有 10 个学生走了保研、考研的路，比例算高的，学院方面甚满意。郭琛晖保研到上海大学，黄凰考取浙大，张月婷考到北京中国语言文化大学，滕云去英国读硕士，穆雷光考取了解放军学校，杨丽考取了厦门大学。

说到杨丽考取厦门大学，还有个插曲。这届学生大三时，我去福建晋江参加蔡其矫先生的创作研讨会，顺便到厦门、泉州一游。厦门大学的美景给我留下了好印象，让我回来后就在课堂上讲了，还把照片通过投影仪展示给学生。三句话不离本行，向他们鼓吹厦门大学的好，希望他们报考厦大。几个学生受到蛊惑，果然满怀热情的报考了，其他人没考上，杨丽考上了。

这是学生们后来告诉我的。

精品课

浙江工业大学由原先的理工类大学向综合性大学转变，也不过是世纪之交才开始的。我报到不久，就亲历了人文艺术学院的"分家"，其实人文艺术学院也仅仅只有两年的历史。这样，人文学院，艺术学院，加上也都创办不久的外语学院、政管学院，浙工大综合性大学的架构已然搭起。学院建制如此，校名的更改也引发了校园内外的热议，这是我到工大开始几年人们挂在嘴边的话题。虽说由于种种原因校名至今未改，但综合性大学的建制已是有目共睹地日趋完备了。

随着文科院系的建立，原先仅作为公共课归入基础部的一些文科课程也都各得其所。政治类、外语类课程分别归属政管学院和外语学院，"大学语文"归人文学院。反过来，人文学院开设的广告、新闻、中文、播音主持专业，在按照相关专业要求建立

起各自的课程体系后，又在原有的公共课程之外建立起新的公共
基础课程体系，以课程共享的形式支撑不同专业的需求。举例而言，
中文系的文学课程可以通过调整教学计划提供给广告、新闻等专
业，广告、新闻的某些基础课程同样可以为中文系学生开设。我
到工大后的第一学期，分给我的就是两门公共课，一门大公共课，
面向全校开设的"大学语文"；另一门小公共课，面向人文学院
广告学专业的"中国现当代文学"。

给广告学专业新生讲的"现代文学"，自然不能与讲给中文
专业学生的一样。这里有内容和课时量的差异，这是我到工大后
面对的新问题。给中文专业学生讲的侧重于文学史，给广告、新
闻类学生怎么讲呢？那时候几乎所有课程都还来不及根据不同专
业制定教学大纲，除了"大学语文"有课程负责人，多数专业课
还只是各上各的，谈不上"教研"。在无从依据的情况下，我只
能自行斟酌确定一个大致的教学纲目。以讲授重要作家作品为重
心，还刻意从广告学角度设想现当代文学作家作品的特殊意义。
比如讲鲁迅时就联系去绍兴看到的涉及鲁迅小说人物、地名、特
产的广告现象，讲戴望舒名诗《雨巷》会引导学生做些关于"雨巷"
意象与杭州产品广告的讨论。我布置的期中作业就是让学生分小
组去杭州上城区皮市巷寻访戴望舒故宅并撰写报告。新生的学习
热情高，一经鼓动，他们就三三五五地走出校门去寻找皮市巷了。
那几天皮市巷、大塔儿巷、小塔儿巷突然显得有点不同寻常，不
时有撑着雨伞的年轻大学生在这一带寻寻觅觅，甚至会敲开一些
院落的大门向上了年纪的人发问："您知道戴望舒故居在哪儿？"
多数情况下，他们得到的回答都是："戴望舒是谁？"

在我收齐作业，看到这些生动的描述时，不觉会笑出声来。

那时候我已经认识了校报编辑李建成老师，来杭州后写的第

一篇读书随笔《〈励斋余墨〉伴我南行》也已在校报上刊行。能
不能把学生们寻访戴望舒故宅的报告作为实践成果推荐校报发表
呢？我跑到子良楼的编辑部跟李老师一说，他很爽快地答应了。
这样，我根据一个版面（那时候《浙江工业大学报》还是对折八
开的小报，但却是彩印）的容量选了倪晓东、鲁佳和胡旭峰三篇
学生作品，自己写了篇导读文字《戴望舒故居的意义》，连同我
拍的大塔儿巷照片一起交给了校报。不久看到编辑部送到学院的
样报（那时候样报是折成小十六开和一张稿件采用通知钉在一起，
写上作者名字送到作者单位），第四版整整一个版面，配发了戴
望舒的头像和一张大塔儿巷彩照，很有气派。

　　顺便说一句，如同在泰安一样，我到浙工大后也一直是校报
副刊的常客。和我一样有这份热情的还有经贸学院的王治平教授，
他的不少经济学随笔也常常发表在校报上。

　　因为最先教的是广告专业，所以我最先熟悉的也包括广告学
系的学生，最熟悉的是桐庐分水的胡旭峰。胡旭峰三天两头跑到
我住的研究生楼聊天，直到课程结束我们搬到浙工新村也还常来。
他毕业后在浙江省内外多地创业，常打电话报告他的近况。去年
在我暑期畅游西藏归来后，又接到他的电话，说他在西藏工作已
经好几年了。

　　一个学期很快过去，寒假自然还需回山东过，因为儿子还留
在泰安读小学五年级。待第二学期开始，我才给担任班主任的第
一届中文专业讲"当代文学史"，规规矩矩按十七年、"文革"
十年、新时期文学的节奏讲授，完成一个小循环。从此一般就是
每个学年的第一学期以"大学语文"和"现当代文学"公共课为主，
第二学期以中文系专业课为主。因为课程分工的缘故，我的专业
课从原先主要讲"现代"部分调整为主要讲"当代"部分。好在

二十世纪九十年代我就在"打通现当代"的呼声中提前实施了，已习惯于把"中国现当代文学"作为一个整体来观照、来把握，故而以"当代文学史"为主也不在话下。只是随着屏峰新校区建成并投入使用，就需要乘坐校车去屏峰校区上课了。

屏峰校区好像一眨眼之间就建成了。我进工大后就时时听到小和山建新校区的传闻，还应学院推举参加了新校区征名活动。在学校宣传部召集的座谈会上发言提出自己的建议，也和学院同事们乘校车去实地观看。印象中还是一片田野，什么建筑都没有，怎么短短一年之后人文学院就整体搬过去了呢？还记得那次看完计划中的新校址后，大家乘车到之江校区午饭，所经留泗路还是坑坑洼洼的土路，车子过去，黄尘滚滚……

2003级中文专业招了120人，四个班，直接到屏峰新校区报到。我给他们讲"当代文学"时是在特大的教室里，规模跟全校性的"大学语文"差不多。但毕竟是专业课，课堂氛围还是要好得多。记得当时辅导员小袁常来听课，而从之江转过来的女生吴婷也仍像在之江那样坐在最前排……哦，提到之江，突然想起我一来就同时也去那儿上课的事。不过，为了不跑野马，还是另外单独说吧。

现在，似乎可以进入精品课建设的话题了。

就在我给广告系学生上课时，比申报学位点略早，教务处组织的课程建设项目评审就启动了。当时我是现当代文学学科和课程组唯一的教授，在学院推举、学校发文成为现当代文学学科负责人的同时，也以课程负责人身份主持、申报了学校课程建设项目。一开始叫"优秀课程"，三年之后验收合格为"精品课程"。由于不熟悉程序，对电子邮件和PPT这些也还半生不熟，心里没底。为准备五分钟的PPT申报提纲，颇费周折。文字稿、PPT准备好后，申报那天我把主讲现代部分的方爱武也叫来了。不了解限时发言的规矩，汇报超时了。在提问环节，有评审专家问："现当代文学是一门课还是两门课"？仓促之间我似乎没怎么说清楚。事后公布评审结果：人文学院两门课被评为校级优秀课程，即中文专业的古代文学史和现当代文学史。这是我到工大后申报的第一个教学类项目。

但通过立项还只是第一步，接下来才是真正的"建设"期。因为这是个教学项目，最后要结题、经专家验收合格才算一个完整周期。

三年后，项目顺利通过了教务处组织校内外专家进行的验收环节，优秀课程升级为校级精品课程，于是进入第二阶段的建设。

第一阶段的建设内容包括师资队伍、教学理念、内容、方法、教材、教学形式等诸多方面。当时还没有网络教学的硬性要求。但到了"精品课程"阶段，建设的主要形式就是网站（页）了，也就是通过学校教务处的网络教学系统，把精品课建设的相关内容和数据上传到网上，供学生观览，任课教师则由此与学生进行互动。因此资料的更新与学生的点击量就成了维护网站的日常关注点。当初建网站（页）是请辅导员帮忙找广电新闻专业的学生有偿做的。网站（页）以绛红色为主调，主页上端设计了鲁迅、胡适、林语堂和张爱玲的头像，下面则既有滚动状态的窗口，也有静止的栏目。教学大纲、教学计划、教案和一部分课件都传了上去，学生经常在互动窗口留言，我也不时地有所回应。当时人文学院网站也链接了各门精品课程的网页，只要在"精品课程"里找到"中国现当代文学"，就能很方便地打开。

不过说实话，我在网络教学这一块技术储备不足，故而已做成的网站（页）只能算马马虎虎。另一方面，经过一段时间的试验，或者说新鲜劲儿过去后，对课程有了更深一层的认识，即无论网络教学技术多么高端，也仍然只是辅助性的硬件，无法替代教师与学生面对面的沟通与互动。在人与人的直接对话中，有一种动态的、鲜活的、时刻变化着的气息，这些方面就体现出了差异。当然，无论哪种情况下，"人"都应该是高度自觉和行动敏捷的主体。

所以，精品课建设的具体指标会因时代的要求而改变，学生主体和教师主导的核心却是常在的。一个常在自觉状态的教师，无论有没有网络，都应该把每一节课上得饱满、健康、充满活力。

不管怎么说，作为项目，精品课在验收后算是告一段落。当时为验收，我准备了十几个档案袋，分别装着老师们的资质证书复印件、学生的部分作业和对课程的评价等材料，如今这些档案袋还在我办公室的柜子里呢。

介入当代的文学

本书上编是对自己服务教育四十年的回想，下编则是我从教以来不同阶段撰写的教学随笔或文章。两个部分有一种互文性，即内容上相互呼应、相互补充。

比如下编中几篇文字：《诺贝尔文学奖与中国当代文学》、《当代文学课程答问》、《把学生引领到文学作品中》，就是在2007—2008年间写的，也曾挂到课程网页上给学生们参考。在这些短文里，我多多少少触及中国当代文学史教学中的某些特殊性，其中显得最为特殊的，大概就是当代文学"当代性"与"史性"之剪不断理还乱的悖论关系了。

譬如文中谈到："我从1985年开始讲授作为汉语言文学专业核心课程之一的中国现当代文学，转眼已经二十多年。这二十多年，一方面是不间断地对'中国现当代文学'进行'再评价'的历史，一方面也是当代文学自身不断延续的过程。真正是'过去的尚未老去，将来的正在生长'。我想，与其他课程相比，这种'当下性'正是这门课程的特点之一。"

其实，当代文学这种"当代性"或曰"当下性"，并非当代文学所独有。只不过与古代文学相比，其作为过去时历史的时间略短些而已。凡已属于过去时的皆可称之为历史，同时，凡历史又时时刻刻面临被当代重新激活、返回当下的可能。从这个意义上说，荷马史诗、先秦诸子古文也罢，刚刚过去的朦胧诗、寻根文学也罢，就同时具有历史和当代两种属性。

不过，话虽如此说，总还是时间距离愈近的，其当代性愈加突出鲜明些。讨论《红楼梦》的当代性总不如讨论严歌苓小说《陆犯焉识》的当代性更有介入当代的疼痛感吧？这就是我之所谓"中国当代文学史教学中的某些特殊性"。

那么，如何介入呢？或者说，作为一门更具当代性的文学史课程，如何在课程与接受者之间架起一座畅通的桥梁呢？也就是如何通过课堂有限的时间讲授这门课、又如何在课外使之得以继续延伸和发酵呢？

从教四十年来，我教过的中学、中师和高校课程不少。不管教什么课，不管面对什么专业或类型的学生，我的个人习惯是每一轮的教法都会不同，也即是动态的、常处在调整中的。教法的意思可不只是某一种具体上课方式，其所包含的内容不少，拿"当代文学史"课来说，涉及教法的我以为包括如下内容：教材的选择和使用、课堂组织形式、训练与结业。

且以中文专业本科学生的"当代文学史"课为例。

我先后采用过三种教材，最早用的是高教社版朱栋霖、丁帆等人主编的《中国现代文学史》下册，前后有五六年的样子。这个教材编得比较规矩、平实，适合常规教学，但在激发学生提出和思考问题方面我觉得不理想。后来改用了复旦大学陈思和教授主编的那本《中国当代文学史教程》。这本《教程》与北大洪子诚教授撰写的《中国当代文学史》均为二十世纪末出版，也可以表述为二十世纪当代文学史教材的压轴之作，在山东时我已经使用过洪本（洪本的不足是对文本的讨论不够）。时隔多年，我觉得工大中文系学生首先应该在教材上建立一个高度，而陈本也跟我实际授课的状态非常吻合。这种吻合主要指对 1949 年以来大陆文学状况的整体判断，除此而外，陈本对文学历史和文学现象的分析更高屋建瓴些。"多层面"、"潜在写作"、"民间隐形结构"、"民间理想主义"和"共名与无名"这些关键词的提炼较之过去那些浮泛的描述更精当，能激发读者的进一步思考。还有，陈本以点带面的编写法也很好，在我读过的文学史著作中，陈本有点像夏志清名作《中国现代小说史》，名义上是小说史，实则通过每章的概述把文学史的大轮廓理清了。陈思和主编的《中国当代文学史教程》打破文体界限，从文学现象入手，每章只解读三四篇（部）具体文本，而阶段性的文学史概况只在每章前面进行提纲挈领的表述。我觉得本科生正需要这种以点带面、点面互参的教材，而在实际使用中，学生会觉得有些难啃。可是，太好啃的东西却不能产生激励和弹力，两者相较，还是选择具有某种挑战性的教材更利于青春期的生命吧。

其次说到我的课堂组织。我当初学的师范院校，培养目标是初中语文教师，结果我却从未教过初中语文，起步就是高中。毕业五年后返回母校，以专科学历教专科，我的大学教学法从何而来呢？

　　想来想去，我的记忆里只有读大学时几位老师和客座学者的
身影，他们的学识和风度令我心仪，不期然而然地对我有所影响。
但影响只是潜在的，它们像种子埋在心里，日后长出来带着的却
只能是我自己的体温。在师专读书时，我印象深的是刘增人、汤
贵仁、方永耀、杨树茂几位老师的课堂形象，外校来做学术报告
的前辈学者，最让我佩服的是历史学家赵俪生教授，二十世纪
八十年代参加不同类型讲习班时也曾被北京人艺老演员苏民先生、
北大教授钱理群先生的风度折服……我想，作为教师，他们就是
我有限视野中最好的"样板"了。

　　"样板"的核心在于学养的深厚、见解的精辟和人格的超逸，
所有的倜傥风流、侃侃而谈、温文尔雅尽出乎此。所谓入门要正，
也无非就是先从根本处修炼自己。我既明白这一点，在实际教学
中自然就愿意刻苦一些，学笨鸟先飞，宁肯多花些时间用于广义
上的"备课"，不希望因学问不够捉襟见肘破绽百出而成为学生
眼中的"问题老师"。其实，学问不够导致讲课露出破绽本也难免，
问题在于要有自知之明，跟学生坦诚相见，及时地、诚心诚意地
去亡羊补牢。教学相长，一点儿也不错，但要你会主动提高自己。

　　回首四十年从教之旅，深觉自己得益于学生者多矣！我感谢
学生诸君在我每一次犯傻、犯浑、犯迷糊时对我的宽容和提醒。

　　我的课堂组织，无非一张嘴巴一支粉笔罢了。但也有一点，
课堂授课，我注重学生的感受和参与，留意学生的反应甚至面部
表情，喜欢以不同的提问形式设置对话。一个学期中，会安排一
两次讨论课，有时分小组，有时不分。有了多媒体教学设备后，
会在课堂上插播某些音像资料。譬如德国汉学家顾彬对中国当代
文学的看法，有关话剧百年的专题片以及阿城《棋王》、严歌苓《少
女小渔》、莫言《红高粱》的影像资料。我记忆中有不少学生上

台展示 PPT 或就某个话题发表看法的画面，譬如为 2003 级讲课时一次较大规模的学习小组活动。我设计了十几个关于当代文学热点的话题，要求每个小组就某个话题进行研讨，最后把研讨的内容、主要观点做成 PPT 课件在课堂上交流。当各小组选题报给我之后，我发现六个学习小组中竟然有三个都选了同性恋文学的话题。尽管当时同性恋题材的文学、影视剧已成为一个热点文化现象，但我对学生们如此热衷这一话题还是有点意外。不过，尽管有些意外，对学生的选题最终未作干预，讨论如期举行。借了他们的眼，我才对当时流行的包括耽美文学、玄幻小说、盗墓小说在内的网络文学有所留意，也突然意识到八〇后这代大学生大不同于七〇后、六〇后的文学阅读倾向。当我在讲台上一如既往地闭着眼睛讲述"课本"上的当代文学时，正在进行时的当代文学却在扑朔迷离地幻化出新的面孔。意识到这点，我内心的震撼令我既羞愧又兴奋。特别是听着学生们对他们个人观点的阐释，看到他们对同性恋文化现象表现出的冷静态度，我想到了陶渊明"不知有汉无论魏晋"那句名言，原来我已多么远地落在了学生们后面！

　　教学活动，就像一切正当活动，常态之外，亦喜变化。生命的活力往往来自新鲜的刺激。

　　不满足于已有、喜新厌旧、标新立异、对未知和未来无尽的探求欲，既是人类与生俱来的天性，也是人类能够持续进步、创新的动力之源。具体到一门课程的讲授和接受，也有一个如何在守成与创新、变化之间保持平衡的问题。人文传统从古希腊、先秦到今天也往往要通过一次又一次的"文艺复兴"、"古文运动"来激活和翻新，如何想象一门跟当代文化息息相关的课程可以数十年如一日地板着同一副面孔呢？除了课程内容、教学手段和教法的动态性，日常训练和课程结业是不是也只能永远只有一问一答、小论文的模式呢？我不认为这是唯一可供选择的方式，我主张在目的、目标明确的前提下不断尝试新的训练模式和课程结业模式，使学生在愉悦、新鲜的体验中爆发出最大的活力。

我家阁楼上，保存着好几届学生的"第一本书"。看着那些精心设计和"出版"的学生作品，我实在不忍心随便把它们当废品处理掉。这些凝聚着学生心血的第一本个人"著作"，其实就是我要求于他们的课程结业成果。

在我想来，没有什么比读书、著书更契合中文或文史哲出身的人了，为什么不可以在大学学习阶段就使学生意识到这点呢？通过把写作业这个过于常规和刻板、因而易使学生丧失兴奋感的事转换为"写一本书"，是我在安排每学期的平日作业时，颇费心思设计的环节。

第一次向学生提出著"书"要求时，大家脸上都显出迷茫的样子。因为此前从未有老师提出过这样的作业要求，自然无从领会也无从下手。我只好把要求提得更细致清楚些，比如内容包括日常阅读当代文学作品的札记，有关当代文学现象的访谈或思考，以及一篇比较正式的小论文。关于"书"的要素，我要求学生自己设计一个有特色的封面，有序有跋有目录，必要的插图，还特别要求有一个包含作者、出版者等信息的版权页。从开始上课布置下去，到课程结束时收上来，等于把平时作业这项工作分布到全程，而不仅仅是完成一个小论文。或许有人会觉得这样做是不是把平时作业的量增高了？我的看法是，并非增高，只是把学生围绕课程所做的事系统化集纳起来了。这样做的好处是提高了学生在一门课学习过程中的自觉程度和兴奋感，把被动写作业变成更具主动性的创造、设计和自我塑造。这是我把学生们的"著作"收上来拜读后形成的看法。我相信，谁看到这一本本精心编著的小书时都可能会想到这些。自然，我并不认为学生们的"著作"真达到了正式出版的水准。这只是一种有趣的作业形式，并未预先设置一个完美的结局。总之，我要说的是，即使如布置作业这样再平常不过的事，也有着不断出新的大空间。只要能使学生怀着愉悦去做有利于成长的事，既然能够避开庸常和机械，则何乐而不为呢！

我把这种作业形式延伸到我所担任的其他课程如"文学批评方法与实践"，也同样受到学生们的喜爱。但这也不是唯一的形式，对不同专业、不同课程和不同学生，作业形式自会相应调整。譬如给播音主持专业学生开设过一门"杭州文史览要"课，我给他们布置的作业就包括以班级为单位到杭州自然或历史文化景点考察并撰写报告这样的形式。

其实，我知道，有不少老师特别是青年教师，比我更善于打破常规去实施开放性教学。只不过，有的老师做这些事时未必声张，也未必会巧立名目去立个什么项目，或为了博得什么荣誉。在他们看来，这就是教师的本分，也是教师职业的快乐所在。是一种单纯的劳动和自我实现的快乐，无关升迁、利禄、荣誉……

正是在这里，也会暴露出教学管理部门在评价教师工作时的盲区，因为只要从教条而不是从实际出发，就会对那些默默奉献者熟视无睹。

我改变了什么？

我没想到，在浙工大讲授中文专业课程之外，为全校非中文专业学生开设"大学语文"，也是我的重要教学任务之一。记得2002年秋季开学，在学院招待新进教师的酒宴上，课程组负责人就递给我他编的《大学语文》（作品卷）教本，让我承担一些"大学语文"课。

此后，在我的从教经历中，增加了执教"大学语文"这项内容。

关于"大学语文"课程，我先后撰写过两篇文章。一篇以对话形式讨论"大学语文"作为一门课程的性质、功能等等，多少有点从整体上思考的性质。还有一篇属于教学札记，是某年学期末阅卷后有感而发，如实记录了我当时的所思所想。现在看还算活泼有趣，不妨粘贴在下面，以见往昔一撇：

　　一月九号星期六，乘早车赶到新校区参加"大学语文"监考。两个小时的考试，一小时后陆续有考生交卷。这是我本学期带的新生课，学生来自理学院"光信息科学与技术"专业，也有外语学院的选课生七八人。平日上课时，课间与坐在前排的日语班女生交谈，曾学会了日语"花见"的发音。

　　收完卷子，先后有男女生各一人跑来问我："这些卷子老师是不是亲自看呀？"我点头，且反问："有什么要求吗？"他们说："就是今天的作文写得特别有状态，自己很满意，老师不看有点可惜呢！"

　　十号一天，寒雨凄凄，伏案把一百零八份卷子看了。当然还记得男女二生的愿望，遂特别留意一番，却也没觉得有什么特别好处。可他们为何觉得写时特别"有激情"，不希望被我忽略过去呢？大概这就是不同主体之间对同一问题感受"不同步"现象吧？一篇作文，在作者自己，也许真是前所未有的"主体觉醒"，写作的瞬间就是他发现自我的转折点，因此导致某些观念、态度和习惯的改变；而在旁观者，总是将之置于一个群体进行比较，换了角度和标准，于是差异形成，水落石出，鲜活的个体自然就"泯然众人矣"。

为师者在教育行为中，若不从个人中心的角色摆脱出来，就难免自以为是、好大喜功。常犯的错误就是：或以偏概全，以拔尖生（或曰"精英人才"）的成绩评价自我，动辄以"伯乐"自封；以差生的水准加诸全体学生，一转而为"九斤老太"，遂有"一级不如一级"之慨。或以一个"平均分数值"替代不同个体之间的种种差异，形成刻板印象。

女生李瑭来自内蒙古，上课期间最早到前台找我"聊天"，节日也总是发来别致的问候。现在她写在考场里的作文是《我与文学》。她还用了副标题"于幻想世界中成长的我"。全文八段，先写"面对这样的题目，内心是一份欢愉。"因为"再也不用让自己的思维在一个框框内打转，更不用掩饰自己所写、所说的那些伤感亦无主题的词句，而是可以在这一张白纸上纵情地写些什么，说些什么。"

她写了最初面对"文学"的"恐惧"，写了进入林清玄"禅意"的境界后的美妙感受："在这样的安静的文字中，我似乎不那么害怕了，我微微地触碰'文学'那潭安静的湖水，只那样轻轻一点，一圈圈涟漪散开去，心灵激荡，我是怎样的兴奋啊！"写了南方道路两旁的"曼殊沙花"带给她的"文人的情怀"……由一行一行并不十分注意修饰的文字，看她捕捉到的"欢愉"、"一潭深及千尺的湖水"、"潮湿"、"郑愁予的《错误》"、"那炫目的红"、"花也是有灵魂的"等等的确属于文学的语言，是可以寻找到她那一份"幻想"的心灵轨迹的。原来这是一篇抒情散文呢！原来每一篇普通作文都可以见出作者的全人格、都值得细读呢！想平日对成百上千的学生作业施以"职业操作方式"处理，虽系无奈，实在也忽略了不少"心灵的震颤"吧?

男生楼骏,也常于课间上来"唠嗑"。此次作文选题为《浅谈大学语文对培养大学生人文素质的作用》,是出题人拟定的题目,"打了折扣"的论文。看得出,楼生认真而文字功夫尚嫌稚嫩,丢字漏字不少,致使文句不够贯通,但他用铅笔画了格子,书写绝不潦草。就文意言,他写了一个心理过程,用他自己的话说即:"但是在大学中生活的点点滴滴却慢慢引起我对'大学生'这个词的深思,以及对语文这门课看法观念的改变。"

"初入工大接触到大学语文这门课程时,开始觉得这门课没有什么作用,学分低,课时少,且对应试没多大提高,因所讲的知识点完全没有高中语文讲得详细,透彻。老师讲也不像高中那样注重知识点的讲授,而是一种起兴而发地由语文拓展社会、生活等多方面漂移式讲授。""漂移式讲授"是他对我授课方式的有趣而独特的命名,倒也难得。

"改变",似乎从对"好学生"产生的坏印象开始。"好学生"是就"能进入工大"的一般社会评价而言,因为在浙江本省,高考入学分数,浙大而外往往就是工大。坏印象是因入学后"频频出现的旷课、通宵打游戏、抄作业"现象而产生,"并且在期末前大家讨论的不是怎么努力复习备战,而是怎么舞弊作弊,什么小抄、手机、夹带缩印资料,花样层出不穷,眼花缭乱。"

他由此意识到"高中语文是门知识课,为了应试高中语文老师舍弃了对文学素养的灌输,而埋下了'暗雷'",最后表示大学语文作为"素质课",是为"找回我们本该具有却在高考之路上因轻视而遗失的人文之心。"

这个心理过程，或者犹嫌简略和浅显，却也可喜可贺。毕竟浸透了中国式高考的功利性汁水，要从头"启蒙"恐也不易。

现在流行"案例"一说，其实学生之于教师，或如患者之于医生，也不过就是一个个特别的"案例"，或显示病况，或流露才情，为师者必详查深究，一一制定方案，然后方可"因材施教"，引之导之。

从"案例"角度看作文卷子，一个总的印象是高考背景下的写作训练业已简化成八股式的流水作业。头头是道，结构完整，唯独缺少真挚的个性，我相信不少高考作文就是套用老师给定的框架才获得高分的，这大概就是所谓"应试作文"吧。我常常以"就业率"背景下的大学教学为苦，现在看来高中语文教师才真正难做。又要"素质教育"，又要应对高考，理想总是与职业背道而驰，此种痛苦岂非如五马分尸？

此次作文，多题单选，不少人选了《我与大学语文》，表达对上课的感受。对我而言，这些感受是一面镜子，让我看到了自己的长处与短处。我愿意在这里引录几则，以资思考。

孙梦瑶："这门课程陪伴我们的时间是短暂的，仅仅一个学期，今后便不再见。也许偶遇那讲话幽默风趣的有才的老师，才又想起那精彩纷呈的课堂来。但它之于我，却是一个引导者，让我重新拾起了对文学的热爱与追求，享受那共处的点点滴滴，体会到人文素养对我们现在乃至今后的重要性。"

李勇攀："大学语文老师很喜欢笑，这是明显区别于初、高中老师的地方，这也说明了大学语文课堂是在一种轻松、幽默的氛围下学习的，而初、高中课堂却要严肃得多。"又说："我觉得大学语文另一有特色的地方是没有作业，或者说没有要上交或者严格执行的作业。也许课后的阅读就是大学语文的'作业'吧。"

陶南杰："大学语文让我有一种耳目一新的感觉，这是中学时期没有的。相比于中学语文，这种耳目一新的感觉来源于全新的教育方式。完全没有压力，自由的教育方式让学习语文有了更多的趣味。"

谢志浩："听到老师说上语文课是件文雅的事，我的心仿佛被触动了下。是啊，事实本该如此。//大学的语文确实给了我这种感觉，开始我还挺反感，是一种惯性的作用吧。认为上课就该把知识点讲解下，该划的划该记的记，到最后自己去背清楚。但老师上课却没有如此。只是这么讲解下去，仿佛没有内容。一度想过，哎，这课怎么这样啊。没什么好听的，反正听不听都一样。//现在我想明白了，理解了，这不正是我想上的那种吗。大家可以有自己的观点，没有死板固定的模式，不用担心这个要考，那个要听写，上课很放松，是真的在自主地听。//当然这种醒悟也有点滞后，都大半个学期过去了才出现，想想都有些后悔了，浪费了这么多次课，浪费了那么多与语文真正接触的机会。//当然我们也有一个可爱的老师，他那对于上课点名的论断让我时时忍俊不禁：'语文课不点名，上语文课是件文雅的事，怎么能被点名这种粗俗的事破坏呢。'//学期结束了，语文课也就此终结了。有些伤感，有些怀念，但更多的是收获的喜悦。"

董瑜："我渐渐开始转变态度，原来大学语文可以这么学。上完第一次课，我就觉得这样的语文课蛮不错的，没有了从前的压抑，一切变得那么轻松、自然。不能说我爱上了大学语文，至少我开始有了那么一点好感，有了那么一点点的喜欢，喜欢坐在前排，近距离地聆听，喜欢听老师讲课，说关于语文的一切，喜欢分享观点，一起讨论见解、看法。"

徐祥娟："大学语文，大概是人生中最后一次正式地上语文课了吧。我很欣慰自己在这最后的机会中渐渐地对文学产生兴趣。老师上课很轻松自然，我再也不必为了考试而学习。觉得中国文学的独特与耐人寻味，每周一次的大学语文课，让我为之期待，也很有兴趣在课下找书看。很多人喜欢看手机小说，我从未感兴趣过，我还是倾向捧着本书的感觉，拿支笔，读到感情涌上心头就把想法写在书两边空白的地方。读《红楼梦》，惊叹作者如此伟大的构思与才能，把人物形象表现得淋漓尽致，王熙凤那般精明，宝钗处事又是何等圆滑！每天不读几页书，就觉得心里缺少点什么。为自己这种迟到的启蒙高兴！""我要真心感谢大学语文，这门课的开设，这门课老师独特的教学，让我感受到了一直存在自己身边却从未感受到其美丽智慧的中国语言的召唤！在慢慢地进步着！"

赵振桦："不用学生为了考试而学习、而发愁，这是大学语文不同于以前的语文教学，也是大学语文的优点之处。我希望语文的教学过程，每一次都是对心灵的净化，每一次都是让人感动的过程。""我也明白，在如此大的社会洪流中，仅靠大学语文来拯救人性，是远远不够的。但我还是希望大学语文能够燃起第一把火，带来哪怕一点光明、一点希望，都是如此的宝贵。"

还有一位学英语的孙迎，提到我在课堂上"推荐过几部作品"，她（他）就以对这几本书（《红楼梦》、《北京法源寺》和林语堂的《苏东坡传》）的阅读谈"对文学的理解和感受"。不错，我是推荐过这三本书，除此之外，我还推荐过雨果的《悲惨世界》和罗曼罗兰的《约翰·克里斯多夫》。我想，应该就如何向学生推荐阅读书目做些思考，以便提出更有效的阅读方案。

如人饮水，冷暖自知。其实我也知道，我所做的工作还是极其粗线条的，也许有个"人文主义"的核心价值观吧，但运作起来往往不过是"跑野马"，热衷"点评"而缺少对文本的"细读"。这可能和我的文学教育观念有关，对于非专业的教育对象，我以为文学"到阅读为止"，为师者所要做的第一桩事就是使受教育者产生阅读欲。这个阅读欲产生不了，其他一切都免谈。

即如上述几位学生所言"改变"云云，无非是因为中学阶段的"应试语文"把人对语言、文学、人性的感觉彻底消解了，乍然回归本性，苦海无边，回头是岸，一下子倒不知是真是假。不过这种"惊梦"之感，也证明高校虽也问题成堆，毕竟比中学略高一截，我也万幸保持着一些清醒和自觉，一点启蒙的梦想。

可是问题在于，升学的焦虑没了，就业的压力却又来了，它同样不能让人真正平心静气地进入"大学状态"。这些刚刚跨进校门的一年级新生所吐露的心声，究竟能保持多久呢？

人心与社会，应该先改变哪一个呢？

2010 年 1 月 11 日朝晖楼

再说"大学语文"

上面这篇札记，可以看作"大学语文"课留下的某种回声。另一篇对话体的《语文论》，是为参加全省"大学语文"教学研究会年会而撰写的。之所以用了对话体，是觉得话题太重，论文的形式又太虚，倒不如虚拟一个对话的场景，把要表达的意思"对"出来。实际是自问自答，所谓有客来访云云，假托而已。

文章的内容不复述了，好奇的朋友可以翻到后面看看。这里再说说讲授"大学语文"过程中自己对讲授内容的理解和处理。

二十世纪八十年代的"大学语文"课虽说有为中小学语文基础不牢的大学生补课的性质，其渊源似乎可以上溯到民国时期的"大一国文"课。从国文变成语文，中间有断裂，有时代性的差异，可也有呼应。所以自八十年代开始新编的《大学语文》教材尽管存在具体选目的不同，但以古今文史经典作品选讲为基本内容的编写体例是相近的。当然这话也可以倒过来说，尽管基本的编写体例相近，但课文的具体篇目是有所不同的，这是强调"差异"的一面。理解这一点，只要把八十年代初徐中玉主编的《大学语文》与近年重新整理出版的陈垣编《大一国文读本》、抗战时期的《西南联大国文课》略作比较就清楚了。

浙江工业大学本来就是以理工专业为主的高校，"大学语文"就是由基础部负责安排、面向全校理工学生的公共基础课之一。有浙江大学出版社出版的自编教材，分两册，一册叫《大学语文文学编》，另一册叫《大学语文写作编》。文学编相当于通行的作品读本，写作编相当于应用写作教材。平心而论，由毛信德教授主编的这套教材还是有其新颖、独到处的，一是将文史作品直接调整为文学作品，无形中将大学语文的"语文"性质向文学作了延伸；二是文学阅读与应用写作并重，也增加或强化了写作训练的分量。如果执行得保质保量，效果应该也会不错。

但在实际教学中，教学目的如何实现，教材又如何根据不同执教者的专业特长使用，具体说就是"文学编"部分如何向学生讲授，常常还会遇到某些问题。

由于工大大学语文课程负责人本人归属外国文学学科，即他本人主讲和研究外国文学，这就给他主编的《大学语文文学编》带来另一个特点：在通常的古今体例基础上又新增了中外的区分，虽说外国文学占比相对较小，但毕竟有了份额。如此一来，我们的教材不但突出了文学，而且自然而然地呈现出由古至今、由中到外的线索，即：中国古代文学、中国现当代文学和外国文学三个板块。

在年复一年的授课中，我自己也在不断作出某些调整。逐渐由被动执行这个计划而慢慢意识到，与其使古今中外三个板块彼此孤立、也就是互不关联地出现，还不如打乱这个三分法，而使之按照历史线索形成一个有机体。也就是打破中国文学和外国文学的界限，干脆以世界文学史的框架来容纳我们要讲授的文学经典作品。这样做，不影响原先选定的课文，却增加了文学史的宏观轮廓，中国文学成为世界文学的一部分，就可以从世界文学史的背景上理解中国文学的特质了。

体系化的想法，是在教学实践中逐渐明确的，也跟此前与外校同行的一次谈话有关。新世纪之初的几年，浙江省大学语文教学研究会坚持开年会，我参加的就有绍兴、台州几次。有一次年会与浙江美院一位年轻同行住一起，会聊起彼此上课的事，他就跟我讲到给学生一个体系性知识的想法。但当时我还无从想象这个体系性的概念，后来在自己的教学中倒慢慢意识到了。或许，世界文学史的大框架就是体系化的一种呈现方式吧。

最初教大学语文，教师往往从自己便于驾驭的角度选材。也因此，由课程负责人制订的《教学大纲》就难免打折扣。因为中文专业教师都有自己的专业课程，必然会导致有的教师侧重讲古代文学篇目，有的教师侧重讲现当代文学篇目，担任外国文学课程的教师当然也会有所侧重。我开始也只能这样，现当代文学讲得多些，古代文学和外国文学要选自己相对熟悉的讲。但后来多数篇目熟悉些了，对自己也提出了一点挑战性要求。就是借讲授大学语文机会把古代文学和现当代文学打通，同时把中国文学和外国文学打通。所以有一年备课时我就有意识地抛开课本中的块状结构，按照历史的纵的线索重新编制要讲的篇目。这样一来，就把课本原先的次序打乱了，希腊神话、古希腊罗马文学和中国神话、先秦文学排到了最前面，我最熟悉的中国现当代文学反而放在最后面了。而且中国文学，无论是古代文学还是现当代文学，都自然而然地穿插到了世界文学的脉络中。

这个调整对我的文学史知识框架冲击极大，几乎是一次颠覆性的重构。因为原先按照中国古代文学、中国现当代文学、外国文学的块状课程搭建起来的文学史往往是各自孤立的，彼此之间似乎毫无呼应或关联，这暴露出中文专业课程设置、至少是文学史讲授中一个缺陷，即在注重分工的时候严重忽略了文学史的整体性和有机性，教师的知识结构和文学史想象也受到限制，只有自己鼻子底下的局部文学史，而没了系统性的"大文学史"——也许这正是形成大学教师"术业有专攻"优势的同时又难免出现盲人摸象、各人自扫门前雪现象的原因吧。

当我把大学语文中的文学篇目"归位"到一个系统化的世界文学史里面后，我终于对中国文学在世界文学中的位置有了一个更清楚的认识，中国文学的成就和不足在这样的历史链环中一目了然。这样的观察方式，算不算比较文学范围内的话题呢？

我把这个世界文学史框架的大学语文文学编以PPT方式呈现出来，在课堂上展示给理工专业的大学生。从古希腊神话开始一个学期的世界文学之旅，我能从学生兴奋的眼神里看到他们的惊讶和愉快。

但这也未必是唯一的知识组织模式，事实上我不断在尝试构建不同的知识系统。还在世界文学史模式之前，我还尝试过大学语文的文学主题系统模式。其特点是以文学主题方式统领大学语文教材中的文学作品。如将古希腊悲剧《俄狄浦斯王》、中国现代戏剧《雷雨》和当代散文《我与地坛》纳入一个"人与命运"系列；将莎士比亚名剧《哈姆莱特》和曹禺戏剧《原野》纳入一个"复仇"系列；把希腊史诗《奥德修斯》和中国小说《西游记》、《围城》纳入一个"旅途"系列，诸如此类还有爱情、乌托邦、异化、成长等主题系列。

在我看来，每一门课程都包含着丰富的智识（不是知识！）、情感、道德、文化元素。将这些元素挖掘并重新组合然后使其与学生自身潜在的灵性对接并发生化合反应，进而升华至新的层面，是教师的职责与快乐所在。从这个意义上说，教育的天地辽阔无边。

之江学院

在我作为人文学院在编教师为该院及全校其他院系讲授不同课程时，有一个学院相对更特殊一些，那就是浙工大下属的独立二级学院——之江学院。

之江学院的前身最早是杭州机械专科学校，1960年在杭州西南郊的转塘始建。几年后计划压缩，由大专改为四年制中专，校名也改为杭州船舶工业学校，隶属于中国船舶工业总公司。后来停办、改工厂、再恢复，二十世纪八十年代中期完全恢复正常。但到了九十年代却又并入浙江工业大学，1997 年改校名为浙江工业大学之江学院，成为浙工大的独立二级学院。

我 2002 年来工大后，就给我安排了之江学院人文系的课。因为那时候之江学院各个系师资极有限，从中专改办本科自然并非易事，任课教师大多从浙大和浙工大校本部"外聘"。就连各系的学科负责人甚至系主任也往往由浙大或浙工大的教授兼任，比如外语系学科负责人是浙大一位老教授，系主任则是校本部外语学院陈文光副教授。人文系学科负责人由校本部毛信德教授兼任。当时我太太随我调入工大后，人事关系虽在校本部，工作关系却安排在之江学院外语，陈文光老师以系主任身份出面考察和接受的过程，我都了解。

人文系给我安排课具体由系主任和教学秘书执行，但去之江学院授课这事应该与学科负责人毛信德教授有关。这样，我和人文学院的多数教师实际上就同时也成为之江学院的教师。从那以后，我长期承担之江学院人文系（后改为人文分院）中文专业的现当代文学课程，直到很久以后，我的课才减少下来。

从第一次和我太太到之江校区接洽工作，我就喜欢这儿的环境。这儿地处杭州西南郊，杭州机械专科学校 1960 年初建校时，还都是农田，1961 年才建起第一座教学楼。而学校所在的这一带乡村，从前是钱塘县的地盘，民国时期属于杭县。清代本地人张道有《定乡小识》一书，专记包括今转塘、龙坞一带的山水民俗，现代作家郁达夫在散文《龙门坎记》里提到过该书。定乡一词，出自古钱塘江边的定山，实际上这里还有一个叫得更响的名字泗乡或上泗。这些事说来话长，总之这一带东为钱塘江（富春江），北邻九溪、五云山、梅家坞，南有铜鉴湖和风水洞，西接小和山以及留下西溪，谢灵运、白居易、朱熹、苏轼、范仲淹、张孝祥都曾涉足此地且留下了诗文。譬如白居易和苏轼各有一句诗曰：风洞水穴旧闻名（白），追君直到定山村（苏）。

而现名转塘，据说与唐代诗人崔国辅的《宿范浦》诗有关，诗曰：

> 月暗潮又落，西陵渡暂停。
> 村烟和海雾，舟火乱江星。
> 路绕定山转，塘连范浦横。
> 鸥夷近何去，空山临沧溟。

记得第一次坐校车来之江校区，就感觉这个依山临水的狭长校区环境好，对临河的住宅楼也特别喜欢，做过在这儿买房住的美梦。这一带虽说整体还属乡村，但从中国美院新校区、宋城景点、阳明谷和景月湾等高档住宅区选址于此的事实，可以想见杭州市对这一带的长远规划。如今，这一带的确已是名副其实的之江新区，被定位为杭州的文教新区。中国美院、浙江音乐学院、浙江博物馆和图书馆的新馆，以及浙江文学院和著名的云栖小镇都在这里，地铁六号线更是经由之江新区把老城区和富阳新区连成了一片。

说来不可思议，2009年我竟然有机会买下校园中一套单元房，2010年五一节从朝晖浙工新村搬家至此，一住十一年了。

作为独立二级学院，之江学院财务、招生、办学皆有独立性，属于本科第三批次全省招生，收费较高。其定位很明确，就是面向社会需求培养应用型人才，即使中文专业的学生，毕业后也要首先考虑就业问题，但每届也总会有一两个学生通过推荐或考研转入校本部继续学习。故而我在之江教过的学生，往往又会在人文学院课堂里再次遇到。碰到这种情况，我就知道该生是由于学习成绩好而被选拔到本部来了。大抵说，之江学生给我的印象是，专业上不如本部的学生精深些，但学习的热情，尤其是投入社会创业的热情似乎更高。我后来住在之江校园里，每天看到学生们往来于教室和宿舍之间熙熙攘攘、热火朝天的样子，就会想到这一点。

我在校本部人文学院所教的"中国现当代文学"课程，因为人手多，就分为两个教学组。一个组侧重讲现代文学部分，另一个组则侧重讲当代文学部分。当代文学部分长期由我一人讲授，很久以后才有个别同事分担一个班。而之江学院由于师资紧张，在大约十年的时间内，现、当代两部分都归我讲，各讲一个学期。搬家到之江前，都是从朝晖校区乘校车往返，路线是从上塘高架沿钱塘江边的之江路到转塘。开始几年杭州交通状况尚好，二十多公里路程一般二十五分钟就够了。后来上塘高架不让大巴通行了，于是路上花费的时间越来越长，司机也不断变换线路，最后改为绕行环城东路和江城路，那就往往需要五十分钟以上了。

但钱塘江边长长的之江路段一直还算通畅，一路除了钱塘江，还有白塔、六和塔、九溪、宋城可看。赶上钱塘江涨潮，会遇到潮水淹没珊瑚沙那边丁字坝甚至直接扑上岸的时候。

再说之江学院。这个校区原先后面不远就是山，校园里一座小山应该就是后面大山延伸过来的。但后面陆续新建了景月湾、阳明谷这些住宅区，西面又开辟出一个叫作"未来世界"的大型游乐场，中专底子的校区在高校评估中出现了因面积不达标而两度亮黄牌的情况。学校无奈，遂有扩校或迁校计划。附近已无地可扩，便与最近的富阳协商，也未谈成。倒是绍兴柯桥区愿意划地引入高校，双方谈妥，就在柯桥新建一所校区。在2018年，之江学院正式搬过去了。

之江学院迁校对我个人也有点影响。我在之江买二手房居住原为校园有食堂和运动场，停车也方便。学校搬走后食堂、图书馆都关闭了。原先往返于之江和屏峰两个校区的校车也停开了。校园一下子沉寂下来，只有校内工厂和宿舍区还正常，不知道以后这里究竟派何用场？

第七章　入浙续记

蓝青、海韵及其他

蓝青、海韵，都是工大学生文学社团的名字。蓝青为人文学院2002年新办，海韵则是全校性的文学社，据说二十世纪八十年代就有了，而且是浙江省内高校影响较大的大学生文学社团之一。

海韵文学社的鼎盛期我未经历，只从别人口中了解到其曾有的辉煌。我最先知道的是蓝青文学社的《蓝青》社刊，并担任指导教师。在应邀为第一期《蓝青》撰写卷首语时，我写了下述一段话：

> "蓝青"是众多校园文学社团中一个极其普通的成员。在她尚属短期的发展史上，自然没有所谓惊天动地的戏剧性辉煌成就，留下的还只是几个平常但却扎实的脚印。
>
> "蓝青"，寄托着一群大学生作家温馨的梦境。
>
> 这群满怀创世纪激情的校园诗人，置身在阳光特别饱满、雨水特别多情的江南沃土，置身在无数骚客先贤曾经歌哭歌

笑过的灵慧之乡，实属得天独厚。惟愿青春的梦想做得更绚烂，青春的视野放得更辽远，青春的脚步迈得更坚实。

"蓝青"，意味着一个富有个性的文学品牌的蕴育。阅读那些发表和未发表的众多作品，心灵不禁为之颤动。极具弹性和禅机的语言，对当代生活鞭辟入里的剖解和反思，鲜活、特异而又充满包容性的观察视角，在在表征着生存的愉悦和无奈。世界极大而又极小，灵魂极小而又极大。对这样一个空前繁富而又空前贫乏的时代，以充满才情的语言给以诚挚的文学表述，将构成"蓝青"独具怀抱的色调。

因为有梦想，所以有激情。

因为有个性，所以有生机。

2003 年 5 月 22 日朝晖楼

从落款"朝晖楼"看，当时我已从校内研究生楼搬到校外潮王路对面的朝晖六区浙工新村 64 幢 1 单元 201 室。那时用科研启动费买了一台组装的电脑，写点东西已经比较方便了。

大学文学社团及社刊，从教学角度看无疑属于"第二课堂"空间。但若从文学自身看，又一直是现代大学的一个传统和文学生产的一个极重要来源。作为讲授中国现代文学史的教师，早在泰安时就常和学生讨论这个话题。那是因为看到二十世纪九十年代的大学生越来越"现实"，似乎完全丧失了理想，不再像八十年代的我们那样几乎人人有对文学的憧憬，才引发了我对现代文学发源于大学校园现象的思考。的确，对文学的热情，往往并不仅仅是对文学本身的爱好，而更是关于梦想、理想、青春和浪漫的认同或沉醉。

五年之后，另一拨学生编辑让我为《蓝青》写段话，我写道：

173

蓝青文学意味着青出于蓝而胜于蓝，意味着青春的活力和语言艺术的魅力，意味着生命的丰富和质量。我陪伴蓝青文学从幼笋出土到倚天独立，陪伴一茬又一茬文学社员在这个灵魂的后花园里歌哭歌笑，深以为幸。我祝愿蓝青文学永远保持青春的冲动和生活的热情，祝愿这块园地永远以其葱茏的绿意为浮躁、功利的时代充氧，祝愿更多的后来者走入其中，一方面陶冶情怀、磨砺心智，一方面莳花培土，做幸福的园丁。

张欣　二〇〇八年四月十三日

在此之前，我也以指导教师资格，应时任海韵文学社社长胡旭峰的要求为某期《海韵》写过卷首语。在这个卷首语中，我把问题提到一个较为宏观的位置给予论说：

现代大学并不承担培养作家的职能，但是回顾20世纪中国文学发展的历史，可以看到有三种新兴文化制度对文学产生的巨大推动力量，一是大学文化制度，二是新闻文化制度，三是出版文化制度。

说到现代大学文化制度对新文学发展的影响，最主要的表现在这样一些方面：跨文化传通背景与学术自由传统对现代文学观念的催生，文学知识分子的文学课程、文学翻译与文学沙龙对文学学院传统的培养，以及开放、活跃的校园空间对现代作家生长环境的保证。

在20世纪前半叶中国文学发展史上，有四个由大学文化催生的规模巨大的创作群体不容忽视。他们分别是：20年代初期由留学日本的大学生构成的"创造社"作家群，稍后于"创造社"在北京形成的以留学英、美的大学生为主体的"新月社"作家群，30 年代在清华大学西洋文学系浓厚的戏剧氛围中形成的以王文显、李健吾、钱锺书、曹禺、杨绛、陈铨、张骏祥为代表的作家群，抗战时期在昆明西南联大简陋的校舍里形成的以强劲的势头埋头于现代诗创作的诗人群体。

50 年代和 60 年代，大学成为对知识分子进行"改造"的"前沿阵地"，大学文化仍然对文学产生影响，但由于文化性质的改变和"左"的政治力量的控制，这种影响更多地体现为一种负面作用。60 年代由大学生集体撰写的以"阶级斗争"为基本线索的各种"中国文学史"和此后大学生对教师资产阶级学术观点的"大批判"就开启了这样的传统。在"文革"后期，大学更演变成"阴谋文艺"的合作者。直到 80 年代，大学作为先进文化载体的传统才重新得到恢复。20 世纪后期，波澜壮阔的文学新潮无一不是首先自大学兴起。

"海韵"即诞生于那个百废俱兴的时代。可以想象，在那个大学生被视为"时代骄子"而又的确充当着时代先锋的时代，"海韵"曾经闪烁出多么璀璨的光辉。

20 个年头转瞬已逝，孕育"海韵"的浙江工业大学几经飞跃，以自己虬劲的身姿跻身于全国高校"百强"之列。那么，曾经一度辉煌的"海韵"又将以什么新面目出现在 21 世纪呢？

伸出海的臂膊，张开海的胸襟，发出海的呐喊，加入海的韵律……

你的美令人目眩神迷。

但正如在泰安时一样，对学生文学社团的支持也仅限于这些多少带点仪式性的题词或发言。回顾民国以来大学学生社团与教师之间关系，似乎也大多如此。可是，尽管此种形式略显表面化和仪式化，却也构成了大学校园文化某种固有的景观，一份优良的师生互动传统。

文学社之外，浙工大的校园文化气氛给我的印象一直是相当活跃。我不太清楚是什么因由形成这么活跃的气氛，是浙工大学生整体素质的自然发散？还是江南文化特质的某种显现？总之无论我在朝晖校区还是在屏峰校区，甚至包括被称作"三本"的之江校区，每年新生入校之后的学生社团"纳新"，都往往以其热情似火、热火朝天的气势给我留下深刻印象。朝晖校区的"蓝桥"上，屏峰校区生活区主干道和之江学院学生食堂前，都是学生社团摆摊儿招兵买马的地方。每当新生入校之后，这些地方一连几天如同集市，临时搭起的帐篷和各种颜色的社团横幅之下，老生与新生在忙着咨询、洽谈，意向明确后就登记填表。刚刚入校的新生对任何社团都满怀兴趣和期待，有时会连报几个不同的社团。

自然，随着学习生活的开始，尤其是进入大三之后，新生变成了老生，自然而然地也会不断调整着自己的社团归属，并在这个不断调试、调整的过程中让自己发生微妙的"蜕变"。无疑，加入什么社团，退出什么社团，这些都应该是大学生活的常态，是学生发展自我、提升自我、优化自我的自然程序，一个善于认识和把握自己的人会在这个过程中获得成长。

浙工大不同专业的不少老师，往往就在这样的气氛里成为学生们殷殷期待的课外导师。为了不让学生失望，我一般不愿意推辞。只是随着工作压力的增大和种种不便，一种力不从心之感慢慢滋生，有些必须到现场支持的活动只好不得不婉谢了。

这就不能不讨论到一个问题，即教师指导学生课外活动和他自身工作的冲突、矛盾问题。

这样的冲突、矛盾应该是既长期又普遍，而相对于二十世纪八九十年代，如今这种冲突和矛盾已变得格外严重，问题也就显得尖锐了。

何以这样说呢？

因为高校的整体状况、运行机制较之八、九十年代，早已发生了令人不可思议的变化。市场经济似乎已堂而皇之地成为高校超常规发展的动力源，从前相对宁静的高校越来越像一个知识超市和人才工厂。教师成了生产流水线上的工人，又计时又计件的考核制度也使他们的工作状态不复从前了。加上工作成本（交通、时间、设施等）的提高，使得教师面对正常工作之外的教育服务，不得不有些踟蹰了。

具体言之：八、九十年代，学生社团课外指导同样是奉献，不计工作量。但彼时教师教学与研究工作相对单纯得多，压力小，参加一些力所能及的学生指导工作不觉得吃力。被学生请来的教师往往又是学生喜爱、信任的教师，参加这样的指导可能还有一份荣誉感。但新世纪，教师的职称晋升、岗位聘任都有了强度很大的量化要求，如果教师课外指导活动不纳入教师工作考核范围，则相形之下，被学生喜爱、信任而受邀请参加课外指导工作无疑等于加重了负荷。尤其是，学生越喜爱、越容易被请来的老师，负担会越来越重。如此旷日持久地被喜爱、被信任、被邀请，意味着什么呢？

言至此，忍不住想多说几句。学校教育从来不是只有课堂一条途径，整个校园文化对学生的潜移默化之大，只要想想清末民初时期老北大和新北大校风对学生的不同影响自会知晓。以故，学生社团活动和教师的指导、介入皆为题中应有之义，理应纳入学校教学工作范围内予以统筹规划和安排。学生可以通过社团等活动获得相应学分，教师的参与和指导也应该纳入工作考核范围。照实说，在很长一段时间内，这事没有处理好，势必造成教师对学生课外文化活动的疏离，而对那些积极支持、参与指导的教师则意味着不公平甚至伤害。这种疏忽实际上是一段时期内高校管理过于功利化、教学与研究之间失衡的表现，本质上还是对教学工作的轻忽。近年此种情况有所改观，学院年终工作量统计增加了课外指导学生的内容，健行学院的学生读书会指导和学术讲堂也略有课时补贴。但似乎还是初步的，粗线条的，很希望进一步细化和完善。至于给教师支付合理的报酬，是对教师工作的最基本尊重，应与"向钱看"无关。

初来工大时，应某学生组织的要求给他们做过一个关于金庸武侠小说的讲座。为了准备这个讲座，我着实忙了一阵，恶补了不少从前没看的金庸作品。那段时间金庸武侠小说颇受学生欢迎，朝晖校区有个出租图书的书屋，大多为金庸作品。我因为住研究生楼，得以近水楼台借他们的书看，看得眼睛生疼。前两年应上海作协某杂志邀请，组织人文学院学生参加"返乡画像书写"，以我上课的班级为主建了一个微信群，在学生数十篇稿子中遴选出十余篇推荐，学生的作品被杂志社以公众号形式推出和传播……辛苦是辛苦，欣慰也足欣慰，而且做这些事，岂不也包含着某种自我满足？

写到这里，原先无意中粘贴到文稿中的四行句子又突兀地出现在眼前。明明知道它们跟今天写的社团指导并无直接关联，而只是我个人在 2005 年底偶然一点人生感悟，却舍不得删除。既如此，就让它们留在此处作为一点小点缀吧：

> 人生要有几个可以倾心的朋友；
> 床头要有几部常读常新的旧书；
> 眼前要有几处赏心悦目的风景；
> 心底要有几行平淡自然的诗句。

教学督导

人文学院与艺术学院"分家"，从邵科馆三楼各自搬家到新落成的校内最高建筑物——上塘河边的新教楼，人文学院搬到第11层，艺术学院搬到第10层。

独立出来的人文学院，教学管理有了新的安排。孙力平院长提出由我担任学院教学督导组组长，和另外三位老师负责本科教学的督导工作。

教学督导不是高校教学管理的二级独立单位，分属于校教务处和各学院。而在我印象里，教学督导员仿佛是个荣誉性职位。在山东时，往往是学校中层教学单位的负责人——比如系主任退职或退休后被学校返聘为督导员，过渡几年后再体面地淡出。我那时年轻，对这些事不怎么留意，也不觉得教学督导是个什么重要的事情，最多就是偶尔被某位督导员听一两节课而已。

如今我才四十出头，远未到退休年纪，何以做起教学督导的事了？心里虽有点嘀咕，却也不好推脱。

起草了一个工作条例，做了一个学期的听课计划，和几位成员也商议几次，于是工作开始了。

但是回想起来，又总觉得作为一项常规工作实在空泛得很，没有什么值得一记的。也许当时做的时候，就有点例行公事的感觉吧？说来也是，教学，无非就是教师的"教"和学生的"学"，课上也好，课下也好，教师与学生的全程互动构成了完整的教学。除此之外，教学督导的必要性在哪里呢？

说实话，当时因为没有充分的思考和准备，实际工作中的确就是相当被动地把教学督导当作一项不能没有而又意义不大的事务应对的。事务，应对，这两个词总算比较准确地表达了我的状态。

事情已过去多年，我不能添油加醋地给自己脸上补粉，是怎样就是怎样，勉强补上些粉也会显得很假。

之所以觉得教学督导在可有可无之间，就是照"规矩"不得不设，而实际做起来又有点虚。比如"督"，常规做法就是通过听课和学生座谈会了解教学过程是否符合规范或要求，教师和学生的迟到、旷课、讲授与学习等情况，具体涉及教师仪表、维持课堂秩序、是否点名、讲授方法和学生听课的人数、状态，等等。常言道"旁观者清"，听别人的课的确更能看出某些方面的不足。譬如教师的衣装打扮、面部表情甚至讲课声音、节奏，以及是否需要板书以及板书的形式，这些平时自己往往无从顾及的细节在听课时反倒很能注意到。当然一般情况下不一定向任课教师提出，但若觉得极有必要提醒一下，也会在课后与教师作短暂交流，老师们通常都会很愉快、很友好地接受。杭州人做事考虑周全、细心，需要听课时，一般会事先电话通知被听课的教师，不便联系时也会在上课前几分钟与授课人打个招呼。总之要尊重教师，不让人觉得随意和突然。事实上，一般而言，老师们授课风格或有差异，主观态度总还是认真的，偶尔的失误或考虑不周在所难免。如果听课人遇到类似情况而如临大敌、忙不迭地上报甚至直接耳提面命地实施批评权，在我是觉得太过唐突的。自然，无论是教师或学生，也确有一向大大咧咧、马马虎虎甚至违反教学纪律而出现"教学事故"者，那就另当别论，按规定处罚就是。做过几年的教学督导，我的看法是：很多时候，教学监督更像一个警戒机制，譬如马路口上的红灯黄灯，目的就是给师生们提个醒，起个警示作用。惩罚虽说不可避免，但更重要的应该是防患于未然。防患于未然，再加上善意与恰当的提示或建议，那就是"导"了。

记得读过一本民国北大教授钱玄同传记，对他不循常规上课疏于点名、期末考试懒于阅卷的事印象很深。做过他学生的张中行回忆："期考而不阅卷，是钱先生的特有作风，学校也就只好以特有应对，刻个'及格'二字的木戳，一份考卷封面盖一个，只要曾答就及格。"就此张中行表示："考而不阅卷，同样是认真负责的一种表现，因为钱先生治学，一向是求实求高，课堂所学是入门，考和评分只是应付功令，与学术了不相干，则认真反而是浪费，不如处理他堆在手头的。"对钱玄同先生的特立独行，北大能接受，在教会办的燕京大学就行不通。考卷交给学校遭退回，但还是不看，再遭退回，如是三番。学校依照学校制度制裁，说不判考卷，即扣发薪金云云。对此，钱先生乃作复，并附钞票一包："薪金全数奉还，判卷恕不能从命。"

这当然是教育家的佳话，不好放之四海而广之。但这其中包含的某些道理——有些认真反而可能是浪费，似乎也值得重视。规章制度，包括所谓教学纪律当中某些过于机械、死板的要求，是不是也一定要不打折扣地执行？教师、学生某些并不过分的个性风格是否可以给予包容？教学督导员不善于做沟通而只长于"抓现场"是否督导的本意？这些似乎都是可以斟酌一番的。

说来也巧，在做学院教学督导不久，又通知我兼任学校教务处的教学督导员。当时校督导组换届，在子良楼四楼会议室开会，由负责教学工作的副校长给督导员们颁发了聘书。这样，在学校督导组又做了四年。

在学院我是督导组组长，基本是例行公事，到了学校督导组就大不同了。一是阵容大，差不多每个学院都有一个人，涉及到各个不同专业，退休的与在职的各占一半；二是组织健全，一位组长、两位副组长分别是信息学院和理学院退休的老教师，加上教务处教学科的人，文科理科分工作业，经常性地开会交流情况。

每学期还会组织一次校外交流活动，现在记得的就有柳浪闻莺茶楼和茅家埠的聚会。

最初听课、教学秩序检查并没分文科理科，只规定了每人每学期的工作量。即退休人员听多少课，在职的听多少课之类。记得我在朝晖校区新教楼和屏峰校区听过建筑学院、材料学院、药学院、外语学院不少老师的课，内容当然不懂，只是从组织教学的角度听听看看，这差不多还是有点例行公事走走过场。后来调整为文科对文科，理科对理科，让我侧重联系艺术学院和政管学院，形式则包括召集教师、学生座谈会听取意见建议，常规听课，期中、期末考试检查，毕业环节工作抽查等等。我做这些事情也蛮顺利，两个学院对我都很支持。教学秘书总是主动与我保持联系，我有些事也往往会请他们帮忙。譬如到艺术学院与青年教师座谈，教学秘书要提前安排好人员、时间、地点，再通知我。这也很繁琐，特别是参加座谈的教师平时都不坐班，为了开会要专门来学校一次。但集中座谈效率高，往往能听到教师、特别是青年教师的心声，所以也还是值得的。前面说学院教学督导，我竟把座谈会这事给忘了。其实那时给学生开的座谈会着实不少，特别是新学年第一学期期中给新生开的座谈会往往很有收获。大学生刚入校不久，困惑、困难多是实际情况，我总把院长也叫来听学生的意见。以我作为教师的体会，实在觉得平日很少有向校、院职能部门提意见建议的机会，学校也只在每年年终才有一次仪式性质的教师座谈会，能参加座谈的也多为被指定的"形象大使"，而不是一线普通教师，这怎么可以得到真实而全面的反馈呢？

我渐渐感觉到某种困惑与无奈。我发现自己总会不自觉地站到为教师"辩护"的位置，对某些督导条例或某些同事的意见表示怀疑。比如常常会听到对某位教师坐着讲课或没有板书的质疑，我就理解不了。站着讲！当然，这是现代大学的传统，任教以来我也一直是站着讲的。不过，也有例外，连续三四天的外出函授讲课就不一定了，不得不坐着讲。但不管怎么说，我以为这完全是教师自己的事，督导组在这些事上纠缠实在是捡了芝麻丢了西瓜。某些教师坐着讲课，原因不外两点，一是因身体不适临时需要，二是环境因素所致。所谓环境因素，就是工大朝晖校区新教楼教室采用的多媒体设备，讲桌统一设计成了坐着操作的矮桌子，如果用多媒体设备讲课而一定要站着，那就很别扭。我也在新教楼上课，知道怎么回事。除了讲桌的问题，其实新教楼还有个情况，就是头顶正好是航空线，一天到晚不时会有飞机呼啸而过。噪音极大，讲课不得不中断一两分钟。

其实，就算方便站着讲的讲桌，我还是认为讲台上配把椅子是必要的。教师用不用另论，椅子放那儿体现的却是对教师的关切。后来，我看到屏峰校区的教室讲台上果然增加了可升可降的转椅，觉得工大更可爱了。

选修课与通识课

我在师专读书时没有"选修课"一说。这当然与专科学校的短学制有关，即两年时间仅相当于本科院校的一半时间，开设选修课的空间极小。至少，到我自己有意识地开设选修课时，已是二十世纪九十年代。原因是自己做了父亲，突然"发现了"儿童文学，随即又发现一个在我看来十分重要的问题：泰安师专作为培养初中语文教师的师范学校，竟然没有儿童文学课！

出于对父亲角色和师范教育的双重"觉悟"，我打算向系里争取开设儿童文学选修课的空间。觉悟来得虽然够迟，但既然有所觉悟就尽量弥补吧——这样我就在 1992 年下半年为中文系学生开起了《儿童文学》选修课。这个课程的名称过于简略，是因为当时拿捏不准该如何定位课程的层级和容量，既非儿童文学史，亦非儿童文学作品选讲，实际讲授中就采用了非系统地、以儿童文学作家为题序的做法。比如第一讲是关于儿童文学的基本概念，下面就是安徒生童话、王尔德童话、贝洛尔的"鹅妈妈"了。当时国内郑渊洁的《童话大王》正热，《舒克和贝塔》动画片也在热播中，我从郑渊洁童话中感受到强烈的现代感，那种对人、对儿童、对生命本体的尊重以及轻快幽默的风格很对我的胃口。我不但在课上介绍其作品，还在期末考查时选他的一个短篇童话做论述题。

到了 1995 年下半年，我又为 1994 级学生开设过一门《新诗研究：台湾现代诗》的专题课。先后讲授了"台湾现代诗与中国新诗"、"台湾现代诗的发展历程"等六个专题，很肤浅地介绍了纪弦、洛夫、罗门、余光中这些台岛诗人。所依据的是蓝棣之、刘登翰所著《中国当代诗歌史》和流沙河那本《台湾诗人十二家》，以及当时出版的几种台湾现代诗选本。但从事后整理的《是窗口，也是桥梁："台湾现代诗"专课题笔谈》看，课程只有两个多月时间，不知何以如此短暂。不过这门课应该连续开过几年，1999 年我的《冷雨与热风——现代诗思问录》出版，曾经作为教材发放给学生，直到 2002 年我离开泰山学院。

最近收拾旧物，竟然还找到当时两份剪报，都是学生写的作业。当时我分别拿给《泰山文化报》和师专校报发表了。这两篇作业，一篇是何鸣同学写的评论《我看纪弦》，另一篇是吴春峰同学写的一首诗《"台湾新诗"课印象》：

他们都很激动

集体回大陆
机会
当然难得
几小册册书里
又"现代"又"蓝星"
又《笠》还《创世纪》
争论不休
老师只好点名:
"余光中同学,纪弦同学……
喊着的答'到',点不到的
别出声!"

守夜人余光中
最苦最累
一只白发苍苍的蟋蟀
夜夜苦吟
为爱情,为家乡
雨中断肠
仲秋泪浸千古一孤月

摘星的少年纪弦
却很自信
而且还要做"独步之狼"
即使是死,也认为
只是
寄出一封牛皮纸的信罢了

"这就是一种过瘾"
他不止一次地
这么说

至于洛夫
他可是够深沉的
对"人"要求特别高
三山寒寒
五岳冷冷
忧忧的望乡之目
历史的伤口
一直在他身上，张开着

不过
有时他也温柔一点点
他会在子夜读你的来信
他会因为一条跃起的鱼
问
"这时
你在哪里？"

太多了
说不完说不完
非马最懂事
拍拍诗集：
"别吵别吵，再吵

可下课了……"

时隔多年，现在还能从这首诗活泼、诙谐的语调里，感受到当时课堂的气氛。

除了这两门课，在泰安师专和泰山学院那些年中，我还开设过《中国政治制度史》、《社会心理学》甚至《泰山旅游文化》课。前两门课是为当时所办文秘专业开的，《泰山旅游文化》是应地理系要求为他们办的导游班准备的。而我之愿意开课，除了属于任务不能不答应，也有通过开课提升自我的动机。

在浙工大一晃近二十年，面对的学生、专业更多，情况更复杂，个人前前后后开出的课程也真不少。除了现当代文学史的专业基础课之外，各类选修课、公共课（后来改称为通识课）所占比重或许更大些。作为一种小结，也稍作罗列：

中文本科专业选修课《中国现代文学思潮》《中文专业导论》、《文学批评方法与实践》。

中文一级学科研究生课程：《中国现代文学思潮研究》、《民国文学与民国文化》、《中国现代文学史研究》（此课四人合作）。

人文学院其他专业选修课：《中国现当代文学》、《中国文学》、《中国文化要览》、《杭州文史览要》。

全校公共课（通识课）：《大学语文》、《中国现代诗歌欣赏》、《当代小说与电影改编》、《民国文化与民国文学》（教授通识课，16课时）

健行学院名著导读课程：《夏志清〈中国现代小说史〉导读》（16课时）

以上课程，开设时间有长有短。时间长的讲过五轮以上，时间短的可能只开过两三轮。如中文专业本科生的《中国现代文学思潮》是我较早开设的，后来让给了没课上的新同事。为健行学院开设的《夏志清〈中国现代小说史〉导读》是我很用心准备的一门短课程，大概就只讲了两轮。《中文专业导论》和《文学批评方法与实践》是我在担任中文系主任期间开出的课程，与我当时对中文专业课程设置的一些想法有关。这里先回顾一下参与浙工大全校性公共课程和通识课的情况。

我来工大后，原先负责全校公共课的基础部已随着学校规模的扩大分解。《大学语文》《大学英语》和政治类课程分别归入新成立的人文艺术学院、外语学院和政管学院，全校性的公共课程分别由不同学院的教师担任。除了上述给理工类学院开设的文科课程，工大还有给文科学院开设的理科课程如《高等数学》《大学物理》等，由理学院相关教师担任。据说这是工大公共课的一个特色，我在担任学院督导组成员时，不止一次反映人文学院学生对开设《高等数学》的意见。得到的反馈要么是说文科生学点数学、培养一点数学思维没有坏处，要么就是此乃工大特色不能轻易取消。后来的确不曾取消，但还是针对不同学院不同专业做了些调整，即把《高等数学》按难易程度分了级。如人文学院和艺术学院学生要求修的是最低一级。至于道理，即文科学生是不是需要学习"高数"、数学思维又如何培养，恐怕要从思维科学角度专门讨论，就不好乱说了。

如果说基础部负责全校公共课算第一阶段，那基础部分解到各独立学院后的公共课就该是第二阶段。第一阶段的公共课只有课程，到第二阶段，公共课有了对"文化素质"的自觉。到2010年学校发布《浙江工业大学关于制订2010级本科培养计划的原则意见》，提出了"大类培养"的基本模式，其培养计划基本框架中最核心的是"课程体系结构"，课程含"综合素质课程、学科基础课程、专业课程"三块。只是其中"综合素质课程"又分为思想政治理论、大学英语、计算机基础、体育、自然科学基础课程中的高等数学，这些皆为全校各专业必修课程，只有"文化素质课程包括人文社科、自然科学、专业技术等各类有益于拓宽学生知识面、培养学生人文素养和科学精神、增强学生就业适应性的选修课程"。当时拟定的两类文化素质课程包括理科基础课程(物理学与现代文明等16门)与文科基础课程(大学语文等15门)。

可是除了过去开设的高等数学和大学语文等寥寥几门所谓文化素质课，全校层面就没有其他可供学生选修的课程了。学校教务处只好通过文理科学院动员教师们积极申报新的文化素质类选修课。我的《中国现代诗歌欣赏》和《当代小说与电影改编》两门课程就是在这样的背景下开起来的。

从电脑里找到当时上课用的课件，这才确定《中国现代诗歌欣赏》是2005年上半年开始制作课件，下半年就在屏峰校区开课了。最早拟定的授课内容包括十讲，依次为：诗、中国诗、现代诗，现代诗的发生和发展，现代诗的作者、品种和流派，现代诗的语言基础：现代汉语，现代诗的艺术元素：体式、意象、修辞、韵律，现代诗的主题，现代诗的阅读：鉴赏、诠释、评价。

之所以开这么一门课，除了自己对现代诗相对熟悉，希望在工大为现代诗造点声势之外，也跟北师大友人李怡新出一本他主编的同名教材有关。李兄让我做些推广，如此机缘凑巧，就顺理成章开起来了。记得第一轮开课，两百人的名额都报满了，上课的感觉不错。特别是有一次写爱情诗的诗人董培伦送我一本新出的诗集，我特请他来屏峰校区讲了一次爱情诗专题，学生们都很振奋，在期末考查作业中给予很好的评价。这个课连续上了五六轮，中间我又重做了一套课件，改变了原先的讲法，变成了每次以一位诗人为主。因为发现学生们对诗歌理论很陌生，讲诗体、意象、修辞、韵律就有点"隔"。毕竟大多数学生缺乏对文学尤其是现代诗的了解，太专业了不行。当然，或许如何讲也是个问题，但在当时没有余力做些调研，所谓调整也不过只从个人的感觉出发，这应该是需要反省的。

《当代小说与电影改编》是从现当代文学史课程延伸出来的。一方面，无论在美国还是中国上海，依据小说名著改编电影已成为民国时期重要的文化现象，八九十年代的中国更是如此。特别是张爱玲、白先勇、李碧华、王朔、严歌苓几位小说家的作品，更为电影导演们所青睐，几乎每部新作都会很快拍成电影；另一方面，对影视的追捧大大影响了新世纪的大学校园文化，电影成了大学生们最爱的艺术形式。但限于校园环境和经济条件，到影院看电影的比率并不高，于是通过碟片在电脑上看电影就流行起来了。我平时上现当代文学专业课，也会在课堂上选用一些好的电影改编作品。最常播放的是根据王朔小说《动物凶猛》改编的《阳光灿烂的日子》和根据阿城小说《棋王》以及台湾张系国同名小说改编的《棋王》。有时也播放根据严歌苓小说改编的《秀秀》或《少女小渔》，或者根据李碧华小说改编的《霸王别姬》和《胭脂扣》。这都是学生喜爱的作品，小说原作与电影改编各有千秋，确实也耐看。

于是，把当代小说改编电影稍作梳理，就构成了一门全校性的公选课。

不过，开设类似课程的教师多起来，很快就成为学校督导组开会时的话题。据说有的老师开电影课几乎不讲授，往往大半时间是放碟片，这让督导组觉得问题很大，意见很快就反馈到学院，学院教师会议上也提了出来。慢慢地，学校对影视类公选课的要求严格起来，申请开课受到了一定限制。

现在回想，当时开课确实匆忙了些，最大的问题在我看来倒未必是放碟片，而是讲课教师对电影和影视改编研究不够导致的课程内容单薄。如果不能从文学与影视专业（技术）角度讨论改编问题，或者这方面的知识储备不足，怎么可能去有效透视改编呢？如果仅仅把电影作为原作内容的画面展示，则又是一个误解，因为改编也就是新造，改变的不只是语言形式，还包括内容、形象、主题本身。

从这个角度说，我的这门课准备也并不充足，讲起来流于表面就不足为怪了。

再后来，学校从"大类招生"角度，对全校性公选课又提出新的建设要求，提出了通识课的概念。实际上那时国内不少高校都在讨论这个话题，实践层面也在推行大类招生和通识教育，2008年底，我收到上海大学文学院中文系"通识教育的现状与未来"国际研讨会的邀请函。为了参加会议，我写了题为《当代大学通识教育的两个问题》的文章，借机会对当时国内的通识教育现状做了自己的思考。没想到我的结论却并不乐观，因为我发现在当时背景下大力提倡的通识教育名不副实，我以"皮毛式通识教育"和"架空式通识教育"表述这种所谓的通识教育。此文已收入本书"唠唠集"，这里只把文章的最后部分摘引如下：

> 归结到两个问题："皮毛式通识教育"和"架空式通识教育"。
>
> "皮毛式通识教育"对应的是制约通识教育健康发展的显性因素，即当代大学关于通识教育的理念、教育哲学、政策与制度、课程体系或结构、课程内容以及学时分布方面的问题。在职业性和专业化课程之外，对不同类别、不同专业的学生究竟开设哪些、开设多少（门数与学时数）通识课程？在各年级段通识课程如何分布？每个年级段的专业课程与通

识课程的比例怎样设计？都需要在科学的教育理论指导下根据不同层次的学校和学生给出合理的设计。

"架空式通识教育"对应的是制约通识教育健康发展的隐性因素，即当代大学校园内外显在与潜在的教育行政化、大学体制化特别是弥漫于整个社会的流行价值观，主要是那些负面的诸如官本位、钱本位等观念及其操作层面的规则与潜规则。不管怎么说，通识教育经过了"文化素质教育"、"人文教育"阶段，尽管还存在"皮毛式通识教育"的相对狭仄、相对肤浅甚至形式化的问题，但总算是运行起来了，当前最令人感到忧虑的是，课堂上修习的通识文化素养或有关"和谐发展的人"的观念如何应对课堂外日益逼仄的大学教育制度和潜在的价值崩溃现实，也就是新鲜的鸡蛋如何应对冰冷而坚硬的石头的问题。

但是说归说，学校层面大类招生和通识课程还是很快大面积推开了。大一新生以大类招收进来，不分专业，先从通识课程开始。各学院相应调整课程设置和教学计划，全校性的通识选修课程也在原先公选课基础上进一步扩展和增加。为了鼓励教师开课，还以立项方式给予额度不同的课程建设经费，其中有一种只限教授开设的小课，具体名堂记不清了，一般只要求八周16课时，对选课学生数量也有限定。我就申报了一门《民国文化与民国文学》，也通过了，连续讲了几轮。后来通识课的热度慢慢降温，课程作为教学立项通过了验收后，也就不了了之了。倒是内容有所调整后改为人文学院现当代文学方向研究生的选修课，才又连续上了数年。

回过头来看，对于个人在学院和学校开设选修课、公选课乃至通识课一事，宜作两个方面的反思：一是我所开的这些课尽管主观意图尚好，但因对课程的准备过于仓促，对学情也有些吃不透，其效果总觉得没有达到理想层面；二是学校教学改革，由强调文化素质教育到推行大类招生和通识课程，尽管方向对，但由于高等教育整体性、系统性的问题，还是难免出现"皮毛式通识教育"和"架空式通识教育"。想想看，学生们要在每周应付二三十节课的情况下提高"素质"、增强"通识"，那是一个多么不可思议的神话呢！

中文系，中文系（二）

　　离鲁入浙的初衷里面，有给自己"减负"甚至"归隐"的因素。这是因为在我三十到四十岁的十年中，负载了太多未必值得负载的东西。直到负载不动了，才开始有所反省：这一切，究竟有什么意义？

　　世事难料。到工大后，出于种种原因，还是没有完全把持住自己。教学督导之后，当院长又希望我承担中文系主任时，我略作踌躇，最终允诺。时在 2006 年。

　　中文系建立初期，首任系主任是从浙江教育学院调入的李剑亮博士。两三年后他改任学院副院长，遂由几位讲师分别担任中文、新闻、广告系的副主任。到 2006 年却又决定增设主任。我就是在这种情况下兼任该职的。

　　不过，此时的学系，已不同于原先作为学校二级单位的学系，而变成学院下面的三级单位。其主要功能不过是听命于学院，负责中文专业教学计划的执行罢了。很像原先中文系下面的教研室，无非是规模和涉及的面扩大了些而已。

　　这样，一个主任，一个副主任，全系近三十名专业教师，中文系的框架是搭起来了。副主任专门负责课程即教学计划的制订与执行。系主任较宏观些，具体负责的是专业建设，诸如师资的引进与培养、两年一度教学计划的修订、日常教学纪律与考核、学生的专业教育与考试、毕业环节，头绪也不少。增设对外汉语专业后，也由中文系负责招生和排课。该专业一度很热门，学生也有点盲目，以为毕业后可以到世界各地教汉语，前途无量。结果就与中文系分家，独立设系，教师则大致以文学、语言两个方向归属两个系。但也好景不长，一方面全国扎堆办"外汉"，另一方面国际汉语教育师资没有那么大的缺口，所以也很快开始萎缩。即使把名称改为国际汉语教育专业，也并未扭转颓势。这自然不是浙工大独有的情况，而是很普遍。

从 2006 年到 2012 年，兼任系主任六年。2013 年又代理一年，前后就是七年。就专业建设和日常教学管理而言，中文系不过是人文学院的一个专业组织，人文学院又是浙工大一个二级学院，浙工大则逃不出省教育厅和全国高教大系统的格局。这就是说，根本性的结构性的东西都在了，守正也好，创新也好，都必须在这大格局大框架内统一步伐，一个系主任和二三十名教师所能腾达的空间实在极其有限。所谓生产小队长、教研室主任的自嘲式表达，说的都是同样的无奈。

可是，就算是窗户台上种甜瓜，也只能硬着头皮"试种"下去了，种不出甜瓜种出半席豆苗也好啊。略作检点，算是中文系行当里的小点缀吧。

值得一提的，教研室建设或许是一桩。中文系原先人少，没有教研室也不觉得什么。可是成员和事体都慢慢多起来，单指望系主任一两个人就有点尾大不掉了。于是，通过初选与征求意见——包括征求个人意见，最后确定由张晓玥、方坚铭、王定安、岑雪苇、王丽香五位青年教师，分别担任现当代文学、古代文学、比较文学与外国文学、文艺学、汉语教研室主任。这样，课程教学计划的修订、每学期教学任务的分配、教研活动的组织以及年度考核和教学考核，就有所依托了。

另一件事是专业课程的调整或优化。各专业课程计划，学校本有两年一修订的制度，这些当然都要通过学系提出方案，学院和教务处不过是原则上审核、通过一下罢了。记得负责系主任工作后，我召集的第一次教研活动就是新一轮教学计划的修订。那时候还有副主任包燕具体分管这项工作，制订了包括一个中文专业、两个培养方向（文秘与对外汉语教学）的方案以及相应的课程规划。后来副主任一职取消，系主任全面负责，仍然是两年一修订。为了解决文学课程学生只看教材不读作品的问题，召集教研室主任讨论如何解决，大家都觉得在文学史之外应开设作品阅读课程。于是中文专业和广电、广告专业都增加了古代文学经典和现代文学经典选读课程。再有就是在相对稳定的专业基础课之外，较大力度地调整、改革专业选修课目，围绕文秘、对外汉语教学增设了相关课程。也增加了不少专业深化的课程如西方文论研究、中国古代文论研究、唐宋词研究、西湖文学研究、浙江现代作家与外国文学、现代都市文学、影视文学研究、港台文学等。每年的毕业论文评审中，我的强烈感受之一是学生在文学研究方法方面的近乎无知，几乎所有的文学课作业仍停留在读后感层面，这实在是个严重问题。我意识到，学生对文学研究方法不够自觉一定与专业课程设置有关。原先有一门文学评论写作的课程，切入的角度是"写作"，而不是批评方法。借助教学计划修订，遂将该课程更名为"文学批评方法与实践"，特别把"方法与实践"突出了出来。选择的教材也是《文学批评方法教程》，因为一时找不到接替原课程退休教师的人选，我只好自己来上这门课。关于这门课的讲授，我在前面有所涉及，这里就不多说了。

教研活动的组织一直是个难题，经费和经费的使用，时间地点，活动形式，都有很实际的困难。尤其是，教师住得分散，大家的教学和科研压力都很大，学院又迁到新校区，如果以集中到单位"开会"方式搞教研活动，真是不易组织。开始，我试图在学院举行全院教师大会时顺便召集教研活动，效果不佳。原因是等到学院的会议结束，大家已无心参加第二个会议，都要急急忙忙趁来校机会处理些自己的事情，或者去赶返程的校车。怎么办呢？最后想出了每学期组织一次在景区聚会的方式。即每年春、秋各组织一次中文系户外活动，大家喝喝茶吃顿饭，闲谈中就把诸如修订计划、课程设置甚至欢迎新教师这些事情做了。这样一来，大家积极性就比较高，一般都会参加。不过由于报销制度问题，举办此种形式的教研活动也有个困难，就是喝茶吃饭的花销不能报销。我只有自己垫付，然后通过购买图书资料或差旅的票据把垫付的部分再报出来，着实麻烦。后来我不做系主任了，接任者搞教研活动，活动费转由参加者个人垫付，然后系里补贴内支单给参加者——等于把任务分解给众人了，看来还是年轻人更有办法！

我接了系主任后，每年新生入学都会有专业教育这项内容。我通常会请已毕业的中文系系友给新入学的学弟学妹"寄语"，然后做到PPT课件里去。同时也会请青年教师和在读的中文系学兄学姐一起和新生见面，说些鼓励的话。后来教务处在新生入学教育方面有了新要求，即要求把新生专业教育内容以课程形式进行，同时提出要求的还包括加强毕业论文指导。于是，就增加了"新生专业教育"和"毕业论文指导"两门短课程，各为4周×2课时。我很赞成这个举措，认为对新生而言可以大大缓解对专业的茫然感，对毕业生而言又提高了对毕业论文质量的要求，包括加强了论文写作方法的指导。两门短课程的讲授分别由我和左怀建教授实施。

我不想就事论事地宣读各种文件资料，而决定给学生们一个有关中文系"故事"或传统的完整印象。这样我就从现代大学中文教育的起点——北京大学讲起，重点讲从中国文学系到中国语言文学专业的演变简史。又特别对清华大学中文系、武汉大学中文系、复旦大学中文系和西南联大中文系做了介绍，还介绍了台湾大学和香港中文大学中文系的课程纲目。我的用意是打开学生的视野，高屋建瓴地规划自己的专业前程，而不要束手束脚地只盯着鼻子尖上那点东西。有了开阔的视野，可持续发展才能落到实处，即使学生没能考上北大，也可以给自己追加最大的动力去不断接近高远的目标。

作为系主任，和学生的关系较单纯做任课教师时尤为密切。因为和学生接触的机会更多，交往自然会既广泛又深入，彼此也会更加熟悉些。当我这样说的时候，脑子里就有一幅又一幅美好的画面不断闪现，叫我重温那些过去的日子，引我遐想。中文专业对外汉语方向的几届学生，除了履行系主任的职责，我也给他们上课，双重关系使我们彼此熟悉和亲近。直到现在，我的电脑里还存有当初为几位对外汉语方向学生写的"推研"信，比如向北京大学推荐吴杏红、蔡幸娜信的片段：

　　吴杏红同学是我院 2006 级汉语言文学专业对外汉语方向本科学生，我作为中文系主任在她大一结束由广播电视新闻专业转来汉语言文学专业时对她进行面试，由此认识她。并在此后为其担任"中国当代文学史"课程主讲教师、我校大学生科技立项指导教师以及大三"中国思想文化史"课程教师时对她增多了了解，加深了认识。因其热情爽朗的个性、认真负责的做事态度和高效率，不少课程调研或讨论活动托她负责组织，她都在指定时间内高质量完成了任务，给我留下了深刻印象。

蔡幸娜同学是我校人文学院对外汉语专业 2007 年级学生，在对外汉语专业初建、隶属中文系时期，以及我为该专业讲授专业基础课"中国当代文学史"时认识了她。她在课堂上表现出的积极主动和进取精神给我留下了深刻印象，后来在 2009 级新生专业教育活动中我曾邀请她现身说法，为其学弟学妹加油打气，她也出色地完成了使命，令我欣慰。我非常欣赏她的活泼、开朗、积极、上进的个性。

她在课堂上的表现还包括，不喜欢那种被动接受灌输的学习方式，也不习惯于对教师的讲授言听计从，而更喜欢占据一个主动的位置积极与教师对话、互动，甚至"挑刺"。但这种习惯并没有使师生关系受到损害，当然也不会影响她的成长，相反，几乎所有任课教师都留下了该生礼貌、谦逊同时又积极进取的印象。

还有向香港中文大学推荐中文专业许骥同学的函，其中的一段推荐语也顺便附录于此。另外一些现在看看似乎还有点意思的推荐信则收入本书"唠唠集"一辑中，权当留点印痕。

申请人许骥君以第一志愿考入汉语言文学专业，基础扎实，敏锐多思，热爱专业而由文及史，视野愈益开阔。在校期间以历史学家李敖之大学生活为立项课题，成果获得学校表彰；毕业论文则研究李敖历史小说《北京法源寺》，显示其对历史学科之持续热忱，毕业前后完成书稿《教视大学——李敖大学生活研究》十余万字，另有多篇文史论文见诸国内知名报刊如《书屋》者，其才华逐步显露。由其志愿、勤恳、才智、品德，余以为此君深造计划值得期许。

镜头一：与第一届对外汉语专业几位学生干部干完活以后，一起从郁文楼下来，是坐卢迪梵的自行车去餐厅吃饭的。

镜头二：在应邀观看2007级学生自编自导话剧《奋斗》后我说：中文系这7届学生当中，从来没有一届像2007级同学那样，给了我这么多的信心、快乐、激动、梦想……

这个镜头是二班同学毕业做的PPT影集里留存的，而这个PPT影集又是该班班长陈文勋自家乡青海发给我的。影集里留存了该班不少珍贵的影像，展示了若干同学的风采：梁俊飞、陆登峰、周密……而我还不但参加了他们毕业时的聚餐，甚至又被他们拉到卡拉OK歌厅里和他们唱到半夜……

镜头三：2012年6月初，在和毕业班学生蒋园、王荣鑫、夏庶琪、万凯玲、张利一起整理、归档毕业论文后，在回宿舍区的路上合影留念。他们这一届跟2011届有点相似，学生特别热衷于艺术活动，只不过一个侧重于话剧，一个侧重于电影。但相对而言，2012届成就更突些，在校期间不但拍了不少校园题材的片子，也同时自编自导话剧。其中两个学生尤其突出，楼一宸偏爱影视，后来果然考取北京中国艺术研究院读该方向的研究生了。徐亦扬偏爱话剧，那时候写了剧本总要拿给我看，还邀请我去朝晖校区师生活动中心看了他编导的话剧《提拉米苏》和浙大一位老师编导的挽救网瘾学生题材的话剧。可惜亦扬毕业后参加了消防工作，

2012 年 6 月 10 日与中文系毕业生楼一宸

2012 年夏，与即将毕业的万凯玲、蒋园、张利、王荣鑫、夏庶琪在校园内合影

2007年，中文系全体同仁在浙江工业大学屏峰校区人文学院会议室

没有在戏剧艺术上继续探索。

　　镜头四：大约在2015年，中文系黄程祥和他的几个同学，在屏峰校区河边赁屋，集资办起了一个"与点书屋"。开业那天，我应约前往见证他们的创业盛举，和他们一起合影留念。我把自己刚出版的两本读书随笔《一些书一些人》和《清谷书荫》带去十几本，表示支持。在现场，我还看到他们从旧书店买来的一套《人民文学》创刊时期的旧杂志，以及浙大一位老教授处理的另一些个人存书。我甚至从他们带点俏皮味的书店宣言"读书非正事"受到启发，为他们写了一首小诗：

　　　　读书非正事
　　　　斜倚榻上时
　　　　有柔和灯火
　　　　在那小桥边

　　　　青春的狂想

也伴着茶香

阳光正新鲜

沉醉吾与点

镜头五：另一年级的陈杭杰等两位同学，在求学四年中一直保持着对读书和写作的"先锋"姿态。每有得意之作，辄让我给他们提意见或建议，我虽然有点跟不上他们的思路，但对他们"与众不同"的独立姿态，一直是欣赏着并参与着。我知道，学生的探索未必都会结出圆满的果子，但若是只认可会结果子的探索，那不是太急功近利或者太势利了吗？对年轻人而言，探索本身就是一种价值。陈杭杰毕业后，也一度在西溪路一条巷子里赁屋开书屋，我也被邀请去参观和吃饭，并带去自己闲置的学术性期刊杂志两大包，为他们"装点门面"。

美好的画面还有不少，先写到这里吧。

2012年上半年，我决定辞去系主任一职。出于对中文系怀有的感情和责任感，我认真向学院推荐了我认为最恰当的继任人选，并在院务会议上正式提出，最终得到了大家的支持。也许，这也是我为中文系做的有意义的工作之一吧。为此，我很觉快慰。

学位点，研究生

本来南下杭州，是为了告别"宏大叙事"，从头开始读书，要写也只写《归田赋》或《归去来兮辞》这样的文字。没想到，浙江工业大学被列为省属重点综合性大学建设学校后，最薄弱的文科专业恰恰最需要后起直追。汉语言文学本科专业有了之后就要接着申报硕士学位点，学校引进人才是刚性需求，不是叫你来养老的。如此一来，我想松口气甚至"躲进小楼成一统"的美梦完全成了海市蜃楼。

现当代文学硕士点先后申报了两次，均未成功，只好暂时放下了。申报成功的只有比较文学与世界文学，加上原先已有的古代文学，中文专业算是有了两个二级学科学位点。再后来，就是直接申报一级学科学位点，在肖瑞峰教授的组织下，这个目标最终在新世纪第二个十年之初实现了。我作为其中二级学科方向负责人，只能说按照一级学科负责人和人文学院的要求，勉为其难地履行了属于自己的那份责任。

在一级学科学位点尚未申报成功时，我只为古代文学研究生上过一门"中国现代文学思潮"的课。古代文学方向为何开这门课，我不清楚，但上过几轮课的某些情景还有印象。一个印象是院长向我反馈学生对这门课的反响。另有一个印象是某年级七八个研究生，只有一个男生，还在课间休息时跟我聊起炒股票的事。

到我自己带研究生，已是一级学科学位点申报下来后。硕导多，学生少，现当代文学方向大概只分给三四个名额，有资格带学生的则有六七个老师。最后以双向选择方式，确定了导师。2012届本科生夏庶琪分到了我名下。

带庶琪我很省心，除了毕业论文环节否定了他拟研究现代文学掌故的想法外，我想不起还为他做过什么重要的事。包括他最终选择研究现代杂文期刊，到上海翻阅旧杂志，我好像也没帮上什么具体的"忙"。但他的论文在答辩时得到了所有老师们的称赞，成绩被定为优秀。

庶琪之后，我又带了一位苏州籍学生王秋爽。不过此时学校的硕导条件已改，对硕导在科研项目、科研资金到款和科研奖项诸方面有了量化要求，谁带研究生先要个人申报，而后由学院审批。

2015 年与第一个毕业的研究生夏庶琪

为 2015 级研究生授课后师生合影

与同事张晓玥在播音主持专业招生工作中

我对高校以项目、核心期刊这类具"霸王条款"性质的要求一直很排斥，对"个人申报"带研究生的程序也无从理解，条件不达标，于是只好不带。王秋爽算是一个例外，院长虽网开一面通过了，而此种"面子"却让我颇觉尴尬。有违性情的事还是少做吧，故自此以后，我就"金盆洗手"了。

研究生不带，相关课程还要照样上。有了一级学科学位点，我除了组织同事们申报现代文学方向的主干课和选修课，自己也申报了一门《民国文学与民国文化》选修课。但也发现一个问题，就是本科生也罢，研究生也罢，或许自己对学什么、选什么课心中无数，往往随大流从个人熟悉的老师中选课。如此一来，院长、系主任或学科负责人的课就容易被选上，其他教师的课则相应被忽略。这种现象既不公道，也不是真正的自主学习，还极易在老师们之间造成误会。但这又很难改变，也不好公开劝说学生去选

2014 年 11 月，在台北中国文化大学中文系欢迎仪式上致辞

谁谁谁的课。好在风水轮流转，谁的面孔也不是北斗星，论资排辈总有推倒重来的一天。只是完全靠自然规律，周期就拖得太长了，或许年轻一代会探索出改革的路子来吧。

　　硕博士学位点，是高校人才培养和学术研究水平的标志之一，自然不能在申报学位点这事上取消极态度。但如何申报学位点，又如何建设学位点，如何招生、设置课程、遴选导师、切实提高研究生教学质量，却是需要认真探求的问题。尤其像浙工大这样的工科大学，如何在零起点上办好中国语言文学一级学科的学位点，如何在守正与出新之间走出自己的路子来，更需要积极而又审慎地持续探索。

2014 年 11 月在台北圆山饭店，与中国文化大学王俊彦主任、廖亦瑾教授合影

十九年，一个句号

2014 年暑期，一年前去美国访学的中文系新主任晓玥回来，我代理一年系主任的任务就算完成了。或许是出于对我的"慰问"，院长李剑亮教授打来电话，说学院拟在新学期组建一个教授讲师团，发挥教授作用，指导学生的专业学习，让我担任讲师团的团长。于是在九月份开学后的迎新典礼上，我第一次履行团长职务，代表学院的教授们对新生作了第一次的"指导"。此后每年迎新典礼，循例发言"指导"一回。这当然带有某种仪式色彩。事实上，真正的指导是在正式开学之后，由学生线的负责人与我商议，安排不同专业的教授专门跟新生见面谈天，略尽沟通、疏导、介绍、抚慰之责。新生初进大学门，困惑、迷茫是自然而然的，一次两次的见面未必真能帮到学生，不过拉近一些与学生的距离、让学生疏泄一下内心的纷乱，破解学生的某些神秘感，还是有意义的。第一次正式面对面指导，分了两场，我和褚蓓娟老师负责中文、对外汉语专业的新生，另两位老师在另一地点与广告、传媒的新生见面。这项工作，一直做到我退休的 2021 年，我 11 月退休，9 月份的迎新典礼上我作了退休前最后一次发言。

虽说还兼任了几年学校教指委及通识教学委员会的工作，每学期尽些评选新开通识课程的责任，但毕竟渐渐从校、院的某些兼职中淡出了。我开始完全恢复到纯粹普通教师的感觉中，突然发现时间一下子多起来、工作节奏一下子从容起来，学术研究和写作的冲动不但突然变得强烈，而且似乎有了实施的心境条件了。我觉得不必像原先那样盯着考核目标赶任务了，我需要冷静地梳理一下自己的思路，坐下来平心静气地投入到我一直想做而拖了很久的学术工作中去。

就在我最初辞去系主任的 2012 年暑期，我捡起了中断整整三十年的吴伯箫生平著译年表，利用长期积存的资料，把这个年表从几千字扩展到三万字，目标也调整为"年谱"。又过了几年，规模已接近二十万字，最终在不断的补充、修改中，与老牌的出版社中华书局签订了出版合同。2021 年，书以精装本形式印出来了，书名按照出版社统一要求改为《吴伯箫先生编年事辑》。

2014 年，我在一二十年中撰写的读书随笔和学术随笔也被纳入董宁文先生主编的"开卷书坊"与"开卷闲书坊"，《一些书一些人》和《清谷书荫》两本书几乎是同时出版问世的。

在此后的几年中，基本上以一年一本书的节奏，又陆续出版了主编的教材《中国现代文学史基础教程》（2013）和学术专著《历史·生命·诗——子张诗学论稿》（2017），个人诗集《此刻》（2017），读书随笔集《人在字里行间》（2017）和《入浙随缘录》（2018），在 2020 年还出版了一本《声律启蒙今读》的小册子，另一本关于吴伯箫的《山屋轶话：吴伯箫评传》也列入了 2021 年的出版计划。

这段沉浸于学术著述的生活，令我对往昔跑龙套般的所谓"社会服务"角色有了反悔之意。多少年来，至少从二十世纪九十年代以"优秀教师"形象被地方青联、党派、政协系统拉进种种轨道开始，我就不由自主地扮演着类似玩偶的角色。到我不得不以"自动离职"方式告别那些华而不实的头衔时，内心早已积压了太多无奈。本来，选择南下杭州重新开始就是为了回归自我，不成想还是在某种程度上走偏了。其实所谓抹不开面子只是借口罢了，一个人真要看清了人生的真相，意识到自己既非救世主，也不是"万金油"，就一定能把持住自己，然后本本分分、踏踏实实做自己该做的事，而不是满足于"跑龙套"。说来说去，还是虚荣心作怪而已。不过实事求是地说，较之泰安时期，我到杭州后毕竟"收敛"多了，某些事务性兼职和辅导活动实在不能推脱，确实透支了不少个人时间。但对于所谓"荣誉"，我自觉已产生了免疫力，再也不觊觎那种虚头巴脑的什么称号了。在我任系主任期间，每年的评优改变了原先以个人申报为基础的办法，而是采用个人申报和系推荐结合的方式，就是为了使那些真正优秀而不主动申报的教师也有机会评优。几年下来，中文系几乎所有的教师都被"评"过优，但不包括我自己。这些东西，对年轻教师职称晋升或岗位聘任不无"小补"，但对我而言，的确既不需要也无兴趣了。

在退休前的几年中，除了利用好时间读书、写书，教学工作也变得单纯多了。我继续上我的当代文学史和文学批评课程，此外也参加了人文学院和健行学院指导学生读书的工作。让学生读文学或社科名著总是很务实的好事，学院以自动报名的方式由教师和学生双向选择。我很喜欢这样的形式，先后以木心诗选、王小波杂文、胡适文选和木心散文集《哥伦比亚的倒影》带了四轮学生，每一次都很圆满。讨论环节之外，我还把学生写的《哥伦比亚的倒影》读书笔记选了数篇，推荐到一次大型的高校木心研究会议上去了。健行学院以"健行书院"的名义请人文学院教师指导学生读书，我为他们开了一门夏志清《中国现代小说史》的名著欣赏课，也连续几年指导学生写读书报告。通常读书报告的指导包含三个环节，一是开头有个动员性的指导，帮助学生开题；二是中间的批改与讨论；最后是答辩。健行学院的学生入学分数高，实际上学习能力也很突出，往往把事情说明白他们就自己做起来了，效率相对更高些。他们的读书报告还有个特点，即不限于文学，社会科学和自然科学方面的选题也都有。读他们的读书报告，指导有些难度，但另一方面也开阔了指导者的视野，也就是可能在另一些知识体系方面对指导者有所提高。

2021年，退休的日子渐渐迫近了，这可是我期盼了不止十年的好事。我自幼体质偏弱，十几岁时又因被怀疑患淋巴结核而服用了不短时间的异烟肼等药物，曾两次因为贫血而晕倒。直到上大学和工作以后才好起来，甚至有段时间还敢到篮球场上混混。不过在同事们眼里，我从来都属于"弱者"。后来的出鲁入浙，除了改变环境和生活方式的因素，也确与当时精神状态欠佳有关。进入工大后，业务考核与岗位聘任的压力较之原先，甚至有过之而无不及。我不知自己在工大同事们面前是否流露过消极情绪，但我心里清楚，很多时候，对一般事务性的工作，我不过是勉力而为之；对"科研"，我也不喜欢、不习惯那种官样量化和讲究层级的做法。按自己节奏来的结果，却只是做了不少不能计入"工作量"的事情，写了不少同样不能计入"工作量"的文字。故而说到退休，我不但从未有所顾虑，反而从十几年前就开始以倒计时的方式期盼着了。在我看来，退休仅仅是职业生涯的结束，并不意味着生命也随之黯然失色。而对于厌倦了大合唱模式的人来说，更是解放、自由甚至新生。

按照工大人事处的规定，我的退休时间是 11 月底。11 月 6 日星期六，中文系在龙坞茶乡西山大斗谷茶楼组织专业教研活动，同时兼作我的"荣休仪式"。包括学院书记、院长在内的三十位同事前来，拉着大红横幅在茶园里拍了合影，又在饭桌前轮番讲了不少好话。我明白，这是同事们的一片盛意，给我的大面子。我珍惜在人文学院十九年和同事们结下的情谊，我也祝福每一位同事拥有更美好的未来。我相信，我们在一起喝茶谈天舞文弄墨的日子还有的是。

十九年，一个句号。接下来我想让自己先宁静一下，想想下一句写什么，又怎么写。

最后，我想把入浙以来所写涉及从教生活的一些短句附录于此，聊作某种心迹或余痕吧。不算诗，仅仅是一些零碎的感慨而已。

岁末遣兴　2006 年 12 月 24 日
年来总为课时忙，药茶聊作养生汤；
可怜窗台自留地，一分倒有九成荒。

第 23 个教师节　2007 年 9 月 1 日
学圃廿八载，收成几轮回。
春来铺锦绣，秋去散彤云。
郁郁灵芝草，亭亭向日葵。
往来南北客，应羡看花人。

奉答许骥君　2008 年 4 月

莫说工大中文孬，好坏学风赖吾曹。
自古读书求上进，从来成事逆风潮。
互联网络通罗马，小和山泉灌灵苗。
良友贤师何处觅？图书馆里采煤烧。

不足畏　2009 年 7 月 22 日杭州日全食

案上新书逾尺高，槐花七月正飘飘；
三十九度高温里，再看红楼巳逍遥。
纵有规则翻花样，无非仁杏俩核桃；
挥锄篱下勤耕作，莫使黄粱变蓬蒿。

沪上有友　2010 年 1 月 9 日

钱塘留我方七岁，君住钱塘巳十年。
湖畔观鱼植杨柳，学堂论道辨愚贤。
一朝兄弟相酬唱，几度舟车共往还。
更乞沙堤春色好，月轮常向故人圆。

清谷花房　2010 年 8 月 5 日博客更名

隐者居清谷，闲来学种花；
晨昏两手汗，寒暑一壶茶。

周岁五十　2011 年 11 月 9 日生日前

年华过半正逢时，万壑千峰炫美姿。
湖上红莲桥底月，胸中沧海梦中诗。
青春作伴平生快，白粉涂鸦半世痴。

也爱蜂蝶迷五色，午潮山上探花枝。

送别　2012 年 6 月 10 日
学士学成欲离家，纷纷人面过莲花；
豪情一半愁一半，又送伊人到天涯。

壬辰教师节，奉答庶琪并诸友　2012 年 9 月 10 日
又届佳节至，况值丹桂香；
一朝辞岱岳，十载落钱塘。
兴至穿荒径，闲来上讲堂；
无端说心事，心事却茫茫。

印象工大　2015 年 1 月 12 日
忆我初来工大日，人文工理不同栖；
人文每借外婆座，工理常依奶奶膝；
雪月风花知音少，诗书经史问者稀；
忽闻弦乐飘然至，疑是春风盎然时。

拟木心　2017 年 8 月 3 日
师傅领进门，折腾靠个人。
求魔不求道，只要主义真。
一步俩脚印，争得人上人。
成功英雄事，万般尽浮云。
祝君前程好，渊深万里春。

注：将昨日打油调整为《拟木心》，因木心先生有类似

言论。有朋友问何以写这种感受，是否有什么触动？其实也没有特定的针对，盖高速度时代，"发展是硬道理"，人人争先恐后，把成功视为终极目标已成为时尚，这真叫人徒唤奈何。故有不合韵律之短句，聊作牢骚语耳。

2020 年 4 月—2022 年 3 月 7 日，陆续撰写。
2022 年 3 月 16 日校订毕，杭州朝晖楼。

下卷　唠唠集

第八章　陶阳听课记

难得孜孜进取心
——由青年同行获奖想到

滥竽于评选小组，有幸听到诸位新老同行的课，收益也大，感触也深——全市初中语文教师讲课比赛，这是第一次，结果证明也是良好的开端。

感触？应该说是因几位同辈（与我一样是毫无"经验"的小青年）在比赛中脱颖而出，和尊敬的老前辈并肩站在领奖台上而感到了由衷的高兴和激动吧。

我们曾经有过青黄不接的担心，而且只要认真想想，就该知道这种担心也绝非多余。十年一觉，收获只有一身冷汗、长时虚脱和生死教训，谈得上培养教师？

可喜的是：十年后拨乱反正，忧国忧民的并不全是领导，还有这些初次走上教师岗位的小字辈。刚毕业，不过十八九岁，眼前差不多也是十八九岁的学生，知识经验和年龄成正比，靠什么？

如今讲课居然人皆称好了！

有人会想到，他们一定是动了脑子，下了力气，付出了牺牲的吧！的确，本着一颗负责、进取、善良的心，日里夜里想着自己的不足，拼力做着属于自己的那份工作；眼里发现着问题，心中思考着改革，品尝着快乐，同时也咀嚼着苦恼；花大量的钱，买大量的书，坐在无人光临的冷屋子里，读到零点以后——也许有人会说你不务正业呢！一日三餐，咽下那清汤寡水难以下咽的饭菜——曾有人夸你是"艰苦奋斗"么？

进取心、责任心，小小年纪的多彩的梦，有什么比这些更难得呢？尽管还有许多人对此一无所知或不愿知道。

自然，流水涓涓，为有源头。可看见这次听课，有几位负有盛名的老教师每课必到，坐在后面人们不注意的地方仔细地听、仔细地记吗？台上是他们殷殷寄于厚望的年青教师——我是看到并深深印在心里了的。

也因此，我愿说以上几句话，对同辈表示祝贺，对前辈表示感激……

1984 年 5 月雨夜，原载《莱芜教育》（内）1984 年

《现代文阅读能力考查》小引

听课、阅卷、座谈……匆匆而去又匆匆而归，我们的语文复习得如何呢？撇开成绩不讲，感受最深的，是我们辛辛苦苦教了三年的学生依然缺少一点读和写的"能力"。

说能力，当然不是为了时髦，而是大为培养人才，小为对付高考的实际需要。

且引用有识者的两段文字看看。

其一："八四年高考试题同往年相比，在命题方式、题目类型、分数分配等方面，都有较大的变化。更深入一层的变化是，试题有力地改变了过去那种重知识轻能力、重记忆轻思维、重文言文轻现代文的状况。只要把这两年的试题分数分配比较一下，就可得到这种变化的深刻印象。八三年、八四年语文高考试题总分均为120分，试题直接出自课文的八三年占20多分，八四年只有16分；文言文试题八三年为40分，八四年降为30分；现代文试题八三年为35分，八四年升至40分；作文八三年为45分，八四年则增至50分。可以这样认为，八四年的高考试题在如何正确处理知识和能力、现代文和文言文的关系等方面，取得了极其可贵的经验。"

上面这段文字，虽然只是一种较为简单的比较，但这种信息所反映出的趋向不是已很明显了吗？再接着往下看：

"除上述明显的变化外，给人以面貌一新之感的是试题考察现代文阅读的部分。它取材于摩根的《古代社会》，文章及考察的要求，兼及社会科学和自然科学两个门类的知识，既考察阅读议论文（也含简洁练达的记叙因素），又考察值得重视的阅读说明文的能力。这种考察，对文科向自然科学延伸，进而培养学生语文能力，提供了有较大可能性的范例。再者，试题考察的是成篇文章，重点放在阅读的综合能力上面，尽管试题大都采用分段式的选择法出现，但是答案的产生往往涉及整篇文章阅读的效果，以完整的逻辑思维为基础。这样的考题，容易为社会所接受。第三，语、修、逻等语文知识渗化在阅读理解的过程中，要求考生运用这些知识来理解句子、文章，而不是用句、段为例子解释某些知识，语、修、逻等知识的考察以应用为目的，做到了能力化。

有鉴于此，现代文阅读的试题引起广泛的研究兴趣。有些文章'竭诚希望今年高考语文试题重视考察现代文的优点，能够保持下去，明年后年不要再变了'"（程力夫：《语文试题散论》）。

以上引文出自《语文导报》今年第二期邵愈强的文章《一九八四年语文教学研究漫评》。另外还有一些文章——如去年语文命题组成员方仁工在《山东教育》上发表的意见——也都在强调一种适合于现代社会飞跃发展形势的"能力"而不仅仅是"知识"。因为知识并不一定就是力量。

说到我们的学生状况，最大的不足恰恰就是这种掌握知识、消化知识、并应用知识创造知识和创造社会的能力。体现在一张试卷上，我们失分最多的不正是"现代文阅读能力"方面吗？至于造成这种现状的原因当然很多，其中重要的一条或许是我们对"教材"（具体说就是《语文》课本）认识、处理得不当。日本中学教育界曾有一种说法："用教材教而不是教教材"，而我们则往往把教材本身的学习当作目的。我们将日益感到陷入这种困境的悲哀。

这种能力的不足当然会严重影响高考，而鉴于此，高考复习指导的方法就显得特别重要了。

为了适应高考命题逐步向科学化、标准化发展的形势，我们应该积极探索科学的复习方法。使学生学好课本而不限于课本，获得知识同时提高能力，在最后这段宝贵的时间里天天都有所觉悟，有所收获。

怎样认识去年"现代文考试有些偏难"？方仁工说："是有一定的难度，但这是由于学生在平时缺乏现代文阅读的综合训练的缘故。出这样的题，一是防止考生猜着，二是为了借此引起大家对训练学生综合分析语体文能力的重视。"（见《山东教育》

八五年第三期），这对我们应是有所启发的。

　　这里选择了几则现代文阅读训练的题目，看出设计者是下了一番功夫的——不搞题海，但求触类旁通。同学们不妨借此从字、词、句、篇、语、修、逻、文等各种角度加强和考核一下自己的基础知识，也从立意、构思等方面培养和考核一下自己阅读、分析、理解的综合能力。老师们也不妨借此给学生讲一点做这类题的步骤、方法，应该是有益的吧？

　　以上算是小引。

1985 年 4 月 13 日，原载《莱芜教育》（内），

1985 年 5 月 17 日，第 20 期

努力：为了历史和未来
——第二个教师节纪念

　　也许，是我们这个时代还没有十分的成熟；也许，是我们自己尚缺少充分的自信；否则，为什么我们常常感觉到自己的渺小呢？

　　感受着时间在额头刻下的年轮，感受着脑力与体力双重的劳累，住室的拥挤，物价的高涨——比下难得有余，比上远远不足，生存的空间总是那么狭小。弟子们心猿意马，无意去继承师尊的教鞭，却觊觎着无论何处的一份权势，向往着有朝一日开始一种混迹官场的生涯……

　　我们是曾经渺小过的。"人生天地间，庄农最为先"——设若我们的父辈也曾有人生识字的经验，最初所接受的就该是这样的职业教育吧？或者，便做一做"朝为田舍郎，暮登天子堂"的

美梦。从这些简捷直率的古训中，你该能够看出它浓缩着我们泱泱大国（封建的农业大国！）怎样的人生观念。

到了今天，这种观念越来越显示出了它的沉重。"教师"的职业不是被封为"太阳底下最光荣的职业"了吗？但是在中国，"最光荣的职业"却常常是最不"实惠"的职业。几千年来，在贫困和权势面前，这个职业谦卑得好像驯服的羔羊，软弱得犹如风雨中的细草。"家有隔夜粮，不当孩子王"，写尽了对一种人生的嘲讽！《儒林外史》且不说它，你只读读戴厚英的《人啊，人》，刘心武的《没工夫叹息》以及另一位作者的《加薪》，就该意识到即使在今天的中国，从事教师职业的人在政治上曾经遭受过怎样的厄运，他们承受的是多么沉重的压力，而工作的繁重、物质的贫困又到了何等程度！

中国很悠久很辽阔，同时又很贫困很愚昧。因此，中国的贫困也很悠久很辽阔，愚昧也很悠久很辽阔。

但愚昧是个很大的敌人，愚昧的人生是可怜的人生，愚昧的民族是无望的民族，愚昧的时代也将是垂死的时代！愚昧，它显示着精神的贫困，灵魂的苍白；它比物质的贫困更可怕，更可以置一个国家于死命。

好在人类总是不断地战胜愚昧，好在中国也在不断地战胜自己。为教育平反，为教师平反，我们开始以诗人的敏感，感受着一个民族真正的苏生，感受着现实对我们逐步的理解，感受着历史对我们的深深感激。在中国，在二十世纪，这应当是最伟大也是最痛苦的一次平反吧？

我们是曾经渺小过的，即使在今天我们的位置也并非十分显赫。但沉重的观念是需要整个历史的淘汰的，民族的惰性又怎能在朝夕之际消弭？何况在中国，教育的繁荣更要靠经济的振兴，而经济的振兴首先又取决于高度现代化的民主政治制度，我们只能与民族共荣兴！

相信时代需要我们，相信我们将有大益于时代。那么，就让我们努力；为了历史，为了未来，更为了中国的现在！

且将悲与喜，都付笑谈中，则一切都会很好，很好，很好……

1986 年 9 月 6 日泰山，《地平线》杂志 1986 年教师节专号

附　录

面对现实……
——读张欣老师《努力：为了历史和未来》
王　轲

　　我们，未来的教师和教师的未来，尽管还没有尝到"为人师表"的乐趣，却老实不客气地咀嚼到岁月的苦涩。尤其看到师长们那埋着沉沉压抑的强笑，我们年青的心便不再年轻。

　　人都说，青春是由七色畅想五彩迷梦编织起来的阳春争艳图，而我们素白的小花开得却是那么沉重，那么无力，又是那么纤弱，那么自卑，甚至于有些开得走了样。你可以有一千条理由怪罪我们太不争气，但也不能不想：世俗的偏见正在扭曲着一个个纯真的灵魂，有雪山阻塞了道路，有季雨打湿了向往，也有污秽的潜流侵蚀着洁净。固定在一个被歧视被冷落的职业上，年轻争胜的心能无苦痛？能无分忧？堂堂正正的大学生，出校门连校徽都不敢戴；刚来不久的新同学，为自己"教师"的未来发出一阵阵与年龄极不相称的叹息，那叹息还拖着长长的尾巴；老同学更是各得其所，漫不经心歪歪斜斜地胡乱涂抹着稍纵即逝而又来之不易的大学生活，寒心吗？这就是我们啊。童心里第一个偶像是站立讲台上能回答我们任何好奇的老师，内心深处最称道的是两袖清风，甘做人梯的老师，二十几年的人生之路给我们教益最多的还是老师……我们愿做教师，但不愿做世人眼里的"教师"，我们想为教育奋力一搏，但不想得到为教育投身者"平等公正的待遇"。人们啊，为什么不为自己渴求知识的孩子想想，为什么不为急需人才的祖国想想？教师，究竟该置于何地？

然而，要战胜别人，我们首先得战胜自己，对愚昧的迁就和畏惧，说到底是另一种形式的愚昧。《努力：为了历史和来来》，张欣老师迈着沉实的步子这样说也这样做了，更为年轻的我们呢？既然没有选择地选择了教师这个职业，我们便不要再犹豫，踏破层层世俗的迷雾，寻找我们教师真正的自己。这需要一个过程，一个由千万人牺牲的过程。"今中国未闻有因变法而流血者，此国之所以不昌也；有之，请自嗣同始。"中国今天有许许多多为教育而甘愿落寞者，我们也加入此类！

读读张欣老师的文章和脚印，我们面对现实……

　　　　　　　　　　　　　　《地平线》杂志 1986 年教师节专号

"校园文学"意味着什么？

青春富有永恒的魅力。这种魅力一方面通过青春本身体现出来，另一方面，它又通过青春时代的所作所为乃至劳动产品体现出来。比较而言，后者的魅力总是大于并长于前者。

对于中国的大学生来说，"校园"似乎只是一种特殊的生存空间或"生长空间"。之所以如此，是因为这个空间与社会大体上是隔膜的，在这里，无论是"培养目标"、"教学大纲"还是执教者都配合默契地以为，校园只提供一定的求学条件，而并不鼓励学生们参与社会的开发与建设。

这当然说明了教育视野的极端狭隘。事实上，即使在校园内，大学生参与社会的可能性仍然是很大的，他们的所作所为常常出人意料地产生广泛而强烈的社会影响。"校园文学"只是其中一个方面的例子。

将"校园"与"文学"加以联姻，也许远不是一种创造性的交叉。实际上，"校园"，尤其是大学"校园"，常常是文学新人和文学名著产生的温床。仅仅以中国现代文学为例，作为新文学运动发难信号的《文学改良刍议》，周氏兄弟翻译的《域外小说集》，创造社及其代表性作品《女神》、《沉沦》，冰心的《寄小读者》，吴伯箫的《街头夜》乃至曹禺的《雷雨》，无一不是诞生在"校园"中的艺术杰作。

因此，在我看来，"校园文学"的确是一个值得玩味的概念。尽管这个概念无论就其内涵还是外延，至今仍然不尽清晰，但这却恰好给我们提供了认真研究的可能。

首先，对于教育者来说，对"校园文学"的重视、提倡和培养，意味着教育视野的开拓与教育方法的灵活。对于中文系学生来说，是否具有写作甚至创作能力，是至关重要的课题之一，如何解决这个课题？除了"写作"课对于写作理论的系统讲授与一般性练习以外，"校园文学"将是极为广阔的第二课堂。许多业已毕业，转而从事教育、文化工作的人们在谈到这一点时深有体会。他们认为由于课堂教学的刻板与教条化，写作水平很难得到实际的提高，倒是自己所热心而由老师们加以指点的"校园文学"活动使他们在不自觉状态中收益甚丰。这对于苦于埋头教书却难见成效的教育者来说，难道不是一条走向彼岸的捷径？

再者，对于大多数被教育者来说，"校园文学"常常意外地使他们打下成长的基础。这种基础不但为他们准备了从事一般工作所必须具备的文字能力与教育方法，而且更进一步说，有可能给他们中的少数人开拓一条文学创作的大道。甚至使他们因其实验性作品的价值而一鸣惊人，从而使学习过程转变为创造过程、奉献过程。而在这个过程中，培养人才的目的也就达到了。无数成功的先例早已证明了这一点。

换一个角度，转而从文学意义上讲，"校园文学"将意味着使文学艺术得到丰富和深化的可能性。"校园"不仅指一种外在的空间，同时也是一个人生阶段的标志和一种事业的所在。这空间为创作者提供了非常优越的创作条件，同时提供了一种完全有必要加以探索和艺术表现的生活。对于这一人生阶段的艺术表现，不但可以使文学和美学得以丰富，一定也会产生丰富的社会学心理学意义。

以上三点，只是就"校园文学"最基本的功能加以肯定。除此而外，尚有许多理论和实践问题有待思考。诸如"校园文学"的创作主体究竟仅指学生而言，还是应当包括教师在内？"校园文学"何以会造就那么多的文坛新人？何以有条件产生引人注目的文学巨著？应该怎样发展"校园文学"？我相信这都是一些充满魅力的提问。

令人高兴的是，几乎所有高校乃至中学，都有许许多多自发的或有组织的文学社团在积极活动，对此，学校应当尽可能给予舆论和经济上的支持。对于那些尚无条件给予支持的学校来说，至少不要人为地制造许多阻力才好。这是非常重要的一点。

1987 年 2 月 15 日草

《季风》三期

约在一年以前，也是充满激情的五月，"探海石文学社"先由几个热心人酝酿，继而便在一个庄重的场合宣告成立。

岁月过去，足迹永存。我犹记得当时那个场面的生动：将往日听课的教室，精心地布置为一个巨大和温馨的产房，墨黑的字板衬着海蓝色的台布，似乎象征着我们校园主人的执着和梦想，而两株碧青的云松也仿佛在辐射出希望……

不久，《季风》与《地平线》便问世了。伴随着它们的问世，我们就拥有了第一批年轻的校园诗人——他们的热情早已积蓄了太多太多，而今终于有了释放的机会！

这真是一个充满幻象的奇妙世界！一碧晴空和一片蓝色海！"校园"在诗人笔下竟是那般神奇可爱，"青春"在诗人心中竟那样五彩缤纷，十七、十八、十九、二十岁的年华本身就是一首最美最神秘的诗呀！年轻的风华感受着青春的秘密，那样果敢又那样深沉："微笑已沾上泪花，沉默是最好的回答"，叫人想起已经不年轻的舒婷；西子一面抚摸着自己的寂寞，一面又在勇敢地超越自己：

> 脱去裹在身上的严寒
> 挥手告别冬天
> 如果你记得春天
> 把心从冰窖里提取
> 别让花开的岁月
> 过多地蒙上黑暗

男子汉却又是另一种风姿。海泉宣言：

> 也许激情将成为我后悔的因子
> 也许冲动将成为草书的狂写
> 但我毅然要拉纤弛向那一片空白
> 后悔总归不是空白的人生

学政史的王轲胸襟似乎更为博大：

> 没有我就没有色彩没有生动
> 我失去了自己得先找回自己
> 有了我我就不会再留恋我
> 做一个个性化了的音符交响世界

这正是这一代二十岁人应有的风姿！

过了一年，便是今天了。"探海石"依然英姿勃发，"地平线"已升起了许多太阳，《季风》却蕴蓄着更多更深沉的温柔与刚健。一年四季，她出到了第三期。回头再看第一批诗人的诗作，显然已沉重了许多。但也就在此时，王轲、夏明、常森、风华、西子、海泉诸君正面临毕业，我想《季风》该多么留恋他们！好在他们走向成熟的时候，已凭着诗的责任感将《季风》顺利地传递到更为年轻的又一批校园诗人手上，于是我们很荣幸地开始拥有严冰、立平、王伯文、牛树平、徐西华、李德政、徐学诚、吴琼、赵文军、时新华、黄东立、何作庆、白崇征、韩光伟、马玉强、马洪霞、李建玫、王开军和崔秀仲，我们更渴望拥有更多的青春和诗！

以上诸位，有的已在寂寞中苦苦地探求过，大多数却还是刚刚开始。他们的人生和诗当然都还稚嫩，都还需要增加更多的经历、勇敢和智慧，都还需要付出许多高尚的痛苦磨砺自己的诗笔。在这里，我要强调说：欲做诗人首先做人，要悉心培养自己高尚的人格。从某种意义上说，诗即是高尚人格的艺术表现——当然，"人格"不是抽象的，空洞的。在今天，它的内涵至少该意味着热爱人类，忠于真理，不断完善自己，更多地帮助别人（决不损害别人）。等等。

这个祝愿应该是永远的，我们的校园诗人能否也这样永远地追求呢？能否让那些帮助过我们的师长释然而笑呢？

谨以此文纪念"探海石"周年及《季风》三期。

1987 年 6 月 1 日

在你远行时……

在你远行时，天正黎明，而花上有朝露，路上有荆棘。

命运在选择你，你也在选择命运——这条路，要你有勇气，有信念，要你怀抱一颗太阳和满天星月，为你探路。

在你之前，许多人筚路蓝缕，以启山林，于是这条路已从历史的深处走出而面向未来。

我也已经在这条路上跋涉经年，我心中的太阳在鼓舞着我，而前路的玫瑰在诱惑着我，我不能不向前走。

当你向我走来，我将等待你。

我将伸出我的手，把我的温暖与勇气付与你。在这条路上，我愿意是你忠实的朋友。

这是一条漫长而又温暖的路。

不要踌躇，不要怕失去什么。要失去的无论在哪里都会失去，而能得到的只在旅途中才会得到。

这条路便是你的纪念碑。

我将忠实地陪伴着你，直到有一天走完我们的路程。

1988 年 6 月 10 日

陶阳听课记

肥城市西北部的陶山，相传是春秋吴越时代越国大夫范蠡隐居之地，明清两代又有一些文人僧侣在此刻石造佛，立碑铭传，遂使此山成了这一带有浓郁文化氛围的名山。

地处陶山之阳的肥城矿务局陶阳煤矿职工子弟学校是今年我校众多的实习点之一，也是往年常来实习的地方。整个四月份，17 名中文专业的实习生在这里初上讲台，初为人师，与这里的指导教师（其中不少是师专校友）和初中学生结下了深厚的情谊，还在课余拜访了肥桃产地绚烂的桃花，游览了陶山险峻的峰顶和深邃的洞穴。

作为"带队"，与实习同学同吃同住同欢乐，更主要的任务则是配合指导教师听实习生讲课，然后评议乃至最后鉴定实习成绩。这期间有许多发现，许多感触。

投入工作的热情促使我们的师范生一改平日的随便散漫，变得认真、勤苦、成熟起来。白天恭而敬之地听示范课，晚上细细推敲厚实的教案，怀着满心的忐忑登上讲台，努力塑造着自己的"师表形象"。写字潦草的现在笔笔见功夫，讲话随意的开始字斟句酌，方音较重的眼下也尽量使用普通话，令听课者感到惊讶，继而欣慰地微笑。

一节课下来，春风上眉梢，然后再接再厉，更上层楼，不断地有所觉悟，有所长进。

而最重要的，是我们的师范生在实习中发现了"自我"，也似乎找到了实现"自我"的途径。于是快乐地说：和孩子相处，不但净化了心灵，而且找到了实现自己的立足点，还亲身体验了"教然后知困"的感觉，觉悟到"消磨人生"的极端窘迫。

而听课人，则欣欣然说：任何一个生命过程都可使人感悟到一些存在的秘密，实习自不例外。只有真正有所投入，才能变得洞达清明。教师一业，既需要国家进一步给予法律保障和经济保障，也需要从业者进一步给予全身心的投入。两面兼顾周到，则教育振兴有望，民族振兴有望。明白了这些，也就心气和平，满目青山，不为任何蝇头小利所动矣。

由这种意志构成的风景，是比自然界的风流险峻更有魅力的。

1993 年 4 月，原载《泰安师专报》

校园漫想

一

中国大学生，因其拥有最饱满的青春活力，肩负着最辉煌的历史使命，容纳着最理性的现代信息，走在面向世界的最前沿，赢得全社会广泛持久的尊敬与爱。而师范院校的大学生，又因其特殊的职业选择，更被罩上一道神圣的光圈。但这种赞美诗般的评价，是就其总体而言。当置身大学校园，与这些骄子们同吃同住时，就渐渐发现这些年轻生命的负面，感觉到在其将要承担的使命与其实际水平之间还有多大的距离！

犹如探测太阳的黑子，请允许我述说一下"校园基本文明缺乏症"。我所谓"基本文明"，乃指校园范围内的基本道德修养与礼仪常识。

诗人梁小斌在其《雪白的墙》中对"文革"中被污染的墙壁发出感喟。但直到现在，一些人随意在雪白的墙壁上乱涂乱画的恶习似乎并未改变。无论在教室还是在走廊都可以看到污浊粗俗的涂抹，肆意践踏的足痕以及黏稠褐黄的痰迹。难道我们的墙壁是这些人的精神厕所吗？

再者，无论是课堂、自习或是阅览室，常常在一片静寂中独闻某些铁掌皮鞋刺耳的尖音。我不明白为什么非要打金属的鞋掌？也不明白为什么涉足公共场所时不能轻悄一点？特别是那些爱迟到的人，当你在众目睽睽之下登堂入室时，不觉得自己的大皮鞋过于粗暴吗？

教学区的情况是如此，生活区的状况也并不佳，撇下餐厅里的"战争气氛"，单听公寓里的"生活噪音"，也就足以写一部记实性的"曝光文学"。现在实行的是公寓化管理，但遗憾的是一些人的"公寓意识"并不具备。规定轮流日，有人却视自己为局外人；还有的半夜始归，众人皆睡我独忙，洗漱加餐的山呼海啸，如入无人之境。洗脚水偏要泼在走廊里，扑克牌每每玩到零点以后，现在又流行轮番请客，用父母的血汗钱款待同乡同学以烟酒糖茶，常常内心不情愿可又死要"面子"，对这种"劣根性"现象不敢加以抵制。

种种流弊，不一而足。亮出来不是为了诋毁大学生的总体形象，而只是希望八九点钟的太阳更鲜亮更红火。校园不仅是传播知识的殿堂，也该是培养美德的基地。短短的大学生活，如果埋头攻读，潜心修炼，是可以在各方面成为贤者的。而迟到要表示歉意，拜访须先敲门，公寓要责任分担，借东西必须归还……这就是修养，这就是文明，这就是作为社会成员必须拥的有最基本的美德。

青春，应该和真理、智慧、美德结缘，应该容有更多更强烈的社会使命感，应该向着完美与完善不断出发。将要为人师的大学生，不要无视自己身上的"黑子"呵！

二

新学期伊始，校园话题渐渐集中到实习上来。实习是每届学生都将经由的重要关口，由实习，大部分学生还会联想到毕业、分配和即将从事的中学教学工作。

师范院校学生的专业选择是一个敏感的问题，很多人不愿提起。原因很简单，就是对自己的师范专业压根儿不抱信心和希望。报考师范，仿佛是被逼嫁人，结果"在娘家青枝绿叶，到婆家面黄肌瘦，不提起倒也罢了；一提起泪洒江河。"

其实，除了社会选择大于个人选择的客观情况外，还有一个职业选择中自身的心理移位的问题，即"见异思迁心理。"很多人都不满意自己现有的东西，但有了新的东西却又产生了新的不满意，故在这种时候，首要的问题不是换来换去，而是冷静地审时度势，考虑一下自己的专业选择最大的合理性，从而理智地把握自己，坚定自己的专业信念。

一个人专业信念的坚定程度标志着此人作为社会成员的成熟程度。只有对自己的专业抱有坚定信念的人才能在工作中出类拔萃，创造财富。很难相信一个整天对自己的职业抱怀疑态度的人会有什么成绩可言。

对我们的学生来说，我以为缺乏的不是机会而是抓住机会的勇气和自信心。许多人自从踏进校园，就自认倒霉透顶，前途渺茫，自卑大于自信，困惑多于清醒。对母校和师友则以鄙视代替爱护，以牢骚代替实干。羡慕美国的文明，却从没有美国人的开拓精神和乐观自信的生活态度。世界上哪一种文明不是埋头苦干出来的？

十三年前我参加高考，最后考上的也是师范专业，当时也曾觉得委屈、灰色，但经过规定的专业学习，特别是实习中的亲身体验，许多观念得到调整，渐渐地对教学产生了自信。的确应当善于发现自己的专业优长，也的确需要对自己的不足有足够的认识，在宽容的气氛中，尽量使个人的选择与社会的选择统一起来。而最重要的，是永远对自己说：坚定、乐观、自信。

一个人一旦对自己的专业产生了信念，就意味着开始了一种成熟的人生。而有了自己乐于从事的职业，也正像找到了一位倾心的朋友，正是："所向无空阔，真堪托死生！"

在同学们整装待发之际，我对"专业信念"作以上漫想，不知有意义否？

三

高等师范院校的办学方向是培养合格的教育人才。说到合格，其中一个具体目标，就是使被培养者学会说普通话。

通过上学期在全校范围内进行的两轮测评工作，可以看出我校的推普工作因其持久细致的努力，是扎实的有成绩的。不少同学在"语音、朗读、会话"方面达标或接近达标。如果在现有的基础上继续推进工作，是不难使普通话成为一种广泛使用的"校园语言"的。

但对于"师专"这种地方性院校的同学来说，真正使普通话成为一种广泛使用的校园生活语言还要克服几个"障碍"，即：

观念障碍、语境障碍和技术障碍。

观念障碍或可称为"心理障碍"。有两种情况，一是对说普通话不以为然，二是想说而"不敢"或"不好意思"说。前者显然是对"推普"意义和专业目标缺乏认识，后者则是自身性格中的弱点在作怪。长期的乡居生活形成一股强大的不敢表现自己的惯性力量，使我们的学生在"老乡"堆里"不好意思"一改乡音，怕难为情，怕人笑话。人要有向善向美之心，也应有向善向美之勇气，说普通话是中国人语言现代化的一个标志，有什么"难为情"的呢？应该像孔子那样，虽千万人吾往矣。

语境障碍是指客观上缺乏一个鼓励、影响学生积极使用普通话的语言环境。虽然我们的宣传媒介一律使用普通话，但具体到一个地方单位，仍然需要以各种推普形式来调动学生说普通话的热情和愿望。不仅在课堂内，更需要在日常生活中。现在我们的校园内已经有不少老师和同学自觉地使用普通话，只要更多的人"敢为天下先"，就会形成一种良好的风气和良好的语境。

再一种障碍是技术障碍，指学习、使用普通话的基础知识和基本技能。但这个困难也是容易克服的，山东话属于北方方言，与普通话的距离主要是声调上的。与南方诸省的人们相比，我们的语言条件是好的。只要善于学习勤于改正，普通话就会越说越标准，越用越流畅。

在开放城市青岛，有一个响亮的口号："为了使青岛人的语言更美，请说普通话！"，这说明改革开放不但要求人们革新思想，同时也要革新语言，社会需要普通话。整个社会如此，作为培养教师的高等师范更应走在推普的前列。现在，1991级新同学进入学校，但愿他们能在1990级已取得的成绩上更上一层楼。

为了使教师的语言更美，请说普通话！

四

实习作为一种教学方法，因此也叫"实习法"或"实习作业"。《辞海》的解释是："教师组织学生在学校工厂、实习园地以及其他现场从事一定实际工作，以获得有关的实际知识和技能，巩固已学过的书本知识，学会运用知识解决实际问题和独立完成规定的工作。"

这样看来，实习一般应是在校园之外，面对实际工作对象而进行的"能力训练"了。而这种能力训练也就成为师范院校的常规工作之一。

那么，如果不走出校门，在日常教学求学之余所进行的实习性质的活动（比如师范专业学生基本技能达标活动），是不是可以称为一种"模拟实习"呢？

比如中文专业，这几年举行过多次综合性的基本技能训练活动。上学期又举办了大型的基本技能达标竞赛，包括学生的板书、普通话、教态各方面的技能情况，在这种活动中受到了检验，得到了提高，使学生面临本学期真正的实习，心里有了底。

我想这种"模拟实习"的活动是有意义的。

这意义表现在：

强化了学生从事师范工作的专业信念。因为这种活动带有竞赛性质，所以能吸引学生积极参加，又是使学生崭露头角的好机会。好学生能够脱颖而出，专业思想较薄弱的同学也能通过这种刺激而逐渐发现自己的专业特长，所以通过竞赛而强化专业信念是可能的。

其次，模拟实习确实提高了学生的专业技能，从而为真正的实习铺平了道路。专业技能的提高是通对专业技能的检验而实现的，学生为了使自己表现出色，努力在竞赛前作充分的思想准备和技能准备，而在竞赛中全神贯注的紧张状态又调动着学生的潜能，结果大部分学生的基本技能都会得到不同程度的提高。另外真正的实习时间较短，不利于全面检验学生的教学能力。而通过一次较为充分的模拟实习，就大大缩短了学生适应阶段的时间，从而使实习在短期内得到很好的效果。

第三，模拟实习这项活动增加了学生在校园中的学习密度，使学生感到不仅有事可做，而且还较为紧张，需调动全部积极性投入学习。无论是从心理学角度还是从实践角度，都可以知道：适度的紧张状态使人勤奋智慧，闲散却恰恰证明着生命细胞的萎顿。

模拟实习的方式不拘一格，目的其实只有一个：提高学生的基本技能，使师范学生尽快成长。

是否？

1991 年

高师文学课

……

传统的高等师范文学课程的教学途径由于没有明确的教学原则的指导，往往较为狭窄和单一。那些较注意传授基础知识的教师一般都是通过有限的课堂讲授和一定数量的书面作业来完成他们的教学任务；而那些学术造诣较高的高职称教师则力图摆脱专业基础课的课堂讲授，他们更热衷于根据自己的学术专长（而不是根据培养目标的需要）开设一些学术性很强却又与专业距离较大的专题课和选修课。这就不同程度地出现了"因人设课"和"因情设课"的情况。同时，以上两种类型的教师都容易忽视对培养对象的专业技能训练。从高等师范的专业性质角度看，上述只注重基础性的"课堂讲授＋作业"模式和只注重学术性的"学术专长＋论文宣讲"模式显然都过于狭窄和单一，不利于高师专业培养目标的实现。

基于对高等师范培养目标的认识和较长时间的教学实践积累，我认为无论哪一种文学课程，其教学途径都应该是立体的，多渠道和交叉的。具体来说，每一门文学基础课程大体应包含以下三条相互关联的教学途径：

其一是基础课程的课堂讲授。这是一条基本的以传授专业基础知识为目标的途径。虽然在课堂讲授中也注意体现一定的师范性和学术性，但基础性、知识性毕竟是基础课程课堂教学的主要目标，因此课堂教学不能偏离这一目标。学生应该通过教师的讲授掌握该门文学课程的主要内容、学习重点和难点。这也就是前述《中文专业教学大纲》那些"说明"式的规定中所要求达到的课堂教学目标。不过，这仅仅是文学课程教学的基本途径而不是唯一途径。

其二是在保证基本课程的课堂讲授之基础上，根据专业特点和需要，开设一定数量的专题课、选修课和定期举办有较高质量的学术报告、专题讲座。这是高师文学课教学的辅助途径，也是体现、保证师范教育具有一定学术高度的重要渠道。由于课堂讲授时数的限定，课堂教学只能以基础性为主，学术性难以充分体现。因此，富有学术高度的教学内容就可以通过上述一定数量的专题课、选修课、学术报告和专题讲座来得以传播。这就是在保证让学生吃饱的基础上再让学生吃好，使他们更多地吸收一些富有营养的新的学术成果，从而开阔视野、开拓胸襟、提高素质，抬高自己的专业目标。举例来说，二年制师范专科教育和四年制师范本科教育，其培养目标分别是初中语文教师和高中语文教师，而所有中学语文教师的培养对象都是 13 岁—19 岁的儿童少年。但奇怪的是，除少数师范院校以外，大多数师范院校中文专业都未开设"儿童教育学"、"儿童心理学"和"儿童文学"课程，这显然是课程设置的不合理所致。在暂时限于条件不能改变这种状况的情况下，如果以专题课和选修课的形式开设一些有关"儿童教育"（如"儿童心理学"、"儿童文学"等）的课程，可能是体现师范性和学术性的良好策略。当然，专题课和选修课的选择范围是较宽阔的，并不限于前述儿童教育课程。但在选设这类课程时却应注意不能因人设课，亦不能因个人趣味设课，而应以体现师范性和学术性的统一为原则。

其三，为比较充分地体现师范性，高师文学课程的教学途径还应包括·个实践性环节，即以考试、考察、书面作业、第二课堂活动为主要内容的专业技能训练途径。

传统的考试、考察、书面作业往往只注意考察学生书面复述课堂知识和教材知识的程度，缺乏对学生进行口头表达能力、作品解读能力和书面思辨能力的测试与培养。考虑到高等师范的专业特点，这种单调和表面化的考试、考察、作业方式应该作一些调整。这些调整包括：书面考试、考察、作业中应增加一定比例的作品解读和讨论方面的内容，在书面考试、考察之外则应增设一定次数的口头测试内容。或者将书面考试与口头测试结合起来，这对提高学生的专业技能来说是必不可少的一个实践性环节。

实践性环节还包括一定数量的有关文学教育的第二课堂活动。这方面的潜力是相当大的。一般说来，中文专业的学生都比较关注社会和文学发展的动态，而教师也需要了解最新的文学教学资料。在这种条件下，教师和学生们的共同需要就可以通过举办有意义的第二课堂活动得到满足。例如"中国现当代文学"课，其教学内容由于和现当代社会生活有着千丝万缕的联系，因此一直是当代社会关注的热点话题，对现当代文学的批评和研究也因此成为一门受社会各方面关注的"显学"。借助这种有利条件，从事现当代文学教学的教师就可以经常性地举办这样一些第二课堂活动：或者播放根据现当代文学名著改编的电影电视片；或者举办以纪念著名作家生辰和忌日为主题的专题讲座；或者在一些重要纪念日举办现当代诗歌、散文作品朗诵会或比赛活动；还可以举行以讨论现当代作品为主要内容的小论文征文活动，等等。

总之，在坚持常规的课堂教学（包括专业基础课和专题选修课）以保证高师文学课教学的知识性、基础性和学术性的同时，以考试、考察、作业布置和第二课堂活动为途径增加对学生专业技能的培养来体现高师文学课教学的师范性是必要和可能的。

要做到这些必然要付出艰苦的劳动，但这却是使高等师范教育走向规范化和现代化的必由之路，非走不可。

（原载《泰安师专学报》教育教学研究专号，原标题《高师文学课教学的原则与途径》，1997年3月。收入本书有删节。）

曲阜归来话"升本"

为保证我省专科起点升本科的工作能够公平、有序地进行，今年首次实行了划片集中考试的方式。对这一举措，中文专业的同学们从开始就十分赞同，认为只有这样，才能考出实力，考出水平。现在，我们得知今年中文专业共有35名同学"升本"。消息传来，每一位教师都感到十分欣慰。

中文专业参加专升本考试已逾十载。总的情况是坚持不懈，稳步发展，输出了人才，促进了教学。很多在高考中失利的好学生通过这一途径开辟了新路，发展了自己。如1989级3班的刘成友同学，考入曲师大后继续努力，1993年又考取湖北大学中文系现当代文学硕士研究生，去年获得硕士学位后又考入武汉大学，成为中文系陈美兰教授的博士研究生。

经过多年的教学与辅导，老师们体会到：专升本考试是场硬仗，打硬仗要靠真本领而非投机取巧。理想的成绩主要是通过扎实、严格、有效的教学和科学、务实的管理取得的。考试只有三天，功夫却是两年奋进的结果。因此，每年的专升本实际上已成为对中文专业教师素质、教学水平的全面检验和测试。

专升本能够培养人才，也促进了教学。但并没有因为这一特殊工作而影响常规教学秩序。多年来，中文专业积极鼓励学生参加"专升本"，但不允许学生因此影响其他学业，有专人负责但不实行封闭式教育。这样就保证了日常教学和管理工作的顺利进行，也保证了学生的健康全面发展。

"沧海横流，方显出英雄本色。"在曲阜师大集中考试的三天紧张而有意义，中文专业和我校其他专业的同学们凭着自己的真本领考出了成绩，考出了水平，经受住了考验。他们的好学精神和良好考风也受到了监考人员的称赞。

（原载《泰安师专报》1997年6月27日第149期第1版。）

心灵深处的绿地

　　读过鲁迅《从百草园到三味书屋》的人，一定都忘不了那个充满生机的百草园。那个园子并不大，而且生长的又多是杂草，但它却是鲁迅先生童年时代的一个乐园。另一位现代作家萧红，其心灵深处也有一片葱茏的绿地——后花园。在短篇小说《后花园》中，萧红这样描述后花园中的花草："这些花从来不浇水，任着风吹，任着太阳晒，可是却越开越红，越开越旺盛，把园子煊耀得闪眼，把六月夸奖得和水滚着那么热。"在长篇小说《呼兰河传》中，她也曾对后花园作过生动的描写。在萧红不幸的童年生活中，后花园曾给她带来无穷的乐趣，在她成年以后，又曾给她以创作的灵感。

　　鲁迅的百草园和萧红的后花园常常使我想起那些像野草一样生生不息的校园期刊。新文学运动以来，校园似乎已经成为文学革新的圣地，而一代又一代的文学大师也往往是从校园期刊起步的。那些由老师和学生创办的期刊，常常既没有办刊经费，又没有稿酬，还卖不出去，但却成为年轻的文学爱好者最初的摇篮和乐园。即使在今天，文学已倍受冷落，这类期刊却仍然层出不穷，在十分艰难的条件下坚韧地生长着。这似乎意味着心灵的需要是多么强劲有力！

　　几乎在所有的校园里，都有着两个相互补充的世界。一种是正式的课堂，另一种则是非正式的课外活动。校园期刊正是课堂之外学生们通过写作操练灵魂、释放情感的后花园。只要你不是未老先衰，只要你不是怀有偏见，随便你打开哪一册这样的期刊，你都可能被深深地打动。因为这些期刊中的文章，不管是什么文体，都浸透着年轻作者鲜活的热情和血液。正如鲁迅称赞殷夫的诗作时所说："这是东方的微光，是林中的响箭，是冬末的萌芽，是进军的第一步，是对于前驱者的爱的大纛，也是对于摧残者的憎的丰碑。一切所谓圆熟简练，静穆幽远之作，都无须来作比方，因为这诗属于别一世界。"

《绿荫》是众多活跃在大、中学校园里的校园期刊中的一种。正如所有洋溢着无穷热情的校园期刊一样，《绿荫》以其真挚的内含和活泼的面孔，承载着少男少女的心声，成为 90 年代中学生心灵深处的一片绿地。《绿荫》所在的地方，多为山区岭地，尽管也有许多历史久远的人文景观和美丽的传说，但更多的则是父老乡亲艰苦创业的乡土故事，这从《绿荫》中的很多文章里就可以看到。《一个辍学生的日记》、《爱琴姐》、《不敢正视的眼神》、《石碾》都写得感人至深。《生命不能被保证》则表达了一个现代中学生坚韧、自信的个性，两位老师撰写的《写，为了什么》、《作文与我》见解深刻，语言犀利，确能起到"导游"的作用。

莱芜四中是我最初走上讲台的地方，十五年前，我也曾和几位老师办过一份校园期刊，刊头《百草》也是由仲之先生题写。只是那时我们还只是手刻、油印，而且只印了唯一的一期。现在，看到面目一新的《绿荫》，感到既亲切，又陌生。

对《绿荫》，我只有一个期望，就是一定要有自己的个性。有个性才有立足之地，有个性才有成长的潜力，有个性才可爱！

《绿荫》第二期就要印出来了，且让我们一页一页地往下翻……

1997 年 9 月 17 日

说到读书

说到读书的好处，我就想起了美国十九世纪杰出的女诗人艾米莉·狄金森的一首小诗："没有一条船能像一本书，使我们远离家园，也没有任何骏马，抵得上欢腾的诗篇。这旅行最穷的人也能享受，没有沉重的开支负担；运载人类灵魂的马车，收费是何等低廉！"她把书籍和诗篇比喻为"运载人类灵魂的马车"，多么新鲜而贴切。

但是在印刷事业高度发达的今天，我们每天接触到的印刷品实在多得令人眼花缭乱。置身在一个报刊、杂志、书籍的世界，常常有一种要被埋没的感觉。人生苦短，书海无垠，怎样在有限的生命旅程中阅读最多最好的书籍，不能不有所思考，有所设计。一个喜爱读书却又不知道从哪里入手的年轻人，他的困惑之一就是面对铺天盖地的图书不知所措。他不明白一个人的读书生活首先应该从读名著开始。

什么是名著？美国的莫蒂丝·丁·阿德勒曾经提出过判断名著的六条标准。其一，阅读者最多，不是一、两年的畅销书，而是经久不衰的畅销书。其二，通俗易懂，面向大众而不是面向专家教授。其三，永远不会落后于时代，决不会因政治风云的改变而失去价值。其四，隽永耐读，一页的内容多于许多书籍的整个思想内容。其五，最有影响力，最有启发教益，含有独特见解，言前人所未言。其六，探讨的是人生长期未解决的问题，在某个领域有突破性意义的进展。

我们还可以把这样的名著根据自己的专业分为专业名著和非专业名著。一个人如果要读书，当然首先应该阅读属于自己专业的那些名著。专业名著是每个人完成学业、实现自我的桥梁，是每个人由外行变为内行的台阶。一个中文专业的毕业生，如果他连《诗经》、《楚辞》都不曾读过，如果他连《呐喊》《彷徨》都未曾读完，如果他竟然以"看不懂"为由而拒绝阅读《哈姆莱特》《浮士德》，那么你怎么能相信他是一个合格、称职的人呢？

在尽可能多地阅读专业名著的同时，也还要尽可能多地阅读一些非专业名著。这样才能保证摄取充分、均衡的营养，才不至于出现偏枯的症状。

非专业名著又可分为传统名著和当代名著。传统名著指人类在漫长的历史中创造的那些历久不衰的精神食粮。每个民族都有自己的传统名著，这是人类的精神血脉，是民族的根本和灵魂，也是每一个人成为合格的社会成员的精神之源。一个中国人，无论他从事哪种专业，似乎都应该读一读《论语》、《史记》和《天演论》。而作为一个现代的中国人，恐怕也不能不熟悉卢梭的《契约论》和爱因斯坦的《广义相对论基础》吧？

当代是我们生活的焦点时刻，一个真正有所作为的人不能不关注当代。而当代名著是了解当代、深入当代的最佳视点，只有及时地阅读当代名著，才能与时代同步发展，才不会成为时代的落伍者。郭沫若年轻时代在日本读大学时，每天如饥似渴地阅读富有时代精神的新书，他在诗中引述法国作家司汤达的话说："轮船要煤烧，我的脑筋中每天至少要三四立方尺的新思潮。"他把到图书馆看书比作"挖煤"。在今天，整个世界日新月异，新书迭出，如不及时阅读则难免落伍。

为了节省时间，提高效率，读书不妨从各类名著开始。但这并不意味着排斥所有的非名著。每个人皆可根据自己的需要和情趣选择要读的书。不过名著毕竟是书中精华，包含着更丰富也更精粹的精神价值。当我们愿意沉下心来读点书的时候，也不妨首先清理一下自己的书桌，看看哪些书该读，哪些书可以缓读，哪些书可以不读。

1998 年 3 月 1 日　海岳书屋

《学习的革命》与读书

在很少看到书籍广告的电视屏幕上，谢晋先生的一句广告词吸引了无数观众的注意力。他告诉人们："读这本书，可以帮助我们改变孩子的一生。"他所指的，是上海三联书店近年出版的《学习的革命》，作者是新西兰的 Gordon Dryden 和美国的 Jeannette Vos。

《学习的革命》是一本怎样的书？它真的是人们"通向 21 世纪的个人护照"吗？

用作者提示给读者的阅读方式打开这本厚厚的书，在很短的时间内便可以大体了解本书的主要内容。作者告诉我们，我们现在正处在一个"即时通讯的时代"，就是说，"我们有存储世界上所有信息的能力，并且几乎可以使地球上差不多任何人以任何方式即刻获得这些信息。"但是正如俗语所谓"有一利必有一弊"，面对太多太复杂的信息，现代人比古人更有不胜招架之累。因为我们比以往任何时候都更无奈地感觉到"吾生也有涯，而知也无涯"。更何况，我们仍然用老祖宗传下来的读书方法对付信息时代的信息，而且还要我们的孩子也像我们那样用"蚂蚁啃骨头"的方法解决越来越复杂的问题。孩子们按照老师的要求每天把"3+5=8"的算式连续书写 15 遍甚至更多的遍数。由于某些教师的无能和惰性，少儿的大量精力被毫无意义地耗费着。我们不

247

禁要问：难道孩子们的时间就不宝贵吗？

而《学习的革命》也在引述勒纳特·纽姆拉及杰弗里·凯恩的话提醒我们："学校是过去50年来始终没有太大改变的地方之一。"看来，教育的改革已是刻不容缓。

随便翻翻这本关于"改造我们的学习"的书，一些新的思想的确给我们以更新自我的启示。作者告诉我们："在学习方面，你的最有价值的财富是一种积极的态度。""头脑不是一个要被填满的容器，而是一把需被点燃的火把。""要想快速有效地学习任何东西，你必须看它、听它和感觉它。""唯一愚蠢的问题是你不问问题。""当学习充满乐趣时，才更为有效（彼得·克莱恩）。"

读书作为一种学习的重要方式，理所当然地受到了作者的重视。他们首先向读者提问："在一个知识爆炸的世界里，你想能一天读四本书并记住你读的内容吗？"接着便启发读者"重新学习怎样阅读"。他们告诉读者，要想"更快、更好、更轻松的读"，"秘诀在于解开它们的密码，在于找出每个出版物的模式。"而要做到这一点，就必须在读书前首先问自己："我为什么读这部作品？我想从中得到些什么？我想从中学到什么新的信息？然后就找出该书的模式。"

这种方法，就是一种根据自己的需求有选择的快速读书法。我们每天面对大量的报纸，但是我们如果并不想被报纸淹没，就不会逐字逐句地细读每一页报纸，而只能择其要者而读之，把我们最需要的信息记住，从而使报纸发挥出最佳信息效益。对于以传达经济、科技、文化、社会信息为主的知识性图书，同样可以用这种读报纸的方法阅读。阅读的顺序可以依次为：1、书名，2、内容提要，3、目录，4、概述，5、各章节的开头或提要，6、重点章节的全文，7、结论，8、后记，阅读过程中可根据需要作好读书笔记。

如果用这种方法阅读，读书速度将会大大加快，读书量也可以不断增加，而读书的质量也会相应地提高。这是一个怎样读书的问题，明白这个问题或许比知道读什么书更为重要。

当然，在谈到快速读书时，《学习的革命》所说的图书指的是"非小说类作品"。这就是说，这里的"读书"是一种以获取知识为主要目的的功利性读书，而不是欣赏性或学术性的阅读。欣赏性阅读需要体味，学术性阅读需要研究，两者都需要"精读"而不是"略读"。有一首谈读书的小诗这样写："读书切戒在慌忙，涵泳功夫兴味长；未晓莫妨权放过，切身须要急思量。"前两句说的便是学术性或鉴赏性的"精读"，后两句说的则是功利性的"略读"。

也许《学习的革命》中所指出的快速阅读方法某些古人早已尝试过，但在知识爆炸的"即时通讯时代"却似乎格外需要推荐给今天有些茫然的读者。一本书本身并不能拯救危机四伏的地球，但只要通过人的自觉和努力，也许真的能找到一个新的生命通道。从这个意义上说，《学习的革命》或许真的是"通向 21 世纪的个人护照"，读这本书，或许真的可以帮助我们"改变孩子的一生"。

1999 年 1 月 2 日　　海岳书屋

编写一部什么样的文学史教材？

最近，读了朱德发先生主持编写的《中国现代文学史实用教程》（齐鲁书社 1999 年 8 月版），引起对"现代文学史"教材编写的一些思考。

作为在本世纪中叶才得以正式确立的新兴学科，"中国现代文学史"（或称"新文学史"）的教学与研究工作从开创到断裂再到二十世纪七十年代末期以来的恢复与发展，已走过了近半个世纪的艰难历程。自新时期以来，伴随着思想解放运动的不断深入，如何科学地、实事求是地认识、评价"五四"以后现代文学的成就和缺陷，成为该学科的焦点问题。正是在这种背景下，陆续出现了黄修己的《中国现代文学简史》和钱理群等人的《中国现代文学三十年》。到八十年代中期，更有"重写文学史"的理性呼唤所产生的强烈震撼。而且，这些对"现代文学史"的反思成果总是最早在大学的讲坛上张扬开来，从而最直接又最有效地进一步影响了教学与研究。总的来说，这种影响是健康的、有益的。然而物极必反，一味地趋新求变同时也带来了新的问题。体现在教材编写上，就有越编越厚、越写越长的倾向，甚至完全不顾及教材的特点，将教材当作论文写的现象也出现了，又由于早出书、快出书、冀轰动、广发行的功利性追求，不同观点、水平、文风的作者互不通气，各自闭门造车地写出某章某节，最后敷衍成书。也正如朱德发教授指出的："普遍存在一种求大不求精、求全不求简、重学术轻实用、重提高轻普及的倾向；既脱离教与学的实际，又违背由简到繁、由浅入深的循序渐进的教学规律，既不能为老师的教学留下创造性发挥的余地，又不能为学生的自学提供纲举目张的明晰线索和扼要准确的知识增长点。"

特别是进入二十世纪九十年代后，教改的呼声日高。如何处理好学术与教学、繁富与精简、厚重与实用、求新与守成的关系，确实已成为从事"现代文学史"教学及教材编写者不能不认真思考的问题。作为山东省重点学科的山东师范大学现代文学专业的老中青三代学人，多年来在朱德发先生的带领下，对该课题作了深入的研究并组织人马编写了这部《中国现代文学史实用教程》。由于其重要性，这部教材的编写被列入省教委"高等教育面向21世纪教学内容和课程体系改革计划"。那么，这部教材又是怎样处理上述几种关系的呢？

首先，编写者立足于教学和实用这一基点，使该书首先是一部教材。这无疑是一个重要的转移。正因为如此，该教材在篇幅上注意精简实用，总字数只有30万，其中还包括对50个重要思考题的解答。在结构上，全书分三大块，即"历史发展"、"经典作家"和"五十题解"，各自独立而又前后呼应。这样做能使学生对三十年的文学史有一个完整的把握，对经典作家作品也能够更集中深入地理解。在教学内容的取舍上，编写者注意了"精当"的原则，历史地而不是主观地划分章节、选取史料与评判作家。如"经典作家"部分所重点分析的十一位作家，基本上都是世所公认的大师级的、有重大成就、影响和代表性的人物。"历史发展"部分尽管还存在一些重要的遗漏（特别是对40年代大后方胡风的理论、梁实秋、冯至的散文和穆旦的诗似乎都应该加以介绍，哪怕是提一下。），但总体上是公允的、平衡的。再者，为便于教师指导和学生自学，每章都在篇末附有几个思考题。显然，这也是考虑了教材实用性的结果。

第二，"教程"在重视教学与实用、注意精当与简明的同时，又保持了对最新学术成果的有节制的、稳妥的吸收。和一些"唯新是求"的教材不同，这部书较为尊重已成共识的几十年积累的学术成就，无论是对三十年间的历史史实还是对鲁迅、郭沫若、茅盾，都并未故作惊人地申述那种缺乏"根柢"的所谓"新论"。这种尊重历史、尊重既有学术成果的"守成"态度实际上是一种科学态度，理应进一步光大发扬。当然，这种"守成"，不是被动、机械、保守的，而应建立在对本学科研究历史与现状透彻的理解和把握基础之上，同时也应该在透辟研究的基础上尽可能提出自己的新见，使守成与出新也能统一起来。事实上，《教程》并不乏新意。一是表现在对"现代文学史"的总体认识上，一是表现在对具体史实的挖掘和对作家的分析上。比如"绪论"将新文学的历史渊源上溯至晚明时期出现的人学思潮，体现了编者对新文学研究的最新成果，就很有豁然开朗之感。再如对三、四十年代沦陷区文学特别是对东北、华北沦陷区文学的重要发现和史料挖掘，对"自由思潮"之中具有独立姿态的作家群的集中介绍，都是非常重要的补充。还有对"经典作家"文化人格的探究，等等。

　　《教程》表征了中国现代文学史教材编写的一个新趋向，是一部适于实际教学应用的内容丰富而编写精当的好教材。但这并不等于说该教材的编写已臻至境，由于仍然沿用"集体编写"的模式，由于编写者观念、学识、学术个性诸方面的种种差异，故在整体风格的圆满程度和个性化程度上也就存在一些不足。因此，《教程》提醒我们思考的另一个问题就是：除了"集体编写"，文学史教材可否恢复一点"独立撰写"的传统？

1999 年 12 月 5 日（2000 年 3 月 16 日修改）

《中文探索》发刊词

　　作为各类大学中文系的基本专业，"中文"二字通常是"中国文学"或"中国语言文学"的缩略语。成为中文专业的大学生，也就意味着要在求学期间通过各种方式系统获取关于中国语言文学的知识，探索中国语言文学的奥秘，提高中国语言文学的素养，最终可能将中国语言文学作为个人安身立命、服务社会的主要知识资本。

而要获取中国语言文学的知识，寻求中国语言文学的玄机，提高中国语言文学的修养，乃至辨析中国语言文学的优长与不足，恐怕还要从阅读、思考、讨论、写作诸方面着手。从博览群书到慎思明辨从而提出个人见解，也就是一个通过学习逐渐臻于细密、系统研究的过程。这个过程，按施蛰存先生的说法，应该有三个连续的阶段："第一阶段是由浅尝到博览。对某一门学问开始感到兴趣，渐渐地一本一本找这方面的书看，熟悉了关于这一门学问的各方面情况，这是第一个阶段。既已熟悉了关于这门学问的各方面情况，在更广泛地阅读与思考之际，必然会发生问题。碰上了问题，就要自己去求解决，这才走上了第二个阶段，可以称之为'入门'。入门之后，你会觉得欲罢不能，索性把一切弄不明白的问题弄弄清楚。于是不能不展开更深入、更广泛的探索，这样才到达第三个阶段，开始做研究工作了。"施先生是现代文坛上活跃的诗人、作家，同时也是长期在大学中文系教授中国古典文学的前辈学者，他的经验之谈似乎很值得今天主修中文专业的年轻学子借鉴。

当然，同样是大学中文专业，专科与本科、师范与综合大学由于层次和性质的不同，教学目标自然也有差异，各个教学阶段的侧重点也会有别。不过从创新教育的角度，似乎应该对今天各类大学中文专业的学生提出更高的要求，那就是除了获取教学大纲规定的专业知识量，还应该养成从事语言文学研究的能力和习惯。学习不是被动地接受，而应该是主动地探索，学生不仅仅是传统的受教育者角色，同时应该是积极的研究者、参与者和创造者。同样，教师也不再是传统的权威角色，如果不能持续地更新自己的知识和观念，也将成为"不必贤于弟子"的落伍者。在今天，人们普遍面临终身教育的挑战。

《中文探索》是一份面向中文系师生的综合性辑刊，旨在"探索中文教学之道，提高中文教育素养"。作为中文专业教学改革的重要组成部分，该辑刊将配合教学，积极鼓励师生通过阅读、讨论、写作参与教学改革，尽可能多地编发师生富有思想性、文学性、学术性的文章和作品。特别希望选择以中国语言文学为专业的学生诸君通过主动学习，逐渐培养对中国语言文学的浓厚兴趣，并逐渐养成对中国语言文学的学术性敏感。这个过程，是一个从普通读者成长为学者的过程。对于中文专业的师生来说，《中文探索》应该是知音，是家园，是双向交流、教学相长的媒体，是努力奋飞的坚强翅膀。

尽管受到市场经济大潮无情的冲击，但是蕴涵着深厚的人文精神的中国语言文学仍然深具魅力和前途。"博学之，慎思之，明辨之，笃行之。"唯愿大家精诚合作，把这份尚属稚弱的刊物办好。

青青园中葵，静静吐芳华。

2000 年 11 月 22 日

《话剧形体孕育出的〈过客〉生命》校读后记

2001 级五班是泰安师专中文系办学历史上第一个四年制本科班，其课程设置、教学进程基本依据的是曲阜师大本科中文专业的计划，但师资和教学则由我们自己安排。本学期，我开始为这个班讲授中国现代文学史。为引发学生们的学习兴趣，发挥学生各自的优长和潜能，我在开课之初先做了几项基础性工作：一是搞了一次学情调查，借以了解学生对现代文学史的积累情况；二是打印了一份简要的阅读目录，希望他们不间断地阅读一些重要作品；三是制订了一个分组计划，按"文学史研究"、"小说与小说家研究"、"诗歌和诗人研究"、"散文和散文作家研究"、"戏剧和剧作家研究"以及"文学批评和批评家研究"的次序将全班同学分为六个学习小组，并选出学习组长，负责制订和实施本组的"研究计划"。同时在课堂教学中特别加强了讨论教学，不定期地设置一些文学史课题由大家讨论，希望学生能在讨论中增强自己的参与意识，提高自己听、说、思、辩、交（交流）的能力。另外，也考虑到设计一到两次表演教学，原拟搞一个现代诗歌朗诵活动，后来改为排演鲁迅的散文诗剧《野草》。其实，我仅仅是布置了一个"作业"，其他一切均由该班学生自己安排调遣。过了一段时间，他们告诉我说：排练得差不多了，能否演出一次听听我的意见？我当然乐享其成，于是在某天晚自习，我就成了他们表演的象征剧《过客》的观众。他们满怀热情的演出，让我充满了对鲁迅作品教学更多可能性的希望，也让我更加明确了一个认识：所谓大学生"厌学"、"远离文学名著"现象形成的原因，和教师创新意识的缺乏、教学方法的呆板有关！大学课堂内陈陈相因几十年的"群峰拱岱"式的教学模式，实在应该改一改了！

相对于教学手段的改善，相对于课件的制作和使用，相对于多媒体教学方法的开发，我以为最具关键意义的是要真正体现学生在教学活动中的主体地位，要改变那种"唯教师之命是从"的教师中心模式。

学生是学习者，但同时也是创造者。如果说古人有些说法至今仍然有价值的话，那就是"弟子不必不如师，师不必贤于弟子。"

我以为在今天，衡量一个合格教师的尺度应该是：他有没有意识到学生的未来比自己的虚荣心更重要？还有就是：他有没有容忍学生超越自己的雅量？以及他是否以提高生产力、解放生产力为自己工作的最高指归？

当然，我这样说并不意味着全然忽视学生的弱点，也并不意味着故意贬低教师在教学过程中的主导地位，我的意思是如何更有效地发挥教师的现代教育功能。

当我用了一整天的时间看完这 26 篇"演后感"或"观后感"时，我更加确信这样一个道理：学生是学习的真正主人，他们在暴露着种种不足的同时，头脑中也蒸腾着无尽的、鲜活的、芬芳的创造热情和生命智慧。

透过这 26 篇短文，排演《过客》的种种快乐历历在目，已用不着我去总结或概括。一切均在话语中。唯一需要说明的是：文章都是一次成稿，缺少推敲和润色，因而错字、别字、病句、拗句和标点错误实在不少，很令我伤脑筋。我的感慨是：汉语学到大学本科，为什么还是那么"青涩"？

我尽我的可能从自己的感觉出发对原文作了一些标点和字、句方面的修整，特此说明。

但愿这本小册子能起到交流和教学相长的作用，而不仅仅是为了纪念。

2002 年 7 月 1 日　海岳书屋

第九章 我改变了什么？

现代教育者的美德

一

人生之路充满偶然，不曾想到，因为偶然的机缘考入师范专业而又走上从教的道路，如今已有二十余年。

大概是学生时代遇上了几位"好老师"的缘故，自从走上讲台之后，也给自己设定了一个朦胧却又光鲜的目标，那就是尽可能做一个学生心目中的"好老师"。究竟"好"在哪里？不十分明确，但应包括真诚大度、功底扎实、开明谦逊这些基本的要素。往高处说应受学生喜爱和欢迎，往低处说至少不能让学生畏惧甚至讨厌。

其实对我而言，学生既是遵循各种规则的受教育者，同时也是推动我不断地焕发激情、逐渐接近真实和美的良友。从齐鲁礼仪之邦来到吴越春秋故地，环境和心境都难免发生微妙的变化，然而不变的是身边那些充满朝气、健康快乐的身影。与青春做伴，我似乎拥有了取之不尽、用之不竭的生命资源。

我想说的是：教育并不是一种单向的受益活动，而是由教育者和受教育者的积极互动从而获得的"双赢"行为。

这就提醒教育者：不要将自己置于一个"舍我其谁"的中心位置，也不要把学生视为可怜的被动存在。实际上，没有学生的创造性参与，教育的成效无从设想。

因此一个教育者实在没有理由不爱学生和不尊重学生。爱与尊重，是教育者最基本的生产力。

所谓爱与尊重，并不仅仅体现为表层化的感情交流，也不仅仅意味着在关键时刻为学生排忧解难。在现代教育的理念中，爱与尊重的核心价值是如何在教育过程中最充分地体现学生的主体地位，从而使学生最大程度地满足全面发展的需求。在爱与尊重的阳光普照下，学生应该同时生长出健康的肢体、灵慧的大脑、高尚的情怀和积极达观的社会精神。

学生的需求就是教育者的动力。是否重视学生的需求，最能检验教育者责任意识和道德意识的强弱。当一个教师开始变得心灰意懒、麻木不仁、抱残守缺、高高在上甚至独断专行的时候，他已不再是一个有道德感的教育者。

教育者最大的悲剧是把自己神圣化与鄙俗化。

神圣自我必然忽视受教育者的利益。因此不能将自己想象成上帝。因为学生的上帝是他们自己，教师的职责就在于如何使学生明白这一点。

使自己变得鄙俗意味着缺少自信和坚持，意味着平庸和媚俗。教育者在鼓励、支持学生尝试、创新的同时，也要习惯于说"不"，在学生发展的路途上，教师应当充当一个积极的批评家。

决不盲目地迎合一切反价值的东西。

既要学会宽容，又要能够坚守。

这就是我意识到的现代教育者的美德。

二

具有道德意义的行为是美的，它往往比说教更有力量。

谈到留学时期的日本老师藤野先生，已经四十五岁的鲁迅犹自感慨不已。他由藤野先生当年对他的关怀看到了一个现代医学教师的博大情怀。鲁迅这样表述他对藤野先生的感激："但不知怎的，我总还时时记起他，在我所认为我师的之中，他是最使我感激，给我鼓励的一个。有时我常常想：他的对于我的热心的希望，不倦的教诲，小而言之，是为中国，就是希望中国有新的医学；大而言之，是为学术，就是希望新的医学传到中国去。他的性格，在我的眼里和心里是伟大的，虽然他的姓名并不为许多人所知道。"

潜心治学，不通"世故"；精诚为师，不存偏见；实事求是，不打折扣；埋头做事，拒绝庸俗。

细读《藤野先生》，品味一个现代教师极具科学家素质的道德美感。

三

并不是所有的说教都不需要，发自真诚的肺腑而又不违反人性的说教也是美的。

曾作为南京大学的研究生听叶子铭先生一次讲课，内容已经记不清楚，只有最后的一个"忠告"鲜明如初。

叶子铭先生讲到人生，打了一个比喻：任何人的生命轨迹都将是一个完整的抛物线，无论达到什么高度，最终还是要落下来。

需要并且能够选择的是：上升时把握好方向，落下时在一个干净的地方。

这样的说教已经不大有人说了，但它是有价值的，因而也是美的。

2003 年 5 月 21 日　朝晖楼

正是江南好风景

"正是江南好风景，落花时节又逢君。"此君不是哪个具体的朋友，而是一年一度的又一个教师节。这个教师节，一如此前两个教师节一样，我在秋光正好、丹桂含苞待放的江南。

不知不觉，我从壁立千仞的泰山南麓来到柔波荡漾的西湖北岸已有三年。从三年前第一步跨进工大的第一天起，我就有一种兴奋的、喜悦的情怀，感觉自己的生命深处有了一些新的因素，对未来的日子也有了许多新的期待。我发觉我喜爱这个新环境。

而且，无论是从新同事的口中，还是由我自己的观察，我还感觉到：这三年也是工大一年一个台阶、一年一个面貌、高起点大踏步发展的黄金时期。记得三年前五月底我来接洽调动事宜的时候，学校南门的潮王路正在修整，一片泥泞，学校的围墙还是古旧苍老的石灰墙。一年之后，周边环境和校内环境大变，十五层的新教学楼启用了，上塘河两岸由杂草丛生的荒地变成景色宜人的"校友公园"了。更令国人刮目相看的是：工大赫然跻身于国内高校"百强"之列了！

我所在的人文学院也已大大不同于三年前的规模。初来时，全院教师开会，邵科馆三楼一间较大的房间就足够了。三年后，已有两次搬迁的学院首次在屏峰校区的郁文楼开会，两百平方米的会议室也已经济济一堂。聚会相谈，我这只有三年"院史"的人居然已被陆续新来的同事称为"元老"！

调来杭州之前，我原先所在的单位也刚刚完成"改名"、"迁校"的巨变。那时，我也曾徘徊在暮色苍茫、裸露着新泥芳香的校园花径上暗自感慨。现在，面对一个更新鲜的崛起，我似乎仍然时时处在"惊艳"的兴奋里。

看来，从北方到南方，中国的高等教育真的出现了一个前所未有的"蜕变期"。自然，蜕变就意味着否定之否定，就意味着新的希望的来临。

若干年前，也是在一个教师节期间，我曾撰文吁求我们的民族尽快摆脱贫困和愚昧。因为那个时候，国家也好，个人也好，刚刚从内乱造成的虚脱中摆脱出来，的确是既多贫困，又多愚昧。那时候，最振奋人心的号召就是：极大地提高整个中华民族的科学文化水平！

现在，在眼前又一个教师节来临的日子，我又该说些什么呢？所有的人正在逐渐远离贫困的折磨，更多的人也正在变得理性和智慧，大学正在向真正的大学（就像这个世界上那些最优秀的大学一样）目标逐渐接近。我还有什么真正值得说的话呢？

我想，不妨先这么说吧：就一所又一所高等学校来说，硬件的骨架搭起来了，接下来就该把软件建设的目标放在第一位了。哪些软件？第一当然就是最优秀的师资。大发展必然需要大投入。大投入不仅仅是物力，对高校来说，更核心的还是具有精英性质的人力。所谓"大学者，非大楼之谓也，大师之谓也"。然大师何以形成？是不是可以如"肉食鸡"那样通过喂食某种神秘的生长剂加以速成？答曰不能！那么，就倾注全力一点一点地积累。

十年太短，二十年也不算长，五十年、一百年总可以吧？不要企望速战速决，更不能采取杀鸡取卵的人才策略，只有在充满人性色彩的、宽容自由的环境里，大师才会健康从容地生长。也不必要求一个教师什么都做，或者什么都要做好。设想在今天这样的环境里，一个教师能够怀着一颗"爱心"恪尽职守地上好每一堂课，批改好每一本学生作业，愿意负责任地回答每一个学生的提问就已经相当不错。要是他还能兼顾科研，在工作中有所发现，有所创造，有一些真正属于原创性而不仅仅是陈陈相因的学术成果那就更好。人们常常怀念抗战时期的"西南联大"，那时的物质条件是艰苦的，然而从教师到学生却都深深地陶醉于、沉迷于民族复兴的崇高理想之中，故心灵是沉静的、充实的，绝不心浮气躁。学校也并没有给教授们提出一些不科学、又不切实际的数字化要求。

最近，我注意到一段关于理念建设的讲话。其中谈到以人为本、兼容并包、宁静致远等理念。我觉得眼前一亮。这些理念包含的内容当然很多，但是强调人本、宽容、个性、务实我以为还是最基本的精神。应当坐下来好好讨论一下这些理念，看看在实际工作中我们应当怎么去努力。

庶几，则我们的学校必会前途无量，我们学校的教师和学生也必会前途无量，办"人民满意的高等教育"的目标也就不难实现。

2005年9月8日，原载于《浙江工业大学报》

一番送别话

各位即将毕业离校的同学们:

在你们顺利完成四年学业、即将离开母校奔赴各个工作起点之时,我非常高兴还有这样一个机会在这里和诸位见面,甚至还能够再像平时上课那样跟你们谈谈我的心情、我的祝福和我对你们的期待。我十分珍视这个机会。

四年之前,我和你们同时来到上塘河边,开始了各不相同但又目标一致的工大生涯。我并且有幸担任了汉语言文学专业两个班的班主任。此后四年当中,除了广电专业,其他三个专业我都或多或少、或长或短地担任过现代文学课程的讲授工作,和诸位有过很多亲切、温馨的交往。有一次在南昌,碰到正在那里实习的播音班熊珊同学,她还能想起我代另一位老师给他们上的很少几次课,让我倍感欣慰。另一次在饭桌上,广告专业的王建民同学悄悄地告诉我,大一上课时我对他的一次鼓励曾对他产生过不小的影响,这也让我深感教师职业不同寻常的意义和教师言行不可思议的力量。至于汉语言文学专业的同学,我和他们之间更是互动频繁,沉淀了许许多多随时都可以重温的美好回忆。

一转眼四年过去了,你们年轻的生命发生了神奇的蜕变。沉稳、深厚、大气表露出你们的成熟,言谈笑语也更多地包含着闪光的智慧。你们由清亮的溪流变成了幽深的江河,由俏丽的峰峦变成了苍茫的高原。你们在很多方面已经超过了父母,超过了师长,惟愿你们将来更高大、更健壮,创造出更美丽、也更有意义的生活。

你们已经取得了人生最初的成功。作为这样一个成功者,你们一定都很熟悉最优秀的现代小说《围城》中那个不幸的失败者方鸿渐先生。按照那个年代西方人的理解,一个成功的人生应当有四个标志：第一要接受成功的教育，第二要拥有美好的爱情，第三要成就理想的事业，第四要获得美满的婚姻。正是从这四个方面衡量，我们说方鸿渐是一个失败者。他的文凭假冒伪劣，他的爱情漂浮无根，他的事业四面楚歌，他的婚姻危机重重……而他所以失败的根本原因，在我看来主要在于他缺乏一个坚强有力的精神支撑，那就是对人生意义的深刻理解，以及对责任和命运敢于承担的勇气和智慧。丧失了目标，也就丧失了动力。

我的发言快结束了，如果这是我最后一次给你们上课，那么我要告诉你们的是：在下课以后几十年的日子里，你们可能会各自寻找、开拓最适合自己发展的人生之路，也一定会成为不同类型的成功人士，但是希望各位尽量不要成为《围城》续篇的主人公——陷入虚无状态的方鸿渐先生。

最后，谢谢你们耐心听完我这番话，同时祝贺你们拿到浙江工业大学的毕业证书。

2006 年 6 月 17 日

大学语文答问

一

问：听说这几年你改行教"大学语文"了？我听说现在大学里谁都不愿意教这门课，你怎么反倒自投罗网？如此不务正业，莫非有什么难言的苦衷？

答：你这话不够准确，有点道听途说的味道。不错，这几年我倒是真在给理工专业学生讲"大学语文"，几乎每学期都有课。

不过并不是改行，客串而已。"现当代文学"的老本行干了二十几年了，怎么好轻易放弃？另外，似乎也算不上不务正业。一来"现当代文学"和"大学语文"并非完全绝缘，彼此交叉重叠处甚多；二来多年以前我就有过教高中语文的经历，不敢说熟门熟路，至少可以算是顺理成章吧。

至于你所说的"谁都不愿意教这门课"，虽略夸张，可也不能说完全不对。若寻找原因，大约有这么几个：首先，你知道，高校近年来的评价机制往往以学科建设（学位点、科研成就）为依据，教学尤其是公共课程教学的实际地位每况愈下，而大学语文就是一门面向理工科学生的公共基础课程，其处境可想而知。其次，从学生方面说，现在的大学教育以"就业"为中心，课程的重要性也往往体现在对"就业"的直接作用方面。这样，理工科学生自然也就"人人心中有杆秤"，孰轻孰重，往往学生比教师更善于权衡。你想，所谓"必修课选逃，选修课必逃"这类校园谚语的流行可能是空穴来风吗？还有，由于高校对教师评价机制的导向作用，一般教师虽然长期在教学第一线工作，可往往难以真正拥有对自己教师身份的认同感，缺少教育岗位意识。不少教师除了自己的学术目标，很少去试图了解自己的服务对象，比如当代大学生的心理状况、人生观、价值观和社会观等等，对社会状况、教育理论也不感兴趣。在这种状态中，从事"大学语文"这类课程的教学就难以有成就感、快乐感。这是我个人的看法，有没有代表性不敢说，姑妄言之。

所以，我教"大学语文"，既不是因为觉悟高，也算不上"自投罗网"，仅仅是服从学院的安排而已。相关背景是：为了保证这门课程正常运转，学院规定中文学科的教师人人必须兼任"大学语文"课程。你说，这样规定到底是因为对这门课重视呢？还是无奈之举？

问：哎呀，想不到这里头还有这么多道道！那么，既然如此，何不干脆取消这门课程呢？老师也省心，学生也省力，何乐而不为？

答："大学语文"这门课是20世纪70年代末首先在南京大学恢复设立的，当时直接的原因是"文革"后招收的理工类专业大学生语文水平低，需要对他们补课，补上中小学阶段形成的语文能力缺陷。不过后来人们发现，其实早在20—40年代的中国大学里，也都有"大一国文"这类提高语文水平的课程。翻译家许渊冲在回忆录《追忆逝水年华》中就曾生动地描述过当年给他们讲授"大一国文"的朱自清、闻一多、陈梦家、许骏斋、刘文典、唐兰、罗庸、浦江清、魏建功诸先生的风采。因此到了90年代，针对高等教育文、理两科壁垒森严的状况，面临大学生人文精神严重缺失的局面，一些有识之士又从"文理交融"的角度重提"大学语文"问题，试图进一步发掘、提升这门课程的人文性内涵。比如北大学者钱理群教授就充满激情地为大一新生讲授"大一国文"，上海的学者则编辑、出版了《大学人文读本》这样的新教材。他们的努力显然是用心良苦的。

你建议取消这门课程，可能仅仅是从"大学语文"老师不愿教、学生不愿学这种尴尬的现状出发的。但现状是现状，造成"现状"的却另有原因，就如我刚刚提到过的，高校功能和评价机制的偏枯以及社会浮躁等等。

我不认为"大学语文"课程已经走到了尽头，理由有三：

一、即使大学生在中学阶段已经比较圆满地完成了"语文"课程的目标，也不能认为大学阶段就不再需要提高"语文"修养了，只要"大学语文"名符其实，而不是对"中学语文"的重复，那就是必要的。

二、语文也罢，国文也罢，都涉及从知识、能力到修养、素质的"无终点"性质。语文有工具性的一面，但又决不限于工具性，它更多地涉及人的审美素养和人文素养，故而对语文的学习应该是"终身制"。人生每个阶段的"语文"目标不一，"大学语文"的教学目标自然应当根据"大学"阶段的总体教育目的设置，但就学习内容的广度和深度而言，"大学语文"也仍然具有这种"无终点"特性。

三、事实上，随着21世纪的中国大学对在校学生要求的不断提高，学生专业阅读和课余阅读以及写作的需求增大，对"大学语文"教学目标的设置和师资水平也应该有更高的要求，"教学改革"的空间很大。

二

问：我也是从小学、中学、大学一路走过来的，在我的印象中，语文课好像一直就是读课文、讲课文，还有就是认生字、划分段落、总结中心思想，考试也是围绕这些内容。让我感觉困惑的是，自己认为正确的答案往往被老师否定，所以我几乎从来没有把一篇课文的中心思想总结得符合老师的要求。说句心里话，我对语文考试一直感到恐惧，因为心里没有底，不知道正确答案究竟是什么。你能否告诉我，"大学语文"与"中学语文"不同在哪里？"大学语文"这门课程究竟要达到什么目的？

答：你所说的这种困惑，在中学生和大学生中普遍存在。不过，这种现象涉及的问题比较多。一个是小学、中学、大学各个阶段语文教学的目标或者功能问题，一个是语言信息解读中的多维度和多义性问题，还有语文教学模式的转变问题。这里先说说大学语文的教学目标和基本功能问题。

但是说来奇怪，从 1978 年恢复"大学语文"课程以来，似乎很少看到对这个问题的公开的、深入的讨论。大家编了那么多教材，上了那么多课，但往往在对课程性质、目标、功能的认识上"跟着感觉走"，或者"随大流"，缺少理论建构的热情。当然，教材本身也能体现编者的思路和出发点，比如多年来影响最大的由华东师大徐中玉教授主编的教材，主要以中国文学的发展脉络为框架，以经典性的文学作品为学习内容，这样体现出来的课程宗旨就是"传承我国古代优秀文化"、"重在培养学生的人文精神"，其他教材的编写原则基本沿用徐中玉教授这一思想。此外也有以文体知识、人文精神或民族文化为教学内容的，分别体现语文教育的工具性、人文性，乃至于文化性，最近也有学者从反思我国语文教育的弊端出发，提出了"大学语文"是"母语教育"的命题，应该有进一步探讨的价值。

我个人倾向于认为：对"大学语文"的性质、目标、功能的定位，不宜采取非此即彼的、单向度的方式，而不妨把门开得敞亮一点，使其功能丰富一点。当然，首先还应当面向高等教育的实际需要，如果是面向非汉语言文学专业的学生，则在中学语文教育的基础上进一步提高汉语言信息的解读能力和应用能力就是第一位的功能。高等教育阶段的学习，学生的中文阅读量远远高于中学阶段，而且自主阅读成为主要学习方式，对自主学习方式的长期不适应一直是制约大学生成长、创新的主因，而大学教育对此却熟视无睹，反而一直沿袭中小学的教育方式，仍然相信"咀嚼式喂养"是最有效的教育方式。于是，目前中国大学教育的主要矛盾依然是：大学性质要求与大学生、大学管理、大学教学之间差异的矛盾，学生的学习要求与教师业务水平、教学方法之间的矛盾。具体到"大学语文"课程，则是学生的中文阅读、写作要求与教师教学内容、教学方法之间不相适应的矛盾。举一些最常遇到的问题为例：几乎每个大学教师都已注意到大学生写作水准（主要体现在毕业论文写作方面）的低下，但是有针对这种情况采取的提高措施吗？"大学语文"中的"写作"部分尽到了自己的职责吗？还有，教师们常常抱怨大学生不读书，既不去阅读热门的文学、哲学、历史图书，也不喜欢阅读古典名著，但是另一方面，教师是否给学生提供过有价值的阅读书目？是否提出过有效率的阅读要求？当学生要求讨论一部热门图书的时候，相关教师是否有这方面的准备？能否参与到这种讨论中来？一方面是汉语言本身日新月异，另一方面则是教师语言知识、能力的滞后，唯一的作为就是"看不惯"、"听不惯"，或者还有一种不负责任的"迎合"，丧失了学者的基本素质，既不研究社会的发展，又不研究学生的变化，怎么能够发挥出"大学语文"的基本功能和巨大的潜在功能？

问：你的意思是说，"大学语文"还应该体现出一定的工具性，重点应该放在适应大学生更高层面的语言、文字阅读和书面写作要求这方面，是吗？

答：是的，不过我认为还应特别突出大学生更高层面的汉语听说能力。你知道，近年人们在反思国内英语教学的问题，提出了"哑巴英语"现象，其实还有一个"聋子英语"现象，就是我们的学生不但不会说英语，而且也不会听英语。汉语虽说是我们的母语，但"语文"教学的结果在这方面也好不到哪里去，不少学生准备就业时拙于表达——特别是准确、得体、优雅、文明的语言表达就是例证。

问：另外，你说"对'大学语文'的性质、目标、功能的定位，不宜采取非此即彼的、单向度的方式，而不妨把门开得敞亮一点，使其功能丰富一点。"怎么理解？

答：上面所说的"工具性"，只是"大学语文"的基本功能，除此之外，"人文性"功能和"审美性"功能也是题中应有之义，既不必刻意回避，也不能喧宾夺主。其实，这三者也并非各自独立门户，而应该是共存共荣、三位一体的。当年胡适先生提倡"文学的国语，国语的文学"也是强调二者之间的融会。

如果说"工具性"重在体现母语的应用功能，则"人文性"应体现母语对精神的涵养、陶冶功能，"审美性"应体现母语的美育功能。但是，"应用功能"、"陶冶功能"和"美育功能"一方面是共存共荣、缺一不可，另一方面是通过汉语（"母语"）这个轴心发挥功能，而不是跳出语言之外谈论修身养性和艺术修养。从这个意义上讲，"大学语文"中的语言是一种文化层面的"母语"，而不仅仅是语言学层面的语言。

问：你这样说，我觉得通透多了。可要达到这样的目标，教材的编写是不是有很大难度？

答：自然，不同的教学理念应有不同的教材给以体现，这方面也该讲究点"门当户对"。不过不会太难，想得到就会做得到，只有想不到才可能做不到。真正令人忧虑的可能不是教材问题，而是能够实现这种教学理念的人，也就是实施教学的人，教师。

一个好的演员，即使念一段菜谱也会出"戏"；一个蹩脚的医生，即使有现成的、最好的药方，也不会使用。同样，一个好的教师，即使没有教材拿在手里，也一定会传达出"母语"的魅力，因为教材是在他的心里。

三

问：按照你的设想，什么样的教师才是"大学语文"最理想的师资呢？

答："最理想"不过是一种"理想"，实际教学中或者永远都见不到这样的教师。一些在民国时期读大学的过来人所怀念的"国文教师"倒是值得认真研究。研究他们的人格修养、知识结构、教学理念和教学过程。比如许渊冲教授提到的朱自清、闻一多、陈梦家、许骏斋、刘文典、唐兰、罗庸、浦江清、魏建功诸先生。华东师大徐中玉教授记忆中的老舍、叶石荪、台静农先生。也可以研究国外高校母语教育的经验。如果一个教师从事"大学语文"教学，而对于这门课程却毫无感情，又对这门课程的历史、基本经验毫无了解，那就根本不具备施教资格，遑论教材和教学方法！

其次，正像从事任何其他一门课程的教学一样，从事"大学语文"课程的教学也需要教师全身心的投入。这种投入包括情感和理性两个层面，情感层面主要是工作激情的获得，理性层面涉及经验的积累、理论的思索、方法的取舍等等。当然，依照现在的高校学科建制标准，要求"大学语文"教师对该课程保持激情是有难度的，因为生存第一。若不是不得已，恐怕没有几个人会在现时代的背景下主动选择"大学语文"作为自己安身立命的第一职业。

问：说到"大学语文"这门课程和从事"大学语文"教学的教师的地位，我有点困惑，高校在这方面多一些投入应该不困难吧？何以总是表面上重视，而实际上看不出效果来呢？

答：这个问题涉及的方面比较复杂，属于非课程本身的因素，我们还是暂不加以讨论吧。我倒想说说"大学语文"作为一门课程，除了师资以外，它自身涉及的其他几个方面。

刚才我们谈到了"大学语文"的性质、功能、教材和施教者的问题，其实从课程建设的角度说，"大学语文"的教学还包括很多环节，主要有教学模式和教学方法问题以及考试问题。这里主要的矛盾是如何改变旧的、以沿袭中小学语文教学模式为标志的现行"大学语文"教学模式、教学方法和考试方法的问题。正是由于简单地依赖中学语文教学模式，降低了"大学语文"的含金量和教学水准，也使社会和学生对"大学语文"产生了错觉，认为"大学语文"不过是中学语文的重复或翻版，自然也就无法为它"拍案惊奇"。因为"大学语文"从内容、教师到课堂教学甚至到考试都不能令人有"惊艳"之感，又怎能期待其功能的发挥呢？需要产生动力，人家不需要你，而硬要人家亲近你，这不还是包办婚姻吗？

总之吧，作为一门课程，"大学语文"应该走出一条有别于中学语文教学的、属于自己的路子，在教学模式、教学方法包括考试方法方面都给人属于"大学"的特殊魅力。

2006 年 7 月—2007 年 10 月 3 日 杭州

《十八岁和其他》旁批

星期天，上高一的儿子给我布置了一个"作业"：阅读高一语文教材上杨子的散文《十八岁和其他》，划出自己认为精彩的句子并在旁边写出评语。

说真的，我还是第一次知道"杨子"这个人，自然也是第一次读他的散文。根据课文"注释"，了解到杨子原名杨选堂，生于 1923 年，广东梅州人。作品有《浸洒的花朵》、《感情的花季》等。这篇《十八岁和其他》选自大陆湖南文艺出版社 1988 年版的《台湾散文精粹》。

这是篇书信体的散文,收信人是作者的儿子"东东"。全文四节,分别命名为"十八岁"、"两代人的矛盾"、"读书的苦乐"和"青春"。不用说,分别写的是作者对这四个话题的看法。

读完这篇散文,我为这位父亲的亲情与理性打动,情不自禁地划出几句最精彩的地方,用铅笔记下了我的共鸣:

爱是亲情的根本,父母对子女的爱永远不嫌其多。即使是宠爱,也还是比冷漠、专制、自以为是更好。

父子为亲,知己为友,兼有父子之亲与友情之乐的父子,自然是双倍幸福的人。作为一个父亲,谁不希求臻于这样的境界!

两代人的"矛盾",缘于"爱",基于"无知",但只要彼此积极寻求尊重与理解,应当不难避免。

能清楚地透视当代教育之弊害而不是一味盲目地给子女施加压力的父亲一定是一位善解人意的父亲。

"整个世界填满不了十八岁男孩子的雄心与梦。"

写出了青春无尽的活力!

"人生之乐,莫过于目睹下一代的成长、茁壮。"

新生命是老生命的延续,看到自己的生命在孩子身上得到延伸,谁会感到不快乐呢!

2006 年 9 月 24 日杭州

班主任

2002 年春夏之交的那段日子,可能是我教学生涯中一段值得回想的时间。因为在这之前一年多中积聚起来的躁动不安使我产生了改变一下自己的强烈冲动。最终,闷热的夏天过去之后,我和妻子沿着京杭大运河的东岸南下（当然是乘坐快速列车），走进了钱塘门外一个陌生而新鲜的学园。

浙江工业大学，其前身是地处衢州的浙江化工学院，二十世纪七十年代末期才迁到杭州北郊，不久更名为浙江工业学院。但直到我来的这一年，才开始招收汉语言文学专业的第一级学生。

来之前，院长就在电话里跟我商量，希望我能兼任这两个中文班的班主任。并且说日常工作有专职辅导员去做，我的作用就是在学业方面给学生一些指导，特别是鼓励他们积极考研，让这届毕业生在升学方面趟出一条路子来。

对于当班主任，我并不胆怯，甚至还觉得驾轻就熟，大有"随心所欲不逾距"的自信感。因为，从1983年我就开始做班主任了，1985年以后，又先后给1983级、1986级、1989级和1994级当了四届共七年的班主任。标志性的"成就"是1997年我带的1994级4班被评选为山东省优秀班级。现在回头想想自然冷静多了，但当时的确有一些颇为自得的成就感。

这样，在人文学院，我所履行的第一个职责，竟是班主任工作，而且一干就是四年。

不过四年之中，我自己觉得比较像那么回事的是第一年和第四年，中间两年这64位（后来又先后插入三名韩国留学生）"大孩子"自行其是，我实在想不起来自己有过什么重要的"行政活动"。原因是，从第二年起，这两个班就被所有任课老师公认为"班风好"，"学习气氛浓"，成了"优秀班级"。我也跟着沾了便宜，被评为工大的"优秀班主任"。他们如此乖乖，我还用得着事必躬亲吗？另外，第二年我的教学任务加重，三个校区轮番上课，公共课、专业课、公选课，几个讲义夹同时装着，脑子也不断地需要转换。真也顾不得了。

两头稍紧，当然也各有原因。开始，这些第一次出远门上大学的"独生子女"，对于大学生活完全是一头雾水，兴奋然而困惑，期待却也失望。这么一来，年龄大一轮、阅历多几分的优势就有用武之地了。那时候我住在研究生楼，离他们也近，只要有空就去学生那儿"串门"，东拉西扯，倒也能够帮着他们释放一些闷气。有时则给他们做"通讯员"，上传下达，疏通信息。渐渐地，也熟悉了不少面孔。

大四，是开始给大学生活划句号的阶段，也是开始寻找新大陆的阶段，烦心的事和缤纷的梦一样多。这时候，六十多个人面向各自的"前途"，分成了三拨：就业族、考研族和考公族。到五六月份，慢慢地水落石出，收到升学通知的大约十人，考取公务员的有两人，签了就业协议的却还只是少数——大学生实在太多了。而作为班主任，却除了几句话语，竟然再不能提供有分量的帮助。

还有些惊喜，还有些意外，"散伙宴"上的欢声笑语，毕业典礼的庄重气氛，那些树木，那些花儿……

好像没有亮点密集的细节，好像没有情节复杂的故事，但是四年的时光已成过去，印象中年轻的容颜和盈盈的腰身也都远了。

雨天里给人当把伞，冬天里给人暖暖手，闷热中给人吹阵风，这都是我极想达到的境界。可惜自己没有足够大的能量，未免常觉遗憾。多年以前，我似乎也表达过这意思，因为我想来想去，能想到的也还是鲁迅笔下那位可怜的孔乙己先生送茴香豆给小孩子时那句名言："多乎哉？不多也！"

然而跟他们在一起，我是快乐的。快乐，并非指哪一次具体的活动，或者哪一次友好的交往。快乐，是因为有一块地面可以立足，有一片蓝天可以放眼，是因为有一种呼吸计你畅快。跟他们在一起，我有这样的感觉。

快乐，就这么简单。

也许我现在还不需要回忆，如果有一天我也可以回忆的时候，相信会有许多复杂的故事和密集的细节一一涌现在眼前。

可是，大学校园中的"班主任"，这究竟是一种什么岗位呢？其工作性质、角色定位、职责范围、工作程序都是怎样的呢？我仍然并不清楚。

那么，小心翼翼地给自己提一个问题：我称职吗？

2006 年 12 月 18 日　朝晖楼

把学生引领到文学作品中

我从 1985 年开始讲授作为汉语言文学专业核心课程之一的中国现当代文学，转眼已经二十多年。这二十多年，一方面是不间断地对"中国现当代文学"进行"再评价"的历史，一方面也是当代文学自身不断延续的过程。真正是"过去的尚未老去，将来的正在生长"。我想，与其他课程相比，这种"当下性"正是这门课程的特点之一。

也正因为如此，不少人认为这门课价值含量不高，从事现当代文学研究和教学的学术含量也不会高。最近有学生准备毕业论文选题，对于可否以"80 后作家"为论题信心不足，发短信让我"释疑"。我以《红楼梦》为例，说明在曹雪芹时代《红楼梦》作为当时的"当代文学"备受冷落的情况，鼓励她通过研究对"80后作家"做出合理的价值评估，这位同学因此产生了信心，决心把这个课题做起来。

我想:对于唐诗宋词、明清小说、莎士比亚戏剧这些早有定评的历史性文本,也还需要以"当代眼光"反复打量,更何况是面对刚刚过去的文学历史呢? 因此,对现当代文学不间断的"再评价"不但无法避免,而且几乎是一种必然。除此之外,还要对正在源源不断产生着的文学作品及时地给予具有穿透力的观察和评价。

这是中国现当代文学这门课程最鲜明的特点,但是怎么在课堂上、课堂下有效地体现这个特点呢?

摩罗有一篇《中文系离文学有多远》的文章提醒我:当代文学教育的弊端在于把文学课程"知识化"、"体制化"而失去了文学之所以为文学的灵魂,即鲁迅所谓"盖诗人者,撄人心者也"。而文学的核心就是作品,只有"把学生引领到文学作品中"才能一点一点接近这门课程的教学目标。

意识到这一点,我开始改变过去那种只罗列而不分析的方式,格外重视从欣赏到剖析、从激情体验到理性思考的升华过程。我开始相信,宁可讲得少一点,也要深一点,仅仅罗列作家和作品的名字意义不大,重要的是通过对典型文本的深度把握和认知,引导学生挖掘沉淀在作品深处的思想、灵魂、意识与无意识,当然还有作家或精微或粗糙、或老到或虚飘的语言艺术。譬如阿城的名作《棋王》,如果从概念出发,把它简单地定位到"寻根文学",自然也可以"归纳"出若干似是而非的思想特征;但是换一种方式,从阅读切入作品,随着作者的叙述感受那种不同于任何他人的语言方式,进而分析主人公"王一生"的知青身份与其行为方式的种种不合时宜性,可能才会渐渐深入地把握到一个"人"而非"规定性主题"的脉搏,也才能感知"文革"时期也同样有着复杂的、令人刻骨铭心的人生形式和生命秘密。同时,再联系王朔的《动物凶猛》和王小波的《黄金时代》进行比较，当会得到更为丰富的文学感受与生活感受。

但是另一方面，我也发现在远离作品讲文学、学文学的同时，学生还缺乏文学阅读、文学分析、文学批评的理论与方法。大学阶段的文学阅读如果仍然仅停留在"读后感"的层次是不合格的，要有效地阅读、分析、评价，需要比较专业的阅读训练。这些环节，我认为可以体现在教学过程和考试当中，起着对学生的引导作用和训练作用。

在一个强调表面效率而忽视内在质量的背景下，我想，如果能把学生的视线引导到现当代文学作品中，真正学会感受和分析，应该是中国现当代文学这门课程的一项最基本又最迫切的任务。

2008 年 1 月 5 日载于《浙江工业大学报》

我是陈近南？

去年年底，中文系 2004 级的才子们玩了一个颇具中文系特色的游戏。他们把现任中文系教师与金庸武侠小说人物一一对应，什么"段正淳"、"周伯通"、"郭大侠"，什么"方证大师"、"风清扬"、"鸠摩智"，一应俱全，让人看了笑破肚皮。区区不才，被封为《鹿鼎记》中那位"天地会"的总舵主"陈近南"，而且作了注释说：

> 张欣是研究现当代文学的，所以给他找了一个离我们的年代比较近的清朝人物，陈近南。张欣和陈近南的相似之处只能说跟我们有关，因为我们很像韦小宝。哈哈，张欣老师，

一个拥有文学理想的老师，偶尔还会写一些现代诗，和陈近南一样算是一个比较正统的，拥有事业理想的人。没想到碰到我们工大的中文系，一群完全没有一点文学理想的人，跟韦小宝一样。什么反清复明，文学理想啊，老师在上面说半天，跟我没关系，还不如元宝人民币来得实在。不知道张欣老师现在会不会很无奈，不知道我们会不会像韦小宝一样虽没有学识但是混的功夫一流？

这就是说，我其实还不是陈近南，只不过他们觉得自己"很像韦小宝"而已。可接下来却还是让我跟陈近南套近乎，把我美化为"和陈近南一样算是一个比较正统的，拥有事业理想的人"。当然我得说，他们真是够聪明、够专业、够调皮，而且够宽容，把我的一切不足全部删除，只保留下最能安慰人的一面，又放大若干倍给我看。可是我也要说，就像一切阅读都存在不同程度的误读一样，这"陈近南"的角色恐怕并不能让我认同。首先一个，我算不上"正统"，我绝对不会做什么"反清复明"的"义举"；其次，说我"拥有事业理想"，自我感觉颇具讽刺意味。不错，三十年前我曾"正统"过，二十年前也曾"理想"过，但是现在，我越来越觉得自己成了"迷惘的一代"，成了钱锺书的粉丝。或者说，某种意义上成了一个存在主义者。

假如真要让我自己选个金庸武侠小说中的角色，那我宁可选择令狐冲，那个一心一意要退出江湖、躲进小楼成一统的人。

自然，这回笑破肚皮的可能不是我，而是"韦小宝"们了。他们会撇撇嘴：嘿！美得你！人家令狐冲什么人物？漂亮，潇洒，风流，你也配！

可说句心里话，那正是我的"理想"。如果人生可以重来，下辈子我一定朝着这个方向努力，真正让自己活得"理想"一点。

当我这么写的时候，已经到了年底。填不完的表格和写不完的总结接踵而来，新的业绩考核标准和年度科研奖励条例接踵而来，课程建设期中检查和新春团拜接踵而来，二十万字以上还是二十万字以下才算专著与一篇"A"类核心期刊论文能否抵两篇"B"类核心期刊论文接踵而来，看望离退休老同志与民主党派人士座谈会接踵而来，述职报告与年终工作量盘点接踵而来。当然，接踵而来的可能还有一个神秘却又诱人的红包……

那么，这是不是证明我们确实无奈，确实生活在琐碎、灰色、无聊之中？没错儿，我们的生存环境远不理想，充其量也就是"一地鸡毛"，温暖然而腻歪。

在这样的条件下，陈近南、令狐冲、韦小宝，哪一个角色能使我"最具幸福感"？小友们，劳烦你指点我。

2008 年 1 月 17 日　杭州

《未央歌》

二〇〇八年新年一过，关于一部"新书"登陆的消息、广告即纷在报刊、网络亮相。中国新闻网的报道是："台湾作家鹿桥的成名作《未央歌》近日由黄山书社推出，这部 60 万字的长篇小说在海外与《围城》齐名、被称为'海外华人的青春典籍和校园圣经'的作品，以抗战时期的国立西南联合大学、云南和昆明的风光为小说背景，迄今为止，在港台地区和海外华人中已拥有大量的读者，在台湾先后九版重印逾 50 次，在海外累计销售逾 200 万册。这本精装版《未央歌》以横排繁体单行本的形式在中国大陆首次发行。"博库书城的网络广告词更是十分夸张地说:"一部《未央歌》,让大陆读者翘首以盼20年,让大陆出版界耿耿于怀30年,被大陆文学界遗忘40年……"

其实《未央歌》可实在称不上"新书",作者也并非创作界的"新人"。鹿桥是北京人,本名吴讷孙,1942年毕业于西南联大外文系,并以三年时间创作了这部《未央歌》,随即赴美留学。1954年在耶鲁大学获得博士学位后一直在美国执教。1959年,《未央歌》在香港人生出版社帮助下由鹿桥自费出版;1967年,台湾版《未央歌》由商务印书馆印行;1988年,台湾著名校园歌手黄舒骏因特别喜爱这部小说,遂创作了同名歌曲《未央歌》,不料后来被鹿桥批评为"没有读懂"他的小说。

而"在中国大陆首次发行"以及"让大陆读者翘首以盼20年,让大陆出版界耿耿于怀30年,被大陆文学界遗忘40年……"的说法也远不准确。早在十八年前的1990年10月,山东济南的明天出版社推出一套"中国现代文学补遗书系",将由于复杂的社会背景而遗落于文学史之外的现代文学作品作了初步汇集,其中"小说卷·八"所收就是这部长篇小说的简体字版。书后且附录了著名评论家宋遂良先生专为《未央歌》写的一篇书评。

另外,曾在西南联大担任过助教的现代文学史专家王瑶先生1984年说过:"我还看过台湾出版的长篇小说叫《夜未央》,也是写西南联合大学的学生生活的。"这是把书名记错了,但也说明"被大陆文学界遗忘四十年"并不确切。

至于我个人,说来惭愧,1990年大陆版的《未央歌》数次进入我的视野,数次被打开,但却始终没能读下去。原因就是它太长,容量太大,字太密,我只有知难而退。

横排繁体版《未央歌》的出版对我个人的意义也就在于,终于让我下了决心，从浙江图书馆的书库调出来通读了一遍。

我还不敢对它妄加评论。我只能用作者自己的话谈我自己的感受。那么就可以把西南联大的校园生活粗略地描述为"那种又像诗篇又像论文似的日子"。说它"像诗篇"，是因为"能够无所顾忌地，认真地懒是多么可骄傲呀！"是因为四年战时大学生活仍然可以"第一个寒假傻玩，第二个寒假相思恋爱，第三个寒假织毛线写情书，第四个寒假备嫁衣"；还因为它是一部"以情调风格来谈人生理想的书"。

说它"像论文"，是因为大学也还是要"学"，所以处处、时时都能看到和感觉到青年人用火、用血、用汗、用思想锻炼自己人生的辛勤与努力。在第五章里，他们聚在一起热烈地讨论"爱"、"乡土观念"和"人类进化"的大问题。伍宝笙发言："努力竞争，才是爱人类。这爱是伟大的。而人类进化又是无止境的。"在第六章和第八章里，他们又讨论起"大学教育"和大学生"心理上的不安"问题。以"用斧子开门用钥匙劈木柴"的比喻阐发他们对"培养专门学者"与"培养技术人员"孰先孰后的观点，谈到了"常教育"与"非常时期的教育"之间的矛盾。在第七章里，作者更是怀着热情记录他们在夏令营活动时对"政治现象与科学现象"以及"人类律法与自然律法"的活跃的思考，我为"世界大同的日子是踏着震动时留下的血迹走到的"这样的警句而心头一热。

类似的警句实在不少，表现了青春的魅力与智慧的发光。"快乐的人生观只有健康的人能接受。""不笑！一张不笑的脸上，是留不住青春的。不笑！一个不笑的人，是留不住健康的。""警报是对学习第二外语最有利的……""批评就是一种自传。这批评不过是借别人一块地基来表示自己的建筑理论罢了。""与其'伤脑筋',干吗不去'换换脑筋'呢!"还有引述的带着山民体温和聪明的昆明山歌:"大田栽秧四方方,种了辣子也栽姜。辣子没有姜好吃,拔了辣子全栽姜!"

只要你有耐心,总会有令你惊讶的发现。

自然,除了青春的浪漫,必然也有青春的烦恼,世界上哪里有绝对的阳光地带呢!譬如他们畅叙幽情的同时所感到的岁月的平淡与琐屑:"慢慢地淘他们罢,慢慢地琢他们罢,他们人不笨,心地也善良。成为不屈,不挠,不脆,不娇的人材的日子,终会来的,然而日子是多么磨人哟!"还有:"眼前看着这瞬息万变的现象,心上能守得住什么永恒的信条呢?""有人信手胡为,而得到好运道,有人拘谨循规矩反倒糟了殃。"

最后,我要说的还有:读《未央歌》,我心里常常浮现出三个人物,一个是沈从文,一个是钱锺书,一个是穆旦,分别对应于作者的叙述风格、修辞艺术和文化背景。

《未央歌》时而有沈从文式的幻美的、从容的叙述,"当初有这么一段故事……","这园子有钱可以买来,这树木却非一朝可有。""缘起"一节写到西南联大校园里的"野玫瑰"时这么写:"象征着一个最足为花神所垂顾的女孩子"。

"旅行时的人,思想是最发达的。带了书报杂志去旅行,是把思想装在囚笼里。结了婚的蜜月旅行是用姿容代替风景,又戕贼了新环境的刺激来为爱人作饰品。集合许多游伴一同出门,是一盆常吃的菜换了新盘子装。然而年青人这一盘打趣,运动,闹热的菜是吃不厌的。因此他们便带到各处去吃。"口气像不像钱氏传人?

第十章写到珍珠港事件,写到九龙被日本人占领,写到联大学生诗人参加中国远征军,又皆让人想到诗人穆旦以及他那首深沉的《森林之魅》。鹿桥的叙述是：

> 这不是个小爆竹。这是一声春雷。学生活跃得很。从前要悄悄地去作的事，现在可以公开了。离校的学生，尤其是外文系四年级的学生，几乎全在盟军的机关里发现。桑荫宅也穿上了军装。诗也改了作风。转年一月二日，日军入马尼拉，十五日陷新加坡，中国军队带了一批学生作翻译官。在二月开入缅甸。他们走上宋捷军等从前走过的公路，也穿过凌希慧所穿过的森林。二月，雨季未到。北缅阳光正好。像桑荫宅这样的人校中不知道送出了多少。

而当时已经毕业留校任外文系助教的穆旦也正是在二月参加了中国远征军，先担任杜聿明将军的随军翻译，后加入207师，进入了缅甸且经历了五、六月份震惊中外的野人山战役，穿越了"胡康河谷的森林的阴暗和死寂"。不同于《未央歌》的是，穆旦的诗里看不到"二月，雨季未到。北缅阳光正好"，他告诉我们的只是：

> 在阴暗的树下，在激流的水边，
> 逝去的六月和七月，在无人的山间，
> 你的身体还挣扎着想要回返，
> 而无名的野花已在头上开满……

2008年4月9日　朝晖楼（原载于《浙江工业大学报》2009年3月15日）

父亲节

在我印象中，从去年起，中国的媒体上出现了关于"父亲节"的内容。我的日记本里还存留的一张去年 6 月 17 日剪报《今天是父亲节》就是证据。不过，这个资料对父亲角色的评估是西方指标，也是经济指标。它告诉我：英国最新公布的一份研究结果显示，在一个家庭中，一名父亲每年的劳动价值约 2.5 万美元。根据英国保险公司"远见之友"的研究结果，有父亲在，一个家庭可以省去聘请花匠、兼职司机和运动教练等种种专职人员，为此每年可省下 2.55 万美元开销。

不用说，这个保险公司的"研究结果"是为了证明"给父亲买保险的重要性"。其主题是："你不能给父爱标价，但你可以给他的劳动标价。"因为："一家人常常将父亲视为家庭顶梁柱和活动提款机，但如果父亲无法工作，一个家庭很快就会意识到，钱不能从树上长出来。"

我要讨论的，当然不是要不要给父亲买保险的问题。而是想知道，对中国人来说，父亲节的意义究竟在哪里？从子女的角度，给父亲买保险、送鲜花或领带，都不是多么困难的事；但是从父亲的角度，我认为普遍的情况是，中国的父亲们尚未产生对自己所承担的这一角色的自觉意识。他们可能会这样想：父亲就是父亲，天经地义地挣钱养家、教育子女，还用得着"自觉"吗？于是，得到子女祝福的鲜花和"孝敬"，也就含含糊糊地接受下来，全不考虑自己是否当得起这种祝福和"孝敬"。某些得不到祝福和"孝敬"的父亲，还会感到委屈甚至恼怒。

其实在传统文化中，中国的父亲从来都不是"委屈"的角色。恰恰相反，中国父亲的形象一直都被赋予"权威"的内涵。所谓

"族权"、"政权"、"夫权"根本上都是"父权"，即便是现代社会中的"家长"，通常也并不包含母亲在内，而是"父亲"的代名词。旧时代的年节"祭祖"，说白了，祭的也不过就是男祖，因此这种"祭祖"仪式差不多也就是中国人的"父亲节"。中国真正没有的，只是女性节和儿童节罢了。

但是中国传统社会中的这个"父亲节"，其含义却完全是建立在"男性本位"和"父权本位"上的，它的要义就是如鲁迅说的那样："他们以为父对于子，有绝对的权力和威严；若是老子说话，当然无所不可，儿子有话，却在未说之前早已错了。"对此，鲁迅的批评是："他们的误点，便在长者本位与利己思想，权利思想很重，义务思想和责任心却很轻。以为父子关系，只须'父兮生我'一件事，幼者的全部，便应为长者所有。尤其堕落的，是因此责望报偿，以为幼者的全部，理该做长者的牺牲，殊不知自然界的安排，却件件与这要求反对，我们从古以来，逆天行事，于是人的能力，十分萎缩，社会的进步，也就跟着停顿"。

语见《我们现在怎样做父亲》，写于 1919 年 10 月。那一年，五四新文化运动发生，三十七岁而犹未找到爱情亦未做父亲的鲁迅，正在北京的民国教育部任职。在我看来，这篇差不多七千字的长文是中国现代知识分子"父亲角色"的第一次觉醒。

鲁迅第一次批判了中国人对父母"生育之恩"的观念。鲁迅认为，应当用"爱"的观念代替"恩"的观念，不应该抱有"责望报偿"的心态，需要建立的只是"义务思想和责任心"。这种义务和责任，鲁迅将之表述为从人类的"天性"出发，"除了养育保护以外，往往还教他们生存上必需的本领。"以及进一步的"理解"、"指导"和"解放"。正是在这里，鲁迅说出了那段感动过许多人的名言："没有法，便只能先从觉醒的人开手，各自解放了自己的孩子。自己背着因袭的重担，肩住了黑暗的闸门，放他们到宽阔光明的地方去；此后幸福的度日，合理的做人。"

　　鲁迅时代的"现在"过去将近一个世纪了，中国的父亲们似乎已没有什么"因袭的重担"和"黑暗的闸门"了。但是对于"父亲角色"所包含的义务与责任是否有了自觉而理性的认知了呢？我认为，就总体而言，远没有达到这种境界。理由是：

　　一、将近一个世纪的时间虽长，但由于五四新文化运动的短暂，鲁迅的"父爱启蒙"思想并没有得以"星火燎原"。倒是经过几十年求索之后，封建文化反而迅猛"回潮"了，以至于出现了"天大地大不如党的恩情大，爹亲娘亲不如毛主席亲"这类绝非理性的颂歌。

　　二、即便是改革开放以来，我们的"社会主义精神文明建设"的重心似乎也始终处于一种暧昧状态，"四有新人"也好，"干部四化"也好，强调的始终只是政治层面的东西。在人伦道德方面一方面丧失了鲁迅思想的遗产，讳言"爱"而又羞羞答答地倡言"孝道"，另一方面仍然把"人性"和"爱"作为"资产阶级"的腐朽思想加以排斥。

　　三、在社会制度和文化环境层面，也就没有对于"父亲角色"的教育机制。举个例子，中国年轻人的婚礼越来越豪华、奢侈、西方化，但是婚前婚后的"角色教育"何曾到位过呢？快乐结婚，糊涂生子，拼命买房，这中间究竟有多少理性成分？

　　所以，我以为，美国杜德夫人在1909年倡导设立的父亲节终于传到中国，不妨看作是一件好事。但这好事，不是为了给中国的父亲们增加一些盲目的骄傲与含糊的光荣，而是作为一个"父亲角色"和"父爱启蒙"意识觉醒的仪式，赠送给已为人父或将为人父的男性们。

在这一天，在这个特别的仪式上，父亲们，请理性地考虑一下自己的义务和责任。

2008 年 6 月 14 日　父亲节前夕

教师节与年度主题

时间过得真快，又是暑后开学时，又是一个教师节。这大概已经是第二十四个教师节了吧？

记得在二十多年前，最初的几次教师节，不言自明、约定俗成的主题都是"尊师重教"。往往体现在尊重教师职业、提高教师待遇、维护教师形象这些方面，但总的来说较为集中和笼统。自 20 世纪 90 年代以来，在市场经济的大背景下，教育的情况发生了很多变化，也出现了种种令人忧心的新问题。应试教育的负面效应越来越突出，教育公平的问题日益为人所瞩目，东西方教育理念的差异问题，高等教育越来越严重的管理行政化问题，以及由这种种问题延伸出来的学生与教师越来越突出的健康问题。"健康"，一方面是生理的，另一方面则是心理的。

问题当然不是抽象的，总是通过一些"现象"表现出来。

最近几年，高校教师早逝现象和自杀现象不时被媒体聚焦。在高校内部，每年高职体检的结果也显示知识分子的体质不容乐观，常年处于"亚健康状态"的教师大有人在。在精神方面，就我所接触到的各个年龄段的高校教师而言，能够对自己的职业和处境感到满意、具有较强"幸福感"的实在不多。相反，职业倦怠、负面情绪的表现倒是十分突出。

如果说在高校，压力主要表现在教师身上（当然，学生因就业压力而焦虑甚至自杀的现象也很严重），则中学的压力更多地表现在学生身上。因为从进入初中开始，升学的任务就像达摩克利斯剑一样高悬于每个中学生头上了。

所有的孩子被赶上"升学"这唯一的生命通道。于是就出现了"书包最重的人是我，作业最多的人是我，每天起得最早的、睡得最晚的，是我是我还是我……"这样的流行歌曲改写版。

在这样的背景下，"减负"绝对是一句空话，"以人为本"也只能是大而无当的宣传语言。

因此我觉得，在这时候过教师节，不宜再停留于一般意义上的"尊师重教"或笼统的"纪念"了，而应该针对当下教育和教师面临的最迫切的问题，为每一年的教师节设立一个"主题"。让关心教育和教师的人们有一个相对集中的话题，通过广泛和深入的讨论，提高全社会对教育焦点问题的关注度，寻找解决问题的有效途径。

教师节"主题"怎么设立？可以将每年度的教育焦点问题集中发布于媒体，通过广泛的"海选"，以关注度最高的问题为本年度教师节"主题"。

我认为这样做肯定会切切实实推动中国教育的健康发展。因为这里面包含着问题意识，而只有通过提出问题，才有可能解决问题。

2008 年 9 月 5 日

生命中不可承受之"烦"

曙光：

谢谢你的祝福，也祝你今天快乐！

我前两天忙于教师业绩考核及开学巡考，今早看报，知道温家宝总理邀请九个中小学老师到他那里做客，北京一个中学老师提出"解放学生"，我深有同感。

因为这也是我最近常常想到的一个问题。前几天看到国家出台一个关于保护学生视力的"规定"，我拟了一个《十个中学生，九个戴眼镜》的题目，想写篇短文呼吁一下。都说眼睛是心灵的窗户，可你看看咱们的中学生的眼睛，没有多少健全的，那他们的心灵是不是也开始"近视"、"散光"、"色盲"了？

今天是教师节，那么且把学生这个话题放下，跟你聊聊高校教师之"烦"。

我没到西洋"考察高等教育"的经验，但知道在二十世纪二、三十年代，中国高校教师尽管也有许多难处，但总体上条件是优越的。收入高是一方面，有尊严感也是一方面，具体到工作中的"心态"，应该说是"宁静"的。学校是净土，也是清静之地，唯有清静，中小学老师才可以安心工作，高校教师才可以"致远"。

就是在八十年代，我们的高校教师尽管待遇不高，但心态是健康的，轻灵的，积极进取，并不浮躁。

然而最近这些年，这种健康、轻灵似乎都远去了。教师们似乎一步一步地正在陷入一种紧张、焦虑、浮躁、亚健康的"困境"。

"困境"何以形成？如果说中学生的苦难在于"考试"，那么教师的苦难就是"考核"。

过去也并非没有考核，但简单，易操作，基本上不影响正常工作和心态。而现在的"考核"，要求越来越高，内容越来越多，条目越来越细，过程越来越繁琐。原来只有一个年终考核，后来评职称要考核，去年又增加了一个学年教学业绩考核，考核的内容基本套路是：教学工作量（课时＋论文指导等）＋教学质量评价（学生打分＋专家打分＋教学奖励＋指导学生获奖等）＋教学研究（教学研究著作＋教学研究项目＋教学论文）＝基本分数，按照比例将教师分为Ａ、Ｂ、Ｃ、Ｄ、Ｅ几个等次，作为下一轮岗位聘任以及评职称的条件，还是并不重要的条件之一。

到了岗位聘任的时候，更要考核。只不过考核的重点在科研方面，基本套路也和上面的差不多，但分为科研项目＋科研论著＋科研获奖几项，具体说来还有种种要求，比如项目和获奖均应为政府方面的。

单纯一个考核也许还容易对付，可是许多考核轮番轰炸可就不得了了，谁还能做到"宁静致远"？谁还能做到"静水流深"？

为了对付考核，就要绞尽脑汁申报项目和发表论著。为了申报项目和发表论著就不得不"上穷碧落下黄泉"地找门子、托关系、买版面费、买书号，考核的时候还要填若干表格，把自己的家当拿出去让人家"评阅"、"审查"。

一个人的能力总是有限的，如果一年到头就在这些地方消耗时间、物力和精力，他怎么可能还会"敬业爱岗"？

二十世纪，人们凭着对国家和民族的责任、爱心去工作，故"工作着是美丽的"。现在，说句不好听的话，对很多人来说，岗位变成了绞肉机，很多教师已经产生了"开学恐惧症"，怎么能不"烦"？

教师节，本该快乐，想不到说了一大堆"生命中不可承受之重"，让你也跟着沉重，实在抱歉！

请谅解！

2008 年 9 月 10 日

当代文学课程答问

问：我们用的这本教材，也就是陈思和主编的《中国当代文学史教程》，给我们一种新鲜感。主要是以作品分析来带动文学史，每个章节都有独立性，先介绍文学史背景，再介绍代表性作品。但是也感觉理论性似乎太强，初学时不好把握。

答：要了解这个教材的特点，请先阅读一下《前言》和《绪论》两部分，陈思和教授有一些说明。按他的说法，他主编的这部教材突出三个特点：

一是"力求区别以文学作品为主型的文学史与以文学史知识为主型的文学史的不同着眼点和编写角度"，强调"对具体作品的把握和理解"；

二是"打破以往文学史一元化的整合视角，以共时性的文学创作为轴心，构筑新的文学创作整体观"。所以出现了"潜在写作"的概念，强调作品的"创作时间"而不是"发表时间"，为"突出文学史意识"而打破了"以体裁来划分章节的传统做法"；

三是"通过对文学作品的多义性的诠释，使文学史观念达到内在的统一性。"关于当代文学作品的"多义性"，是个比较复杂的问题，我们上课时再进一步讨论。

至于教材的"理论性"，的确有一定的理解难度。如"多层面"、"潜在写作"、"民间文化形态"、"民间隐性结构"、"民间的理想主义"、"共名与无名"这些术语，以及当代文学史本身所涉及的"社会主义现实主义"、"文艺黑线专政论"、"文

化寻根"、"现代派"、"先锋文学"、"个人写作"等理论和
创作思潮，必须借助一些文学史资料和参考书以及一些文学理论
著作才能了解。同时，多接触，多联系作品进行理解，也会慢慢
熟悉起来。

问：教材仅目录上就列举了70多种文学作品，请问这些都要
读吗？还是再精简一下？

答：教材上重点介绍的70多篇作品，其中除了8部长篇小说，
13部中篇小说，5部戏剧，其余的都是短篇小说、诗歌、散文，
只要找得到，阅读一两遍应该不太困难。不少作品网上都能找到，
我在课堂上也会粘贴一些。长篇作品可以根据自己的情况适当精
简一下。

问：能否在课堂上穿插一些根据当代文学作品改编的视频资
料片？

答：从缓解疲劳、帮助理解作品角度，播放些好的音像资料
是可以的，诸位自己也可以在网上浏览。这类资料，主要包括：

一是作家访谈：如各级电视台都做过介绍当代作家的专题节
目，像阿诚、史铁生、金庸、余光中、白先勇、王小波、王蒙、
王安忆、王朔等等；

二是文献资料片：如五六十年代的戏曲片《十五贯》，戏剧片《茶
馆》、《关汉卿》、《霓虹灯下的哨兵》、《绝对信号》、《野人》
等，老电影《青春之歌》、《林海雪原》、《红旗谱》、《阿诗玛》
等等；

三是当代小说改编的影视作品，如金庸武侠小说、王朔小说、
李碧华小说、白先勇小说、方方小说、刘震云小说、严歌苓小说
以及张承志、王安忆、莫言、余华、苏童等人小说改编的影视作品。

不过，需要强调，从文学到影视，涉及到"改编"问题，是

两种不同的艺术语言，主题层面也会发生若干变化。不能把苏童的小说《妻妾成群》等同于张艺谋的影片《大红灯笼高高挂》。

阿城就说，看根据他的小说《孩子王》改编的电影，心里很不安：不是因为导演改了他的作品，而恰恰是套用了他的小说语言。那是书面的，电影要的应该是口语！

问：能否再给我们推荐几本参考书？

答：1、周作人的小册子《中国新文学的源流》；2、洪子诚的《中国当代文学史》，3、陈思和《中国新文学整体观》，4、[美]迈克尔·莱恩《文学作品的多重解读》（北京大学出版社），5、各种作家传记。

问：我们上当代文学课，能不能也参与到老师的讲课过程中，比如写点论文、搞点讨论、做点影音资料或课件什么的？

答：对！诸位本来就是课堂的主人嘛，当然不能仅仅做一个被动的"听客"。我建议：每次上课给诸位一段时间，请大家围绕自己认为有意义的话题做成PPT，或论文，甚至录像，到讲台上展示、交流。也可以提出问题，引导大家讨论。

至于话题，可以是你喜欢的作家，也可以是热点问题如"80后作家"、"女性写作"、"中国作家与诺贝尔文学奖"等等。

问：另外，当代文学的考试是怎么组织的？

答：基本上还是传统做法，即出试卷的方式。但在"文学史常识"、"名词解释"这类知识题之外，比较注重对作品的解读，也就是对作品进行思想、人物、语言、形式诸方面的分析。

大家可以登录校园网"精品课程"，找到"校级精品课程""2005年精品课程"里的"现当代文学"，"试卷部分"有部分样题，可以参考。

2008年10月12日答2007级中文、外汉专业

一封信，一段回忆

刘可牧先生过世的消息，是上半年与长沙朱健先生通话时知道的。最近，一位友人打来电话，要我找找当年与刘可牧先生的通信，说是想为刘先生编一个纪念集，也许用得着。

与刘先生通信，那是 1983 年的事情了。那时我刚刚从教两年多，刚刚从下面的中学调到县里的教师进修学校。授课之余，对莱芜乡邦文献感兴趣，由散文作家吴伯箫而知道了 20 世纪 30 年代活跃于山东文坛的不少作家、诗人如李广田、臧克家、何其芳、卞之琳等。巧的是那年秋天，到泰安参加省写作年会时，碰到一位十分儒雅而谦和的老先生，竟然是李广田当年的学生，他就是来自潍坊教育学院的刘可牧先生。

这件事，我在前年写的《李广田：文学生态链与非正常死亡》一文中有过描述："某年在泰山脚下参加一次写作会议，邂逅潍坊教育学院的刘可牧先生。会中闲谈，不知怎么就说到了李广田的散文，刘先生很高兴地告诉我，他这次来开会，其中一个心愿就是要寻访'李老师'当年在泰山上下留下的踪迹。于是在会议休息的某天，刘先生约了济南师专的郭先生，加上我，三人一起沿着泰山西路的盘道，过龙潭水库、长寿桥，慢慢走进了李广田散文《扇子崖》的故事之中。经过一段艰难的攀登，当我们坐定在陡然耸立的扇子崖下面的山石上休息时，刘先生拿出师母王兰馨不久前赠送给他的《李广田散文选》，翻到《扇子崖》一篇读了起来。"

这段回忆完全写实，也是常常让我回味的富有意趣的画面。可惜那时候没有"采访"的自觉，不知道如何从一位老人口中获得鲜活的历史背景，只仿佛记得走在去扇子崖的路上，刘先生谈到当年抗战爆发后他从泰安撤退时如何得到"李老师"的帮助和教诲，又慨叹那个年代中学语文老师的写作水平之高与他们的作家身份。我后来从李岫编的《李广田研究资料》中读到刘先生"忆抗战前后的李广田"的文章《"嘉树下成蹊，东风桃与李"》，刘先生谦逊，文章中没有一个"我"字，但只见李广田老师随济南初中而泰安、而河南许昌直到四川罗江的辗转跋涉。那被学生们自诩为"七千里长征"的"不平凡的徒步奔波"，我想刘先生自己也一定走过吧？

有着这样一番经历而又谦和、儒雅的刘先生当然也该是值得信赖的良师。所以会议结束回到单位后不久，我就给刘先生写信，向他倾诉一些如今看来十分寻常的人生烦恼。那时候我才二十多岁，教了两年多中学语文，一方面心气很高，似乎踌躇满志；一方面又自感困于穷乡僻壤，缺朋少友，难成大事。这心态，或者多多少少有点文学史里"多余人"的色彩吧。然而刘先生很快复我一信，对我表示理解而又鼓励有加。他说："你写了许多心里话，都对，但要向前看，现在的问题预料会得到不同程度的解决。人的一生，碰一碰，摔几跤也好，不然怎么会吃透人生的滋味呢！要学高尔基、杰克·伦敦，他们处在那种逆境，却获得那么大的成就。我们所处的时代总还顺利、幸福的多啊！"

一封信自然不会解决人生的根本问题，可同情、理解与温暖对于陷入困境（无论这困境是真实还是虚幻）的人却永远都是珍贵的。那是生命与灵魂的救援之手，是冬日的炉火与夏天的清荫，是人人都会需要的关键时刻的一份呵护。所以，当我又找到这封信，重温当年读信时的心情，更觉得那种温暖的理解难能可贵。

1987年初夏，山东省现代文学研究会确定以王统照和李广田两位山东籍作家为年度会议主题，我写了关于李广田诗歌的论文参加会议。没想到在济南东郊宾馆的庭院里又见到了与会的刘先生，此时他已退休住在济南，所以他是一大早从家里赶到会场的，他还是那么谦和、儒雅而从容，踽踽而来而又踽踽而去，一点也不想引人注意……

鹤发，童颜，一副黑框眼镜，挺拔的身躯，常在静默中。

这是我印象中的刘可牧先生。

2008 年 11 月 18 日　杭州

诺贝尔文学奖与中国当代文学

问：今年的诺贝尔化学奖颁给了一位华人，听说他还是浙江钱王的后裔呢！可惜文学奖给了法国人，你说冤不冤啊？

答：这有什么冤不冤的！诺贝尔奖本来就是国际奖嘛，谁的成就高就颁给谁呗。况且成果是造福全人类的，咱只能感谢人家，自愧不如。另外，钱永健虽然是钱王后裔，可这跟钱家、跟浙江并无关系，因为他的成果首先是他的努力和才华使然，其次与他的工作环境有关。如果他是长期在国内工作，能否取得这样的成果恐怕就难说了。

问：这学期我们开了"中国当代文学"课程，刚好要讲的就是眼下的文学现状，可是陈思和教授那本教材是从 1949 年写起的，若是那么说，我看着可是真没意思。胡风那首《时间开始了》算什么诗啊？看了就想笑。还有《陈奂生上城记》什么的，就是眼下安妮宝贝、郭敬明这帮，好像也一般般嘛！

答：课嘛，总要有个体系的，从 1949 年到现在，约定俗成的都叫"当代文学"。其实"当代"的词典意义是"当前这个时代"，最多也就是最近十年、二十年的范围。不过，作为课程，的确就是从 1949 年讲起的。

胡风的诗是特定历史时期的文本，有复杂的产生背景，那个时期叫好的作品《红岩》、《红旗谱》、《青春之歌》、《创业史》无不如此，这样的文本当然不可能获得诺贝尔文学奖，但作为历史现象，却值得研究。

问 1：提起"当代文学"，我最大的感受还是"陌生"。无论对这一时期的作家，还是作品，都不甚熟悉。特别是与现代文学中的鲁迅、巴金、老舍等文学大师相比，更有一种当代文学作家"名气不大"的想法。是不是这样呵？

问 2：我也有同感。从郭沫若和茅盾等作家其生平及前后作品的比较便可看出中国文学在进入社会主义时期的变化。在某种程度上我觉得这是一种悲哀。这一时期的作家由于社会体制的原因，不得不在一定的框架下创作自己的作品，从文学价值角度看，似乎无法与现代文学史上一些作家相提并论。所以当代文学史上好像很难找出一位可以称得上真正"大师"的作家。

答：你刚才谈到"大师"，我就接着这话说说我的想法。昨天中午看易中天先生"实话孔子"，他也谈到"大师"这个字眼，他的解释是"有容乃大"，"可法为师"，这当然不一定是最"词典化"的解释，但"有容""可法"的要求也不算低了。依这个要求，1912 年以来的文学"大师"真是够多，不说全国范围，就看浙江籍的吧，王国维、章太炎、鲁迅、周作人都够级别吧？茅盾、郁达夫、徐志摩、戴望舒、施蛰存、艾青、夏衍、丰子恺也都不错吧？可 1949 年以后浙江出了几个这样的作家诗人呢？据我十分有限的所知，除了诗人唐湜（他该算老作家），小说家无名氏（他属于客居浙江），《无梦楼随笔》的作者张中晓（他是一个思想者，且因为"胡风案"贫病而死），似乎只有一个旅美浙籍作家木心。当然，就"名气"而言，余华也算一个。

其他各省的情况差不多，每个省市总有那么几个较有实力的作家，北京、上海集中一点。但也还是不能跟民国时期比，你想吧，20 世纪 30 年代，仅只北方的"京派"作家和南方的"海派"作家就有多少呵！

问：现代文学从 1917 年到 1949 年，统共三十二年，为什么会有那么多"大师"？当代文学从 1949 年到现在，也有快六十年了，怎么就很少有《阿 Q 正传》、《骆驼祥子》、《雷雨》或《围城》那样的经典之作呢？究竟是什么原因导致这种情况呢？

答：一个国家的文学发展史，都有其自身的一些特点和规律性的东西，要了解中国现、当代文学的差异，我给诸位推荐一本小书看看，《中国新文学的源流》，周作人的。按照他的说法，中国文学发展史就是"载道"与"言志"这两种潮流的起伏所形成的，而清末之后的新文学运动，是另一个"言志文学"的开始，那么在抗日战争发生以来直到"人民共和国"诞生，大一统时代出现，自然也就是一轮新的"载道"时代。周作人说："照我看来，中国文学始终是两种互相反对的力量起伏着，过去如此，将来也总如此。"他这番话是在 1932 年说的。

诸位看看《中国当代文学史教程》对新中国文学发展的描述，看看毛泽东以及他的《在延安文艺座谈会上的讲话》对于新中国文学的无法抗拒的影响，看看围绕电影《武训传》、《红楼梦》研究、文艺界"反右"直到"文革"发生的那些匪夷所思的事件，当不难理解"载道"文学的含义。你也可以设想，在这种极度"缺氧"的"政治高原地带"从事"载道文学"的写作所能生产出的作品质量。

问：我从网上看到德国汉学家顾彬先生的访谈，他对中国当代文学的评价就不高，您怎么看？

答：顾彬先生对中国当代文学的观察不见得十分周到，但总体上是中肯的。他的标准就是"语言、形式、内容"，认为中国当代作家在这三方面的水平不高，尤其是语言。这固然是他个人的看法，但与中国传统文学标准也不矛盾。鲁迅、钱锺书、沈从文、张爱玲的共同点就是语言上的新鲜感。当代作家的语言个性不够鲜明，但我个人认为阿城、王小波是一流的，可惜阿城的作品太少，王小波又英年早逝了。

按照诺贝尔文学奖的规矩，它只颁给"活着"的文学家，这实际上意味着是对一个作家或诗人"终身成就"的认定。所以想拿到这个奖，就该是文学界的"马拉松选手"。

诸位不妨找几个你看好的当代作家"追踪研究"一番，看看谁会浮出水面？

2008 年 10 月 12 日

教学评估及其他

"本科教学评估"动机是好的，在初期对于推动高校发展特别是硬件建设也发挥过作用，当时的说法是"以评促建"。但为了说明某学校值得投入，只好编造一些基本资料和数据（"文革"后高校基本档案不全、基础薄弱是事实。）因此造假现象从一开始就存在。另外，为了取得好的评估结果，高校之间的竞争十分激烈，这就造成对评估组成员在招待、酬谢、拉关系方面的非正常方式，出现了类似"钦差大臣"的现象，这当然也是一种腐败。

高等教育的发展，一靠国家投入，二靠体制创新，三靠长期积累，目前我们在这三个方面都存在问题。第一方面的问题是高校产业化，第二方面的问题是高校行政化，第三方面的问题是功利化。"评估"如果解决不了这三个问题，甚至只能强化这三个问题，则"评估"就值得怀疑。

代替"评估"的办法有的是，只要能解决以上三个问题，都是好办法。但这不是某个高校可以独立解决的。

高校扩招表面上提高了中国大学的入学率，实际上仍然是"功利化"的结果，在当时是延缓就业难的一个手段。扩招与中国大学的发展不协调，导致教学质量大幅度下滑，毕业生水准下降。另一方面，专业设置、课程设置老化，不适应社会发展需要，也是造成就业难的原因之一。还有，高校盲目扩招，职业教育却严重滞后，造成了头重脚轻的现象。

"科研高于教学"现象恰恰是不科学的高校评估背景下出现的怪现象。因为教学是软实力，不容易出显效成果，科研可以用"项目"、"核心期刊"、"经费"等看得见的形式标志，最容易"评估"，所以造成了高校"全民科研"的怪现象。结果是什么呢？结果就是科研高于一切，教师评职称、聘岗位、拿经费全靠科研的"量化"。多少项目（国家级、省级、校级）、多少著作论文（若干层次）、多少经费、多少奖项（若干层次）这些就成了硬指标。而教学质量的评价也趋于量化，多少课时（越多越好）、多少项目（教学项目）、多少分数（学评教）、多少论文（教学论文）、多少奖项（国家级、省级、校级）这些成了评价教师工作质量的指标。因此有人说，高校科研成绩一个小学生就可以用加减法统计出来。

如果一个教师每天考虑的不是如何讲好今天的两节课，不是高质量地布置一次作业，不是如何设计一次课堂提问，不是如何帮助学生提炼出论文的关键词，而是如何申报一个省级项目，如何把论文发表在核心期刊而非一般性刊物上，如何拿到更多的科研经费，他怎么可能再使自己成为一个好教师呢？

只要把一个教师的时间表排出来，就可以判断出他在科研和教学方面的不同投入。

2008 年 12 月 10 日　杭州

创业明星来自中文系？

这是来自 1 月 7 日《钱江晚报》科教版"学生社区"的一条消息。说的是团中央光华基金会近期举办了一个全国性的青年创意、创业大赛，大赛一共产生了 6 个金奖，其中 3 个被浙江的大学生拿到。这三个学生，一个是浙江大学中文系大四学生黄健，一个是浙江工业大学学机械的研三学生陈碎雷，一个是浙江科技学院生化专业大四学生朱璐。

让我注意的是金奖获得者中第一名的中文系学生黄健。该消息透露出的有价值信息包括：

一、"黄健的成绩不算出色，不过活动能力一流，做过很多商业计划。"

二、他创业的标志性成就是办了一本名为《不折不扣》的校园杂志，后面附有校内校外商家的打折券，免费向学生发放。书好看，有实惠，遂被商家盯上。

三、来自宁波，父母经商。

我愿意把这条消息提供给为"钱途"发愁的中文系毕业生们。

因为再让我用过去那种空洞的"理想"、"信心"、"勇气"

之类安慰学生已经做不到了。现在的汉语言文学专业学生,和其他专业学生一样,无论他当初进入这个专业的时候是什么原因,在毕业时的第一考虑则肯定是就业效率,其中包括就业环境、就业待遇等等。对大多数学生来说,"钱途"也就是"前途"。

我尊重他们的实际考虑。当然,我同样尊重那些在"钱途"之外另有追求、另有寄托的中文系学子。

浙大这位黄健"成绩不算出色"和"活动能力一流"透露出,他在汉语言文学专业知识和能力方面未必最强最佳,而经营意识和能力却足以帮助他在经济上(时髦的说法是"创业")获得成功。

而他起家的基础是办杂志,这就来自他汉语言文学专业的功底。他把经济学引入了汉语言文学,或者使二者实现了对接。

如果说汉语言文学专业毕业生的出路也有若干种、若干层次,这算不算是其中的一种、一个层次?

郭敬明不知读过大学没有,他走的路子,仿佛也就如此罢。

2009 年 1 月 7 日

中文专业:一个问题

中午坐校车去新校区,遇到同在科学网上开博客的万老师,说读到我登飞来峰的博文了。我哈哈一笑:"惭愧惭愧!我误闯科学网,实在莽撞得很。我一个学中文的,既非自然科学,也不好算社会科学,找不到位置啊!"

到了教室,上本学期最后一次"当代文学"。我按照原来设想在第二节请大家就大学生成才的话题各抒己见,结果好不热闹。

一个同学提议,是否在汉语言文学和对外汉语两个专业范围内搞个"民间的"话剧演出活动平台，可以加强沟通，可以锻炼演讲、写作、表演才能，可以提高语言文学素质，等等。

一个同学表示呼应，但接着提出一个疑问：咱们中文系课程里的"文学课"是不是太多了？现代文学，当代文学，古代文学，将来还有外国文学，光学文学史，自己反而不会写了。

另一个同学也愁眉苦脸地倒苦水：自从被调配到中文专业，一年半了，到现在还没找到方向，不知道怎么规划自己。咱们工大中文专业的同学，真正第一志愿报中文的有几个呀？明明是自己不喜欢的专业，怎么培养得出兴趣呀？

接着几位女同学纷纷为之出主意，"开药方"，一个接一个地说下去。

我很高兴。这几年我教的本校中文学生大都是"调剂"的，常常闷闷不乐，能够在校园内外崭露头角的也就不多。现在他们把这苦恼倒出来了，有些还调整过来了，总还是让人感觉开心。

不过，我又想到最近看的梁晓声一部大学生题材的小说集《毕业生》，其中《选修课》一篇写的正是中文系的"危机"。大学里的文学热早就不复当年了，现在学生们选"文学欣赏"课不过是混混学分的，老师开课也缺少了自信。因为他们对自己的孩子，都不希望他们报考中文系了。

中文系毕业生的就业压力也越来越大，几乎没有绝对对口的行业。文学刊物和出版社七零八落，不景气的居多，早就边缘化了，现有的也人满为患。新闻媒体，更喜欢的是广播电视新闻专业的学生。企业文秘，常常是打杂的代名词，加上不景气也没有太大的需求。考公务员，更是千难万难。考研究生，不过是死刑变死缓……

于是乎一个问题：国内大学的中文专业是不是办得太多了？

（现在几乎所有大学都有了中文系）

再一个问题：对中文不感兴趣而又被调配到中文专业，该怎么办?

又一个问题：中文系学生理想的知识结构和能力是什么?

还一个问题：学中文的本科毕业生出路在哪里? 谁需要他们?

2009 年 1 月 4 日

如此"中国文化"，岂非南辕北辙?

期末考试，风景各异，无异于一场由许多局部战斗组合成的、发生在师生之间的心理战争和教学战争。

如果不说战争，说是一场教学游戏也成。

考试作弊心理，大概也是人类一种共同心理，人人都会有的。既然如此，且不做正人君子状，去痛心疾首。

我感兴趣的是某生作弊被捉后的反应。

考的是《中国文化概论》，考生是学建筑的，我是三个监考人之一。照我个人的观点，"文学"、"文化"类公共课程既然定位为文化素质课，就不必采用"闭卷考试"方式，指定十几部、几十部文学作品和参考书读完，感觉到视野有所开阔、心中若有所悟、灵魂有所提升也就不错了。

但既然要考，且划了考试重点，那就稍微下点功夫把那本教科书读读，恐怕也没什么困难。但他还是准备了纸条，暗暗放在试卷下面，不幸又让我看见了。看见了，也就只好"没收"。按照规定，该上报学校，一旦上报，肯定以"作弊"处理：取消学位。（我不太倾向于这样做，我只希望他能明白考试的真正目的。）

305

他没离开考场。等到考完，其他人都走了，他来为自己辩解：我那个资料上面没有与试题直接相关的内容，不能算作弊。

这使我一下子对他十分失望。

我仔细看了一下那个资料，是的，没有与试题直接相关的答案，但不直接，却仍然相关，是"第六章·宗教"的内容。试题里有"佛教"、"禅宗"的考题。

我对他失望，因为他在这种情况下第一反应不是意识到自己错了，而是别人错了。

理解中国文化，自然会涉及中国传统道德，"修身、齐家、治国、平天下"，首要一条是"修身"，这之前还有"格物、致知、正心、诚意"。为什么做起来这么难？

是不是我们的"人文素质教育"本身有值得反思的地方？

中学以考试为核心，文理分科，到大学才开始讲"人文素质"，是不是太晚了？

社会风气流行"潜规则"，正规则成了糊弄老百姓的空文，这"人文素质教育"是不是也属于表面文章？

大学教育该以"知识教育"为中心，还是应以"立人"为宗旨？

2009 年 1 月 15 日

大学通识教育

一

收到上海大学文学院中文系"通识教育的现状与未来"国际研讨会的邀请函是在去年年底，现在过去近三个月了。除了反馈给会务组一个发言提纲外，我的脑子里对"通识教育"这个概念以及会议主题"现状与未来"还是给不出一个明晰的答案。我承认对这个话题极感兴趣，也很希望借这个机会梳理一下自己对于通识教育的理解和困惑，可另一方面也有些惴惴不安，唯恐因提不出建设性意见而辜负了会议组织者的美意。

会议邀请函上提出的问题是："把大学生培养成什么样的人？大学在未来国民的造就中承担着什么样的使命？大学教育应如何面对、回应国际全球化、中国本土现代化带来的一系列挑战？"这些问题很大，也是本次会议的特定时代背景和提出"通识教育"对策的依据。那么，本次会议对"通识教育"的内涵又是如何界定的呢？邀请函虽没有指明，但其中"为切实可行地推动中国大学教育的改革进程，推动中国大学的人文教育，了解国内外通识教育的历史与现状，探索适应于中国国情的大学通识教育理念与方法，……特主办'通识教育的现状与未来'国际学术研讨会"所言，似乎有将"通识教育"理解为"人文教育"的倾向。

可否把"通识教育"理解为"人文教育"呢？根据"人文教育"概念出现于我国当代大学教育的背景，可知二者之间的确存在着重要联系。比如1998年教育部《关于加强大学生文化素质教育的若干意见》所说："我们所进行的加强文化素质教育工作，重点指人文素质教育。主要是通过对大学生加强文学、历史、哲学、艺术等人文社会科学方面的教育，同时对文科学生加强自然科学方面的教育，以提高全体大学生的文化品位、审美情趣、人文素养和科学素质"。再比如杨叔子先生的观点："文化素质的核心是人文素质，文化素质教育的核心是人文教育。人文素质就是做人的素质，人为本，做人的素质，特别是人格，是本中之本。"（《人文教育：情感、责任感、价值观》，《高等学校文化素质教育通讯》

1999 年第 3-4 期，第一页。）又比如香港大学李焯芬先生所说："通识教育跟我们现在讲的人文教育有着密切的关系。在一些大学里，通识教育的意思等于是传统文化教育的一种概念。具体来说，念理工科的要修人文学科的学分，如果是人文学科的也至少要修两门现代科学的课程。……通识教育主要的目标是希望我们的毕业生有一个人文视野，能应付现代社会越来越重的生活压力、工作压力。"（《人文教育在香港》，见《教育的灵魂》，天津大学出版社 2008 年 3 月。）

从上述三种表述，可见以"人文教育"界定"通识教育"在当代中国大学教育中有着特定的现实出发点，即针对大学教育过于专门化所导致的文化素质偏枯和人文精神缺失而提出的应对措施。同时这种界定，尽管相对狭窄一点，但与同时期国际高等教育界对"通识教育"的表述大体也是一致的。关于这一点，我手头有一部张寿松先生撰写的《大学通识教育课程论稿》（北京大学出版社 2005 年 4 月。）介绍得十分详细，兹不赘述。只引述该书对"通识教育"所作的更具概括性的表述，一方面表示我赞成这一表述，另一方面表示对以"人文教育"界定"通识教育"这一倾向作适当补充，使之更为全面：

> 通识教育是通识教育理念和通识教育实践的统一体，是高等教育的重要组成部分，是人人都必须接受的职业性和专业性以外的那部分教育，它的内容是一种广泛的、非专业性的、非功利性的基本知识、能力、态度与价值的教育，它的目的是把学生培养成健全的个人和负责任的公民，它的实质是"和谐发展的人"的培养。

二

无论称其为"文化素质教育"还是"人文教育"还是"通识教育"，可能都不是问题的关键。从20世纪90年代开始出现的素质教育"运动"至今已十几年了，然而中学也罢，高校也罢，这种"文化素质教育"或"人文教育"收效究竟如何？恐怕是值得追问一下的。

在期末《中国文化概论》考试中，一位考生夹带资料被没收。考试结束后，这位考生找到监考教师，没有一句表示悔过的话，而是反复辩解他夹带的资料中没有与考试直接相关的内容。监考教师感慨之余，在个人博客里撰文《如此"中国文化"，岂非南辕北辙》，引发不少评论，在批评这位学生的同时，也有对当代"通识教育"的反思。一位博友这样说：

> 其实通识教育绝不仅仅是概论或者简史，如果只是教授XX概论或者XX史的通识课，根本就是学习皮毛，老师教得没劲，学生学得无聊，很可能连皮毛也学不到。
>
> 通识教育的起源地美国大学的本科生前两年没有专业课，都上所谓的通识教育课，但是课程设置和要求都有严格的规定，阅读量，讨论课时，教授教学，研究生辅助，作业评判，考试设置都有完善的制度。一个学期最多修3门课，修4门课的学校都很少，这不是因为他们的学生比我们不用功，是因为一个学期仅仅够真正学好3门课。
>
> 我国的高校学生在学习政治和英语之后，还要学习6、7门专业课和通识课，真的是我们中国大学生人人都是天才吗？就像中国传统文化概论，一个学期32课时，几百页的书，上课的学生是否都知道了什么是中国传统文化？文学史的课，

> 很多同学从不看文本，考试照样不挂红灯。我们都在大声疾呼："通识教育课要避免学习皮毛！"可是我们的通识教育课制度自身也仅仅学了人家的皮毛。

这位同学博友指出的现象，即"皮毛式的通识教育"，在国内高校恐怕具有很大的普遍性，只要查看一下各个学校的总课程表就可以得到验证。我经常听到学生（特别是大二甚至大三学生）抱怨每周课时太多，常常达到 30-40 课时甚至更多，这样下来每天要上 6 节课以上，自己消化、读书、思考的时间就极少了，根本和高中毕业班学生差不多。在这种情况下，知识也罢，素质也罢，还谈何内化？

每学期究竟开几门课比较合适？专业课与通识课的比例如何把握？通识课程内容（目录）又该怎样设计？在很多高校中，这些方面的问题可能都有不同程度的存在。比如我看到的某校公选课程内容（目录），多为一些娱乐性或流行文化层面的课程，真正富有高雅人文精神内涵的课程不多，这当然是当代校园文化趋于低俗化的一种表现，但也显示学校在通识课程的设计、规划方面缺少自觉，因而也就缺少指导性的意见。

以上说的是通识教育的有效性问题。另一方面，当代大学通识教育在价值观的导向方面仍然存在着宽容度不够的问题，表现在公共基础课的设定上就是政治课程偏多、文化课程偏少以及主流价值观绝对化的现象。最近在教育部《国家中长期教育改革和发展规划纲要》讨论中，有学者提出了应在《纲要》中体现出"普世价值观"的问题，指出："普世价值观在教育中的实践和体现，可以使我国教育从根本上摆脱精神和思想困境，达到'治本'的目标。在《纲要》中融入普世价值观的精神意蕴，对我国教育的进步和发展意义巨大。通过教育观念转变促进我国教育由'行政主导'转变为'教育（自）主导'，让作为教育人格化的教育家办教育，对我国教育而言具有里程碑式的意义。"（《科学时报》2009年3月6日A4周末评论，作者为江苏大学教授）是很有见地的主张。

三

张寿松先生在《大学通识教育课程论稿》中也讨论到"我国高校通识课程的现状与问题"，涉及的主要问题有十个方面：

第一，通识课程的概念不清。第二，缺乏通识课程的教育哲学。第三，缺乏相应的政策与制度的保障。第四，缺乏明确而完整的通识课程目标。第五，缺乏通识课程领域的划分标准。第六，通识教育课程构成比例失调。第七，通识教育课程的内容过于偏向应用型和专业化。第八，重视正式通识课程的开发，对非正式通识课程的开发还没有引起足够的重视。第九，通识课程的教学管理制度亟需加强和完善。第十，从目前通识教育的效果看，除了上述因素外，还有一些重要的外部因素。

最后，他将以上十个方面的问题概括为两个因素，一是成熟的理论指导，二是相应的政策与制度。

应该说，这些问题直到目前都还存在着，其中某些条款也涉及到我在前面所说的"皮毛式通识教育"与普世价值观缺乏的问题。但如果仅仅概括地表述为"理论指导"和"制度保障"两个因素，尽管突出了主要问题，有些另外的重要因素却容易被忽视。比如第十条就通识教育的"效果"而说的"外部因素"问题，可能在当下社会背景中已成为制约通识教育健康发展的另一个重要因素。

如果说"教育哲学"和"制度保障"属于影响通识教育的内

部而却显性的因素，那么那些外部的诸如高校行政化、学校管理人员和教师的世俗化，社会文化、流行观念的官本位与钱本位，以及所谓社会"潜规则"则是一种虽然看不见但却力量巨大的隐性因素。正是这些隐性因素的巨大力量，往往使得当代大学的人文精神教育在不知不觉之中打了水漂，或者惨遭釜底抽薪之灾。

关于这一点，青年学者周立民也曾就高校的人文环境状况表现出深深的忧虑。他从"管理体制化、学者世俗化、学生平庸化"三个方面概括了当下中国高校面临的人文危机，而造成这一切的恰恰是绝对的实用主义办学理念。他引用另一位学者周宪的话指出："真理的自由论争遂被一系列规定明确的技术操作原则所取代，从职称晋升、工资提升，到教学行政规范和学术操作原则，事无巨细，皆有原则可依。自由思想被技术性操作所取代，独特的智慧探寻被标准化知识工业所取代，甚至个体与社会文化乃至普遍道德的联系断裂了。成功与其说是智慧的成果，莫如说是个人在体制化系统内的社会地位、文化资本和俸禄水准的提高。"（周立民：《体制化·世俗化·平庸化——从高校看当代人文环境》，《教育的灵魂》，天津大学出版社 2008 年 3 月版。）

从我个人的观察，除了高校内的实用主义办学模式，以及官本位、钱本位对校风、教风、学风的腐蚀，整个社会功利主义价值观对当代大学通识教育的负面影响也不可低估。应该承认人的欲望的合理性，特别是物质需求的合理性，然而当前社会的问题是对物（包括对权力、财富）的占有欲已达到近乎疯狂的地步，学生从报考大学的开始所考虑的就不得不是将来的就业、薪酬、待遇这些问题，事实上社会对大学生的期待也正是如何最直接地"为我所用"，至于你是否有理想、是否全面发展、文化底蕴如何都可以不考虑。在这种情况下，大学生又能怎样呢？不要说理工类专业的学生，就是艺术类、人文类专业的学生，经常向老师提问的也已不是学理，而是这门课学了"有什么用？"这是从事人文学科教育的教师当前遇到的最尴尬的事情。

自然，第一志愿报考汉语言文学而又对自己充满自信的学生总是有的。一位在我博客上留言的学生这样写道：

"或许我是当初为数不多第一志愿填报中文专业的学生吧，不是说有多喜欢，只是觉得应该多知道一些'中国话'，呵呵。""其实，现在有多少学生走出校门能找到真正专业对口的工作？个人觉得，大学是让自己'飞扬跋扈'的空间，除了专业知识，实用性的通用性的知识也多接触一点，不一定要多精通，但至少要有所了解。然后更多的是让自己的眼界更开阔，待人接物，为人处世更成熟。""人，不能站在多崇高的位置来看待现实，同样的，无论学任何专业，不论是为了今后找工作抑或是真正想'做学问'，简单一些，把它作为充实自己的一个切入点，或许反而会有意想不到的收获。"

另一位学生写道："我是 2007 级浙江工业大学人文学院汉语言文学 0702 的学生，在我的观念里中文系理想的知识结构是针对一个问题或者某一种文学方面或者某一种文学知识领域做一个细致而又深入的了解，因为在我看来大学教育全面发展的结果只是平庸而已，很少会有所成绩和建树，我相信选择这个专业的人并不仅仅是因为以后可以找到一份好的工作而已，他们内心的热忱犹如待发的火山一样。我认为应该具备一种以天下为己任的责任和犀利的视角和敏锐的眼光，当然更应该具备理性或者感性，但二者决不可兼得。"对于我提出的"学中文的本科毕业生出路在哪里？谁需要他们？"这一问题，其回答是："作为一个大二的中文系学生我从来没有担心过自己的出路，因为我知道这条路是自己给自己选的，那么自己就得对自己负责，自己给自己出路，要知道给我们出路的不是别人，恰恰是我们自己，不管是上古、中古，还是今天文人的责任就是给人出路，不管是时代的还是精神上的。"

看到这些，自然深感欣慰。但是他们毕竟年轻，当他们走出校园进入社会，当理想遇到了现实的时候，他们会不会改变自己的初衷呢？

从民族精神升华的角度出发，我们的社会和我们的高等教育，该做些什么呢？

四

归结到两个问题："皮毛式通识教育"和"架空式通识教育"。

"皮毛式通识教育"对应的是制约通识教育健康发展的显性因素，即当代大学关于通识教育的理念、教育哲学、政策与制度、课程体系或结构、课程内容以及学时分布方面的问题。在职业性和专业化课程之外，对不同类别、不同专业的学生究竟开设哪些、开设多少（门数与学时数）通识课程？在各年级段通识课程如何分布？每个年级段的专业课程与通识课程的比例怎样设计？都需要在科学的教育理论指导下根据不同层次的学校和学生给出合理的设计。

"架空式通识教育"对应的是制约通识教育健康发展的隐性因素，即当代大学校园内外显在与潜在的教育行政化、大学体制化特别是弥漫于整个社会的流行价值观，主要是那些负面的诸如官本位、钱本位等观念及其操作层面的规则与潜规则。不管怎么说，通识教育经过了"文化素质教育"、"人文教育"阶段，尽管还存在"皮毛式通识教育"的相对狭仄、相对肤浅甚至形式化的问题，但总算是运行起来了。当前最令人忧虑的是,课堂上修习的通识文化素养或有关"和谐发展的人"的观念如何应对课堂外日益逼仄的大学教育制度和潜在的价值崩溃现实,也就是新鲜的鸡蛋如何应对冰冷而坚硬的石头的问题。

2009 年 3 月 27 日 杭州

一封复信

××:

你好!最近几天新生入校,例行的专业教育如期进行,加上教师教学业绩考核、学院第一次大会,突然感觉忙了起来。今天周末,才开了电脑,拜读来信,十分高兴,祝贺你得到这样一次宝贵的学习机会!谢谢你对我的信任!

"长安米贵,居大不易",这句老话要改用到伦敦了!由此可知中国与英国生活水准的差距,即使是天堂杭州也嫌底气不足呵。不过人家虽是老牌,倒也不是刻意奢侈,你所说的市区建筑之老旧、狭仄,我去年听伦敦大学中文系主任也曾提及。因为我知道伦敦大学是老学校了,当年老舍先生去那里作"外教",给英国人教国语,所以很想知道她的现状,没想到这位主任说基本上还是老样子,因为事实上也扩不出去。倒不像国内大学,一而再再而三地圈地建新校。暴发户心态可见一斑。

我看到今年考核,你是 A 级,从一侧面展示了你的勤勉、刻苦、努力,足见你是学院青年教师中的佼佼者。联想到近年你职称顺利通过以及高质量科研成果的获得,真心为你感到骄傲、高兴。至于是不是在任何情况下都一定得到最大的回报和认可,因为涉及社会规则、抑或"潜规则"的某种制约，我认为倒不必太过担心和在乎。以我痴长几岁的资格，总算也经历了差不多同样的过程，以为生存环境较之过去已大有进步，但也不是绝对理想，还应该有足够的弹性和韧度来对付它。否则与之短兵相接，反使自己大受伤害。郁达夫有言："长歌正气重来读，我比前贤路已宽。"我常有同感。

我在进入四十岁以后，自我实现的观念渐有变化，以为凡事宜从长远计议，即所谓"风物长宜放眼量"，俗称"放长线"者，少年盛气遂一一收敛。如此做法，固然有个人方面的原因，不可仿效，不足为训，我只是想说人生每个段落并非一成不变，最好把心理空间拓展得大一些。

你还是一个正向着珠穆朗玛雪峰攀登的、潜力巨大的青年学者，无限风光正待展开，令我羡慕，令我钦佩，真诚祝福你阔步前行、所向披靡，不辜负大好年华！

伦敦一年，正如你所说，说长不长，说短不短，但不管长长短短，总应该从从容容、平平静静度过（恕我没用轰轰烈烈），对吧？

那咱们就明年见！

多保重！

张欣谨复，2009 年 9 月 12 日

教育的"原点"

我差一点忘了自己还存有一本钱理群先生的赠书。是上海文汇出版社"阁楼文丛"第三辑中的一种，小三十二开本，1999 年 1 月第一版，印数是六千册，书名是《学魂重铸》。今天翻书架的时候发现了它。

扉页有钱先生题签，时间是 2001 年 1 月。想起来，应该是那一段我比较关注大学文学教育的时候，听说钱理群先生在北大主动要求为大一学生讲授《大学语文》，而又新出一种关于大学教育的书，才冒昧写信向钱先生索求的。

说起来，我与钱先生早有一面之缘，只是没有书信往来而已。1988 年暑期，《读书》杂志在北京举办"文化：中国与世界"讲习班，我以学校公费参加，属于青年教师培训一类。社科院的甘阳、周国平、赵越胜、梁治平、何光沪，北大的钱理群、陈平原、黄子平以及《读书》的沈昌文都来授过课。钱先生的课似乎最生动。现在印象最深的，是讲到他这一代人所遭受的痛苦时表现出的那种昂扬的激动状态，还有想写字回头却找不到黑板时的样子（因黑板是在一旁，而非中间）。上衣是一件白色"人造棉"短袖衫，因为长而奋拉下来，看来钱先生对衣着很随意。

然而这位钱先生和他的北大同事，以其《中国现代文学三十年》与《20 世纪中国文学三人谈》，给 20 世纪 80 年代的中国文学教育带来了多大的影响啊！还有他自己的《心灵的探寻》、《周作人传》、《1948：天地玄黄》、《压在心上的坟》，也都是青年学子、学人爱读的书。一直到进入新世纪，他以及他的所思所想、所作所为似乎都是文化圈、教育界甚至公众社会最敏感的话题。比如前些年，一度听说他被取消了在北大授课的资格。最近几年，则又听说他已经正式退休。但我相信，不论这些传言真实与否，钱先生都不会放弃他作为新文学杰出学者和现代思想者的职责与使命，他一定都会以不同形式表达他对这个社会、这个时代的关心与爱。

手头这本不足十万字的小册子，以钱理群自己在《后记》中所说，是应上海一位编辑朋友之约，而借北大百年校庆之机写成的。

时间集中在一九九八年四月到十月的几个月间，"今年因北大百周年校庆，更是触发了关于教育的'原点'的追问。这次趁写这本书，把一些想法，形成了文字，对自己也算是一个交代。"

不错，"关于教育的'原点'的追问"，应该就是这本书的关键词吧。譬如第一篇，由对蔡元培教育思想"从一开始就被拦腰斩断"现象，提出："今天的教育，包括北京大学的教育所存在的许多问题，从根本上说，就是这个教育的前提——教育的基本观念：什么是教育，教育的目的、宗旨，出了问题，而这又是与一个世纪以来对蔡元培先生教育思想的冷漠、阉割与背离是直接相关的。"《关于研究生教育的思考》与《追求文、理的融通》则分别从研究生教育和理工类本科生教育角度对这一理念进行展开，他把"大一国文"课程与大学"人文关怀"教育贯通起来，"寓人文教育于语文教育之中"。在《重新确立教育的终极目标》这篇访谈中，他再次阐述蔡元培"现象世界"教育与"世界观教育"的思想，再次强调指出当代应试教育对终极目标的背离，而又把他关注的目光延伸到中学教育阶段。这样，也就把大学和中学在"人"的教育方面的共同缺失作为一个"教育链"问题提出来了。

有了这份底气，钱先生的话在好大喜功的官僚们听来，自然会不舒服了。因为他自己虽也置身北大，却似乎并没有自恋倾向，反而毫不客气地指陈："北大的个性、创造力正在萎缩。"时在一九九八年。

转眼十一年，部长换三番；遥遥知何处——教育的春天？

2009 年 11 月 28 日　朝晖楼

写作：困惑与诱惑

在一个读图时代甚或视频一统天下的时代，鼓励别人去写作、去读书，是不是有点"不知有汉、无论魏晋"的迂腐气? 对于以就业为根本任务的大学生来说会不会是有害无益的误导? 这是我在说到写作时不能不有的顾虑。

不错，我是一个喜欢经常写点什么的人。这是长期的校园生活惯出来的，我已经习惯了把自己的所见所闻所思所想通过写作表现出来。当然，我说的写作是主动的自由写作，不是种种功利性或职业化的被动写作。这种自由写作的动机在于：意识流动不居，必须借助文字使得它们显形、固定并生成新的生命能量或思想能量。这多少有点像诗人冯至所说："我们空空听过一夜风声，空看了一天的草黄叶红，向何处安排我们的思、想? 但愿这些诗像一面风旗，把住一些把不住的事体。"

我佩服老舍，他真是个天生的"写家"，在伦敦教了五年"对外汉语"，竟然可以写出三本长篇小说；在山东教了七年书，又可以写出十几本来。他大概是唯一一个因为写作而被授予劳模称号的作家吧? 而老舍的学历，却不过只是个初级师范毕业! 还有一个沈从文，也不过只在北大旁听了一段时间，竟然也能够以作家身份在中国公学、青岛大学、西南联大和北京大学当教授。看来能不能写以及能不能为人师，主要并不在乎学历的高低。

除了他俩，我在课堂上常发的感慨还有，民国时代的大学生作家往往在大三、大四时候就可以写出《女神》、《雷雨》那样的名作，香港的马家辉在台大二年级就可以写出一本《李敖研究》。假如我们的大学生也能有这样的功夫，何愁找不到饭碗?

说这些话，倒不是让大学生们把宝押在写作上，现在是多元社会，怎么能盲目地照搬民国经验？又怎么可以简单模仿老舍、沈从文？自己的习惯、经验更是不足为训。所以我不想夸张写作的力量，也不主张把中文系学生都培养成网络写手或电影编剧，我只是觉得无论时代怎么变，读图或视频都不可能完全取代语言文字，一个现代、后现代的新新人类如果也还保持着一点顽固的写作习惯，如果还愿意借助笔墨——无论电脑键盘还是汉王手写笔——整理整理自己的心灵、议论议论家事国事天下事，开博客、写动漫剧本或读书随笔，甚至写一点只供自己看的诗，我们的文化之树就依然可以婆婆常青下去，生活就可以不完全流于快餐式，人也就不至于完全成为消费型，而多少显得有些根底、有些蕴含、有些内在吧？

想明白了，心里透亮了，困惑就减轻了，自由的诱惑随之而来。对！从高考噩梦挣脱出来的大学生，重新找到自己的灵性吧，重新拿起笔开始真正的自由写作吧，千万别从应试的枷锁中逃离出来，再接着钻进就业的牢笼！

当然，要随心所欲地写，就先要平心静气地读。因为写是生产，而读是孕育。读并不限于书本，也包括生活本身。读读老舍的《读与写》和沈从文的《我读一本小书，同时读一本大书》吧，它会告诉你二者之间的关联。

2009 年 12 月 12 日　朝晖楼

中文系通知

今天是 2009 年最后一天，在此谨向各位道一声：辛苦了！同时预祝 2010 年的每一天都快乐、开心！

大家在自己的岗位上，肯定都有各自的收获，我就不一一述说了。作为系负责人，我觉得特别需要提一下的是：在本年中，我们顺利完成了2005级毕业生的论文指导和答辩工作；顺利完成了新一轮教学科研岗位聘任；顺利完成了2008—2009学年教学业绩考核；又有多位同事分别晋升为高级职称；几位同事分别在国外、国内访学或攻读学位；为迎接省厅"重点建设专业期中检查"撰写了近百页的"自评报告"；在广泛征求意见的基础上建立了中国古代文学、中国现当代文学、比较文学与外国文学、文艺学与写作、汉语与语言学五个教研室，确定了教研室主任人选；为提高各项工作质量，还建立了以教授为主体的教学质量、科研工作、学生社会实践与就业指导专家组；年终刚刚完成了年度工作考核，三位同事经学院考核组投票被评为优秀，他们是褚蓓娟、郑玉明、方坚铭。需要说明的是，共有四位同事在系里考核的基础上，根据自己申报、教研室主任会议审定被推荐到学院。另外，还有不少很优秀的同事，特别是不少高级职称的同事，做出了出色的成绩而并未申报优秀，显示了高风亮节，值得敬佩！

中文系学生的发展令人欣慰。2006级有三位同学分别通过保研北大、中国社科院、上海大学，2007级同学持之以恒地开展话剧表演也渐入佳境，更可喜的是2008级同学开始尝试电影创作。校园情节剧《是木成林》在学校内外引起了广泛影响，网络上赢得了较高的点击率，其导演、编剧就都是中文系的学生。除此之外，今年的校园科技立项、2007级毕业论文启动工作、考研动员工作、新生座谈工作、下学期教学安排工作也都一一落实。

为感谢大家的通力协作，消除一年的疲劳，同祈来年花好月圆，定于2010年1月4日中午在留下"老蔡家"酒楼举办全系会餐活动，谨请各位同事光临！王丽香老师已开始与餐馆联系，请大家收到本通知后及时回复在下，确认能否参加，以便向餐馆预定席位。

最后，祝福

新年好！

张欣　谨拜　2009 年 12 月 31 日

我改变了什么？

一月九号星期六，乘早车赶到新校区参加"大学语文"监考。两个小时的考试，一小时后陆续有考生交卷。这是我本学期带的新生课，学生来自理学院"光信息科学与技术"专业，另外有外语学院的选课生七八人。平日上课时，课间与坐在前排的日语班女生交谈，曾学会了日语"花见"的发音。

收完卷子，先后有男女生各一人跑来问我："这些卷子老师是不是亲自看呵？"我点头，且反问："有什么要求吗？"他们说："就是今天的作文写得特别有状态，自己很满意，老师不看有点可惜呢！"

十号一天，寒雨凄凄，伏案把一百零八份卷子看了。当然还记得男女二生的愿望，遂特别留意一番，却也没觉得有什么特别好处。可他们为何觉得写时特别"有激情"，不希望被我忽略过去呢？大概这就是不同主体之间对同一问题的感受"不同步"现象吧？一篇作文，在作者自己，也许真是前所未有的"主体觉醒"，写作的瞬间就是他发现自我的转折点，因此导致某些观念、态度和习惯的改变；而在旁观者，总是将之置于一个群体进行比较，换了角度和标准，于是差异形成，水落石出，鲜活的个体自然就"泯然众人矣"。

为师者在教育行为中，若不从个人中心的角色摆脱出来，就难免自以为是、好大喜功。常犯的错误就是：或以偏概全，以拔尖生（或曰"精英人才"）的成绩评价自我，动辄以"伯乐"自封；以差生的水准加诸全体学生，一转而为"九斤老太"，遂有"一级不如一级"之慨。或以一个"平均分数值"替代不同个体之间的种种差异，形成刻板印象。

女生李瑭来自内蒙古，上课期间最早到前台找我"聊天"，节日也总是发来别致的问候。现在她写在考场里的作文是《我与文学》。她还用了副标题"于幻想世界中成长的我"。全文八段，先写"面对这样的题目，内心是一份欢愉。"因为"再也不用让自己的思维在一个框框内打转，更不用掩饰自己所写、所说的那些伤感亦无主题的词句，而是可以在这一张白纸上纵情地写些什么，说些什么。"

她写了最初面对"文学"的"恐惧"，写了进入林清玄"禅意"的境界后的美妙感受："在这样的安静的文字中，我似乎不那么害怕了，我微微地触碰'文学'那潭安静的湖水，只那样轻轻一点，一圈圈涟漪散开去，心灵激荡，我是怎样的兴奋啊！"写了南方道路两旁的"曼殊沙花"带给她的"文人的情怀"……由一行一行并不十分注意修饰的文字，看她捕捉到的"欢愉"、"一潭深及千尺的湖水"、"潮湿"、"郑愁予的《错误》"、"那炫目的红"、"花也是有灵魂的"等等的确属于文学的语言，是可以寻找到她那一份"幻想"的心灵轨迹的。原来这是一篇抒情散文呢！原来每一篇普通作文都可以见出作者的全人格、都值得细读呢！想平日对成百上千的学生作业施以"职业操作方式"处理，虽系无奈，实在也忽略了不少"心灵的震颤"吧？

男生楼骏，也常于课间上来"唠嗑"。此次作文选题为《浅谈大学语文对培养大学生人文素质的作用》，是出题人拟定的题目，"打了折扣"的论文。看得出，楼生认真而文字功夫尚嫌稚嫩，丢字漏字不少，致使文句不够贯通，但他用铅笔划了格子，书写绝不潦草。就文意言，他写了一个心理过程，用他自己的话说即："但是在大学中生活的点点滴滴却慢慢引起我对'大学生'这个词的深思，以及对语文这门课看法观念的改变。"

"初入工大接触到大学语文这门课程时，开始觉得这门课没有什么作用，学分低，课时少，且对应试没多大提高，因所讲的知识点完全没有高中语文讲得详细，透彻。老师讲也不像高中那样注重知识点的讲授，而是一种起兴而发的由语文拓展社会、生活等多方面漂移式讲授。""漂移式讲授"是他对我授课方式的有趣而独特的命名，倒也有趣。

"改变"，似乎从对"好学生"产生的坏印象开始。"好学生"是就"能进入工大"的一般社会评价而言，因为在浙江本省，高考入学分数，浙大而外往往就是工大。坏印象是因入学后"频频出现的旷课、通宵打游戏、抄作业"现象而产生，"并且在期末前大学（家）讨论不是怎么努力复习备战，而（是）怎么舞敝（弊）作敝（弊），什么小抄，手机，夹带缩印资料，花样层出不穷，眼花缭乱。"

他由此意识到"高中语文是门知识课，为了应试高中语文老师舍弃了对文学素养的灌输，而埋下了'暗雷'"，最后表示大学语文作为"素质课"，是为"找回我们本该具有却在高考之路上因轻视而遗失的人文之心。"

这个心理过程，或者犹嫌简略和肤浅，却也可喜可贺。毕竟浸透了中国式高考的功利性汁水，要从头"启蒙"恐也不易。

现在流行"案例"一说，其实学生之于教师，或如患者之于医生，也不过就是一个个特别的"案例"，或显示病况，或流露才情，为师者必详查深究，一一制定方案，然后方可"因材施教"，引之导之。

从"案例"角度看作文卷子，一个总的印象是高考背景下的写作训练业已简化成八股式的流水作业。头头是道，结构完整，唯独缺少真挚的个性。我相信不少高考作文就是套用老师给定的框架才获得高分的，这大概就是所谓"应试作文"吧。我常常以"就业率"背景下的大学教学为苦，现在看来高中语文教师才真正难做。又要"素质教育"，又要应对高考，理想总是与职业背道而驰，此种痛苦岂非如五马分尸？

此次作文，多题任选，不少人选了《我与大学语文》，表达对上课的感受。对我而言，这些感受是一面镜子，让我看到了自己的长处与短处。我愿意在这里引录几则，以资思考。

孙梦瑶："这门课程陪伴我们的时间是短暂的，仅仅一个学期，今后便不再见。也许偶遇那讲话幽默风趣的有才的老师，才又想起那精彩纷呈的课堂来。但它之于我，却是一个引导者，让我重新拾起了对文学的热爱与追求，享受那共处的点点滴滴，体会到人文素养对我们现在乃至今后的重要性。"

李勇攀："大学语文老师很喜欢笑，这是明显区别于初、高中老师的地方，这也说明了大学语文课堂是在一种轻松、幽默的氛围下学习的，而初、高中课堂却要严肃得多。"又说："我觉得大学语文另一有特色的地方是没有作业，或者说没有要上交或者严格执行的作业。也许课后的阅读就是大学语文的'作业'吧。"

陶南杰："大学语文让我有一种耳目一新的感觉，这是中学时期没有的。相比于中学语文，这种耳目一新的感觉来源于全新的教育方式。完全没有压力，自由的教育方式让学习语文有了更多的趣味。"

谢志浩："听到老师说上语文课是件文雅的事，我的心仿佛被触动了下。是啊，事实本该如此。//大学的语文确实给了我这种感觉，开始我还挺反感，是一种惯性的作用吧。认为上课就该把知识点讲解下，该划的划该记的记，到最后自己去背清楚。但老师上课却没有如此。只是这么讲解下去，仿佛没有内容。一度想过，哎，这课怎么这样啊。没什么好听得（的），反正听不听都一样。//现在我想明白了，理解了，这不正是我想上的那种吗。大家可以有自己的观点，没有死板固定的模式，不用担心这个要考，那个要听写，上课很放松，是真的在自主地听。//当然这种醒悟也有点滞后，都大半个学期过去了才出现，想想都有些后悔了，浪费了这么多次课，浪费了那么多与语文真正接触的机会。//当然我们也有一个可爱的老师，他那对于上课点名的论断让我时时忍俊不禁：'语文课不点名，上语文课是件文雅的事，怎么能被点名这种粗俗的事破坏呢。'//学期结束了，语文课也就此终结了。有些伤感，有些怀念，但更多的是收获的喜悦。"

董瑜："我渐渐开始转变态度，原来大学语文可以这么学。上完第一次课，我就觉得这样的语文课蛮不错的，没有了从前的压抑，一切变得那么轻松、自然。不能说我爱上了大学语文，至少我开始有了那么一点好感，有了那么一点点的喜欢，喜欢坐在前排，近距离的（地）聆听，喜欢听老师讲课，说关于语文的一切，喜欢分享观点，一起讨论见解、看法。"

徐祥娟："大学语文，大概是人生中最后一次正式上语文课了吧。我很欣慰自己在这最后的机会中渐渐地对文学产生兴趣。老师上课很轻松自然，我再也不必为了考试而学习。觉得中国文学的独特与耐人寻味，每周一次的大学语文课，让我为之期待，也很有兴趣在课下找书看。很多人喜欢看手机小说，我从未感兴趣过，我还是倾向捧着本书的感觉，拿支笔，读到感情涌上心头就把想法写在书两边空白的地方。读《红楼梦》，惊叹作者如此伟大的构思与才能，把人物形象表现得淋漓尽致，王熙凤那般精明，宝钗处事又是何等圆滑！每天不读几页书，就觉得心里缺少点什么。为自己这种迟到的启蒙高兴！""我要真心感谢大学语文，这门课的开设，这门课老师独特的教学，让我感受到了一直存在自己身边却从未感受到其美丽智慧的中国语言的召唤！在慢慢地进步着！"

赵振桦："不用学生为了考试而学习、而发愁，这是大学语文不同于以前的语文教学，也是大学语文的优点之处。我希望语文的教学过程，每一次都是对心灵的净化，每一次都是让人感动的过程。""我也明白，在如此大的社会洪流中，仅靠大学语文来拯救人性，是远远不够的。但我还是希望大学语（文）能够燃起第一把火，带来哪怕一点光明、一点希望，都是如此的宝贵。"

还有一位学英语的孙迎，提到我在课堂上"推荐过几部作品"，她（？）就以对这几本书（《红楼梦》、《北京法源寺》和林语堂的《苏东坡传》）的阅读谈"对文学的理解和感受"。不错，我是推荐过这三本书，除此之外，我还推荐过雨果的《悲惨世界》和罗曼罗兰的《约翰·克里斯多夫》。我想，应该就如何向学生推荐阅读书目做些思考，以便提出更有效的阅读方案。

如人饮水，冷暖自知。其实我也知道，我所做的工作还是极其粗线条的。也许有个"人文主义"的核心价值观吧，但运作起来往往不过是"跑野马"，热衷"点评"而缺少对文本的"细读"。这可能和我的文学教育观念有关，对于非专业的教育对象，我以为文学"到阅读为止"，为师者所要做的第一桩事就是使受教育者产生阅读欲。这个阅读欲产生不了，其他一切都免谈。

即如上述几位学生所言"改变"云云，无非是因为中学阶段的"应试语文"把人对语言、文学、人性的感觉彻底消解了，乍然回归本性，苦海无边，回头是岸，一下子倒不知是真是假。不过这种"惊梦"之感，也证明高校虽也问题成堆，毕竟比中学略高一截，我也万幸保持着一些清醒和自觉，一点启蒙的梦想。

可是问题在于，升学的焦虑没了，就业的压力却又来了，它同样不能让人真正平心静气地进入"大学状态"。这些刚刚跨进校门的一年级新生所吐露的心声，究竟能保持多久呢？

人心与社会，应该先改变哪一个呢？

2010 年 1 月 11 日　朝晖楼

大学毕业典礼与高校"行政化"

今天看科学网，看到几篇好文章。一篇是杜维明先生的《人文教育与大学灵魂》，另一篇是"中青报"的《大学校长不能只在毕业典礼上"显灵"》。特别是后一篇，让我想到近期媒体上关于某些大学校长在毕业典礼上"改变形象"，由刻板的官员一变而为"亲民、可人"的"大叔"、"大哥"。禁不住想说几句话。

大学问题成为中国教育的一个"焦点"，是题中应有之义。要讨论中国教育现代化、国际化问题，学前教育、幼儿教育、小学中学教育和大学教育这每个环节都必须同时考查其弊端，更要与中国政治、经济、文化制度联系起来思考。单独看其中某一环节进行微观调整不过是扬汤止沸、难以奏效。

比如说，今年几个大学的校长纷纷"变脸"，在毕业典礼上争相发表"亲民演讲"。据说立竿见影，学生均报以热烈掌声，媒体报道也似乎以为大学校长一下子变得可爱了，中国大学有救了。

如此皮相的表演，就能打动那么多学生和媒体，除了说明我们的学生太容易满足（另一方面就是平日太缺少真正的关爱和尊重），还能说明什么呢？

大学校长"神出鬼没"，实在只是大学教育问题的冰山一角，而绝不是大学问题的全部，甚至不是什么重要的、关键的问题。以为从最表层的心理学原理出发，套用一堆时髦的网络词汇，摇身变为学生们的"叔叔"、"哥哥"就算是回归"大学精神"了？这好比是现代版的《枕中记》，不过自欺欺人罢了。

大学生之所以这么容易被打动，恐怕也是底气太不足、缺乏现代民主意识和自我意识的表现。本来在大学，你是自己的主人，你按照你的理想发展、塑造、完成你自己就是了，见不见得到校长，有什么关系？我也常常听到教授们见不到领导的抱怨，但也常常看到一些教授在偶尔见到领导时那种巴结逢迎、摇尾乞怜的可怜相。我有时觉得，大学的问题太多了，难道学生们、教授们就没有责任吗？难道连最起码的现代人格都塑造不好还侈谈什么"去行政化"吗？

我看，既然中国大学问题是个系统问题，倒不如每个人先从自我做起，想想自己够不够一个现代教育者的资格？如果不够，表现在哪里？又怎么重塑自我？

有了这个基础，庶几才能更有效地讨论大学教育的改革。

2010 年 7 月 31 日，11 月 11 日　杭州之江

人文教育课程

应浙江大学邀请，哈佛大学东亚语言与文明系教授杜维明先生 2010 年 6 月 21 日在浙江大学求是大讲坛上发表了题为《人文教育与大学灵魂》的演讲。演讲中所涉及的不少问题对国内高校都有很强的针对性，其中关于人文教育的观点自然是核心的内容。他的论点是："一个综合性、研究型的大学如果没有人文精神，没有人文学，只有农学、医学、工学等自然科学，这个大学从国际的视野来看，可能就成为一个科技培训的基地，很难说是一个综合性的一流大学。"而"人文学，是对人的智慧自我认识、自我了解最贴切、最直接的学问。文学、哲学、历史、心理学、法学等，都是在塑造大学灵魂的背景下，不可或缺的，应该和理、工、农、医配合起来。"

杜维明教授的杭州演讲，其实有一个特殊背景，就是浙江大学近两年来开始借鉴国内外著名大学的经验，尝试从此前国内高等教育的专业教育模式向国际通行的通识教育模式的转变，并开始在调查研究的基础上探索"通识教育"的课程改革。他们之邀请杜维明来浙大大谈"人文教育"显然也有借重哈佛悠久的通识教育传统助推改革的意图。事实上，自从 20 世纪 90 年代中期以来，关于高校人文素质教育、通识教育的倡议、尝试、制度化建设已经不同程度地改变着国内高校的教育模式。清华大学、华中科技大学、复旦大学的课程模式以及香港、台湾一些著名高校的人文教育课程已在潜移默化地影响着国内其他院校。接下来，需要做的就是如何在借鉴国内外一流大学人文教育模式的基础上，结合区域文化和学校自身性质、办学特点，规划、设计出一套相对稳定、科学、可操作、有特色的人文教育课程体系，进入与整体教学规划相吻合、配套的良性运作状态。

一

浙江省高校目前77所(2008)，按照当下对大学性质的分类，主要包括研究型大学、教学研究型大学、教学型大学和技能型院校。相对而言，浙江省高等教育在全国经济较发达地区属于相对滞后省份，表现在:"还存在一些结构性矛盾和发展性困难。一是高等教育的结构还不能适应地方经济社会发展的客观需求;高校教育基础还比较薄弱，结构层次和办学水平亟待提高。二是我省高等教育呈现专科、本科、研究生比例上的失衡;三是高等教育内涵发展相对滞后，高校的人才培养质量和科技创新能力有待进一步提高。"所谓人文素质教育，应该属于第三个即"人才培养质量和科技创新能力"的问题。

就不同类型、不同性质学校的具体培养目标、培养模式和课程设置而言，属于研究型大学的浙江大学有自己的运作机制，且往往对第二类学校即省属教学研究型大学存在辐射作用，但是这两类学校太少，教学型大学和技能性院校是省属高校的主体。

现在，依次对浙江高校前三种类型从人文教育课程的设置现状进行介绍和分析，每一种类型选择一所院校，以见一斑。技能性院校相对特殊，这里从略。

1.浙江大学

依据浙江大学最新颁布的"大类培养方案"的《2010级理学类培养方案》规定，其"课程设置与学分分布"分为四个层面，依次为:a.通识课程;b.大类课程;c.专业课程;d.第二课堂。

其中"通识选修课程"包括"历史与文化类"(H)、文学与艺术类(I)、沟通与领导类(J)、经济与社会类(L)、科学与研究类（K）、技术与设计类（M）。

但是，无论是"通识核心课程"还是"通识选修课程"中的"人文社科"课程，在规划和设计方面至今尚没有一个确定的、稳定的方案。2009年浙江大学本科生院网站上的一个材料表明谈到这一点用了"课程体系之困：核心课程正在研究中"的小标题，其中说："学制之变表面是一年与三年，或者两年与两年的时间安排表上的变化，实质变化的是课程，学校定下了一二年级课程的方向，可老师们的课程如何变化呢？"材料引述复旦大学的实践表示："尽管第一年的课程发生了很大的改变，不过，复旦学院院长熊思东和浙大教务处处长楼程富都表示并不完善。"而"浙大亦是如此，楼程富介绍，他们在实行课程改革之前，也研究了美国几所著名的研究型大学，如哈佛大学'核心课程'涉及7大类11个领域，麻省理工学院的通识课程达17门，占学位要求的二分之一。学校还将这些顶级大学本科教学课程汇编成两大册资料，以此来研究自己的核心课程。"

2. 浙江工业大学

学校最新发布的《浙江工业大学关于制订2010级本科培养计划的原则意见》，对即将从2010级开始的新教学计划责成各学院、各专业负责制定，提出了"大类培养"的基本模式，其培养计划基本框架中最核心的是"课程体系结构"，课程含"综合素质课程、学科基础课程、专业课程"三块。

"综合素质课程"与前述浙大"通识课程"属于同样性质，但分为"思想政治理论课程为必修课224学时，计14学分"、"大学英语课程16学分为必修学分"、"计算机基础课程为全校各专业必修课程4学分"、"体育为全校性必修课程128学时、4学分"、"自然科学基础课程中高等数学为全校各专业必修课程2-11学分"、

"文化素质课程包括人文社科、自然科学、专业技术等各类有益于拓宽学生知识面、培养学生人文素养和科学精神、增强学生就业适应性的选修课程，主要分为A（理科基础）、B（文科基础）、C（科学与技术）、D（经济与社会）、E（沟通与领导）、F（文学与艺术）、G（哲学与法律）、H（学生指导）、I（其他）共9类课程14学分"。

"原则意见"并且拟定了两类文化素质课程，A类为理科基础课程（物理学与现代文明等16门），B类为文科基础课程（大学语文等15门）。

这是目前明确指定的文化素质课程，分别针对人文社科类专业和理工类专业学生，它们可以满足对学生学分的一部分要求，不足之处在于：一是A、B两类课程太浅，概论性课程太多，容易流于浅层、表面、皮毛。二是A、B两类课目太少，涵盖面不大，应该在这个基础上将后面的C、D、E、F、G课程融合在一起，扩大做成"核心课程"课目；三是可供选择的其他课程没纳入规划范围，处于无序状态。即"C（科学与技术）、D（经济与社会）、E（沟通与领导）、F（文学与艺术）、G（哲学与法律）、H（学生指导）、I（其他）"这一部分的课程基本由全校各学院教师自由申报设立，从目前开设的百门左右的课程看，多为浅层次的文艺欣赏、文化娱乐或求职就业应试培训类课程。

3. 中国计量学院

其《2010级本科专业培养计划的原则性意见》关于"专业课程体系分为公共基础课程、学科基础课程、专业教育课程3大课程平台"的课程分类与设置与上述浙江工业大学大体对应，其"公共基础课程"也即"综合素质课程"或所谓"通识课程"。对于"文化素质类课程"及其要求的表述是："我校文化素质类课程包括人文社科类、科学与技术类、经济与管理类、学校特色类、专业化沟通英语系列模块等5种类别。""所有学生毕业前一般至少修满8学分全校性文化素质类课程，专业必修课程中已设置学校特色类课程的专业可以经申明免修2学分该模块课程。"

另按"人文社科类、科学与技术类、经济与管理类、学校特色类、专业化沟通英语系列模块等5种类别"附《文化素质课一览表》，其中"人文社科类"罗列"大学语文"、"音乐基础知识"等文学、艺术、心理学、法学、体育等89门"任选"课程，但是这个课程系列，也似乎只是全校性的"公选课"目录，显得包罗万象、十分庞杂。

<h2 style="text-align:center">二</h2>

在人文教育制度实践这一层面，关于美国耶鲁大学与哈佛大学人文素质教育实践是西方人文素质教育思想成果的行动表现而具有代表性之说，已经形成国内高教研究的共识。

（一）耶鲁模式及其"人文经典学科"课程体系

作为西方人文素质教育思想成果的行动表现者之一，耶鲁大学以其特有的自由教育观和《自由教育课程报告》（A Report on the Course of Liberal Education 1928）而形成的"耶鲁模式"著称于世。"耶鲁模式"关于"给予思想常常局限于特定领域的专业人员一种平衡的、宽广的心智慧力，自由的、全面的见解和良好的性格"的大学教育目标论，关于"古典语文"的陶冶价值的观点，关于以古典人文科学为核心的自由教育立场和以希腊语、拉丁语、历史、英语语法和修辞学、纯文学、道德哲学这些人文经典学科及其经典著作构建课程体系的实践，长久以来保证了耶鲁大学人文素质教育的主导地位和高质量。

目前，已经可以通过互联网使用耶鲁大学部分"开放课程"视频，比如《欧洲文明》、《新月历史与文学导论》、《1945年后的美国小说》、《聆听音乐》、《古希腊历史》、《现代诗歌》、《文学理论导论》、《心理学》、《博弈论》等等，为中国大学的公共课程规划、设置提供了便捷的借鉴管道。

（二）哈佛模式及其"核心课程"

1945年"红皮书"即《自由社会的通识教育》（General Education in a Free Society）关于每位学生必修"文学名篇"、"西方思想和组织机构"、以及任意一门物理学或生物学方面课程的要求。

"1978年哈佛报告书"的"全人"教育理念及其"核心课程模式"（core curriculum）。

"核心课程"是一种向学生提供"共同知识背景"为目的的课程设置。最完善时期的核心课程包括7大类，除"科学"、"数理（定量）推理"两种属于自然科学方面，其他皆为人文社会科学课程，比例占到了75.8%，课程门数约在150门左右。如：a, 文学和艺术（literature and arts A.B and C）；b. 历史研究（historical study A and B）；c. 社会分析（social）；道德推理（moral reasoning）；外国文化（foreign cultures）。

哈佛的"核心课程"并非一成不变，若干年来，不断根据社会文化发展进行调整。但万变不离其宗，课程的广度、覆盖面相当大，为学生提供了自由选择的巨大空间。

（三）麻省理工学院与斯坦福大学的分布要求课程模式

分布要求课程（distributed requirements curriculum），指对学生必须修习的学科领域以及在各领域内至少应修习的课程门数（或最低学分数）作出规定的通识教育课程计划。此种模式形成于哈佛的"集中与分配制"和耶鲁的"分组必修制"，目前以麻省理工学院和斯坦福大学的实践较有代表性。

MIT 虽然是一所著名的理工学院，但它自建校以来的 150 余年从不忽视人文学科的教育。人文课是理工各科学生的第二主修课。其设置思路由 HASS（humanities,arts & social science）课程体现，即人文、艺术及社会科学这一项目。分为两大领域，第一领域包含"文学与文本研究"、"语言、思维和价值"、"视觉和表现艺术"、"文化与社会研究"、"历史研究"，每一类都有数十门课程，是对各个人文学科的集中介绍；第二领域为分布介绍，主要有"美国研究"、"古代和中世纪研究"等数十门人文社科课程，是对人文社会及其传统广泛的理解。

斯坦福大学的通识课程由三部分组成，即分布要求（the distribution requirements）、写作要求（the writing requirements）和外国语要求（the language requirements）。其 CIV 课程领域（"文化、观念及价值）确立的目标也是富有启示性的。

（四）圣约翰学院的"经典名著课程模式"

经典名著课程（great books program/curriculum）或称"巨型课程"、"名著课程"，指"美国若干高等学校为实施通识教育制定的一种本科阶段的教学计划"。内容涉及哲学、文学、史学、政治学、自然科学、艺术、宗教等领域，组织形式主要以讨论课为主，辅之以基本技能辅导课。其 1997—1998 学年经典名著教学计划中人文课程领域的具体内容是：一年级的古希腊名著课程，包括 15 位大思想家和著名科学家 40 多篇传世之作；二年级的古罗马、中世纪、文艺复兴前后经典名著课程，包括 33 位思想家、科学家、艺术家作品 50 多部；三年级的 16 世纪、17 世纪 30 多位思想家著作 40 多部；四年级的 18、19 世纪到当代的 26 位思想家、科学家、作家、艺术家的作品 30 多部。

三

（一）通过对世界著名大学和中国地区名校人文教育传统与课程设置模式的考察，可以得到的启示与借鉴是：

1. 渗入大学理念，融入大学传统

无论是耶鲁模式、哈佛模式还是麻省理工模式，在重视大学的通识教育，特别是人文社科教育方面，在强调文理并重方面都有着悠久的传统，与西方历来的人文教育思想与制度一脉相承。这也正是本文开头杜维明教授所意识到的："一个综合性、研究型的大学如果没有人文精神，没有人文学，只有农学、医学、工学等自然科学，这个大学从国际的视野来看，可能就成为一个科技培训的基地，很难说是一个综合性的一流大学。"实际上正是这样的大学理念与"共识"，形成了欧美高等教育的共同传统，就如哈佛的历任校长所坚持的那样。

2. 课程模式规划科学、均衡，兼顾共性与个性，随时代发展不断调整、更新

通过对哈佛大学通识教育理念和核心课程模式的考察，可知其课程模式是基于高尚、独特的大学教育目标而科学规划、设计的，用哈佛 1978 年"报告书"的"全人"教育目标，"全人"或曰"有教养的人"必须具备包括"清晰、有效的思考及写作能力"、"对某些领域广博的知识与基础"、"勤于思考道德与伦理问题，具有明智的判断力，能作出恰当的道德选择"、"具有丰富的生活经验，对于世界各种文化，深感兴趣，努力探讨"等 5 个方面的品质。

3. 中国，尤其是台湾、香港的著名高校，在通识教育及其核

心课程建设方面与世界一流大学接轨较早，其课程模式在建设中融入中国文化因素，在尊重人类共同文化价值同时注意体现东方、中国文化价值观念，这些方面实验、积累早于大陆地区，同样可资借鉴。

4.中国大陆著名高校如清华、北大，在走过一段弯路之后较早意识到与现代大学教育的差距，自20世纪90年代以来自觉调整办学目标，对大学人文素质教育的重视程度越来越高，积极探索与世界接轨的通识教育模式，目前清华、复旦在核心教育课程的规划、设计方面尽管仍然受到一些国家教育政策、制度约束，但毕竟初具规模，至少为国内高校走向通识教育之途提供了方向性的选择，是令人欣慰的进步。

（二）另一方面，关于国内高校人文素质教育存在问题的研究，目前也已有不少专文和专著，分别对20世纪90年代以来国内人文素质教育的历程、现状、问题进行了较有深度和广度的考查，提出了一些建设性意见和建议。对于比较具有普遍性的问题，石亚军负责的"教育部哲学社会科学研究重大课题攻关项目"具有一定代表性，其相关成果《人文素质教育：制度变迁与路径选择》已在2008年得以公开出版，可以参考。

通过对国内高校"通识课程体系与教学改革方面看我国当前的人文素质教育制度实践"，该课题组认为主要问题表现在：

1.人文课程设置的盲目性、随意性比较严重，缺少对课程设置的科学研究和规划设计，导致人文学科教育缺乏最基本的体系性、科学性、完整性。

2.理工科院校的绝大多数人文课程都设置为选修课，甚至没有学分，对课程内容和教学目标缺乏必要的审核与明晰规定，导致课程水平低。

3. 教学内容陈旧，教师水平偏低，教学方式单一，导致学生学习态度消极。

（三）对照浙江省内部属、省属、市属不同类型高校，上述问题在前些年同样比较突出地存在。随着对大学教育重视程度的提高，近年，特别是最近两年来，浙江大学的大类培养模式和通识教育模式启动，浙江工业大学等省属重点大学也在不断跟进过程中加快了课程建设的步子，在原有公共基础课程基础上分别开始规划、设计通识教育制度下的核心课程模式和大类课程模式，应该说这是充满希望的改革。当然，基于地方大学种种条件的限制，大学转型时期国家课程政策、学科布局、课程积累、师资储备、学生求学观念的制约，省内高校与国内其他著名高校，特别是海外著名高校，包括在人文素质教育课程建设方面的差距依然是巨大的，要获得长足的改善、改革和可持续发展绝非指日可待。较为突出的问题是：

1. 目前能够开设的规定性课程，基本还停留在"大学语文"、"法学概论"、"中国文化概论"、"美学"、"写作"、"音乐欣赏"这些概论性质的皮毛知识普及上，有些课程的教材、教学内容、教学方法并不超出高中阶段，同时规划性课程目录偏少，学生选择余地不大，上课积极性不高。

2. 规定课程之外的可选择课程，多数通过"公选课"平台由学生自由选课，虽说形式上也采用了类似通识教育"核心课程"组的模式，但在多数学校"公选课"这一部分由教师自由申报的课程更多体现的是较为庞杂、肤浅、无序、功利性特征。一方面，教师设课出于工作量、职称评定、业绩考核压力，导致迎合学生功利化、娱乐化需求，课程设计缺乏理想追求、价值追求，动辄要求上百人甚至数百人的大课；另一方面，学生上课逃避深度、高度，一味追求学分，事实上也缺乏高质量课程可供选择，导致选课而不上课的情况。这里也涉及到教务部门对教师开设选修课程的资格审查、教学监督、业绩考核要求等操作层面的问题。

3.对大学目标认识、定位没有从世界高等教育和中国传统教育悠久、深厚的人文教育思想传统出发，片面强调大学教育的应用性、功利性目标，这限制了对大学人文教育的根本重视。建立不起属于自己的"核心课程"体系。

4.师资储备不足，相应的教师业绩考核制度存在缺陷。浙江省属高校多数建校时间不长，人文学科师资数量不少、质量不高，在人文学科研究、人文教育探索、人文课程建设方面不够理想，加之业绩考核压力，缺乏从容不迫、宁静致远治学、教学、育人的环境与心境，导致教研分离，虽身在讲台，而心常旁骛。

（四）要加快发展浙江省高等教育，提高办学质量，向国内外名校看齐，本文认为省属近百所高等学校应面向未来思考大学教育目标，在大学人文教育方面有所突破，由人文素质教育课程建设入手，推进浙江高等教育的发展。

为此，本文建议：

1.本着"十年树木、百年树人"的中国教育理想和传统，立足现代和本土，以当今世界大学教育精神为指针，继承浙籍教育先驱蔡元培、蒋梦麟、鲁迅等人的教育思想和大学观，高屋建瓴地规划浙江省高等教育发展目标，将"全人教育"观念融入大学教育理念，以课程建设为切入点，积极推进通识教育背景下的核心课程模式，科学、系统地规划、设计人文素质教育课程体系。当然，在采用"核心课程模式"的同时，可以融入"分布课程模式"、"经典名著课程模式"的合理因素。

2.在规划、设计人文素质教育课程方面，可在借鉴世界著名大学通行模式的同时探索中国特色、浙江特色的通识教育模式，无论是耶鲁式、哈佛式、麻省理工式，在具体课程结构中除体现人类共同价值和文化理想外，也应体现较鲜明的中国文化传统和中国文化理想。比如关于中国传统文化课程。为此，建议将"综合素质课程"中的"思想政治类"课程融入"人文社科课程"，使其作为人文素质教育的一部分，而不再单独设立。这是一种回归。因为马克思主义人学、政治学、哲学本来就在人文社科范围之内。

3. 在"核心课程模式"中，无论分 5 类、7 类还是更多类，不妨直接划分两个课程体系：人文社科课程体系和科学技术课程体系，分别对学生在这两大课程体系中的通识学分比例提出要求。

4. 规划"核心课程"的"人文社科课程体系"与"科学技术课程体系"应相应建立全校性"核心课程规划专家组"，专家应在学校各专业、学科全体教授或学科负责人中公开征选，在自愿参加基础上进行资格审查。专家组在学校相关部门支持、在广泛调查研究基础上负责规划、设计"核心课程"。并在初步形成课程体系基础上听取一线教师、学生和专家的意见，进一步完善项目。

5. 核心课程体系的设计应同时责成课程负责人制定详尽、切实可行的课程目标、课程内容的选择和组织结构、课程实施计划和课程评价要求，在课程计划实施过程中应随时接受"核心课程规划专家组"的监督、检查。

6. 课程是重心，师资是关键。课程建设的关键还是首先要有一流的师资，为此学校相关部分须配套制定师资储备、培训机制和科学、合理的教师教学业绩考核机制，要使教师的工作重心真正放在教学上，专心致志、宁静致远、心不旁骛，把教师课堂教学工作质量作为考核教师业绩的最重要指标。没有这一保障，课程设计将变得没有意义。

7.浙江省高校通识教育核心课程规划与设计建议模块：

第一模块：人文社科课程体系。这一体系可具体设计为4–5类课程组：A、语言、文学与艺术审美 B、历史、哲学、道德与宗教 C、社会、政治（含马克思主义课程）与经济 D、当代中国与世界（含中国当代政治思想课程）E、人类文明与区域文化（含浙江区域文化课程）

第二模块：科学技术课程体系。这一体系可具体设计 2-3 类课程组：F、数学素养与物理科学 G、科学、技术与科学精神 H、生态环境与生命科学

两个模块共同构成大学通识教育的核心课程，其中第一模块即本文所论"人文素质教育课程"。

2010 年 8 月 27 日初稿，10 月 2 日修订杭州

正本清源说母爱

不久前，国涌兄约我参加一个活动，去了才知道是座谈一本新书，书题和书封的设计都有点刺激，一个大大的红色"救"字占了封面的三分之一，书题则是《救救孩子：小学语文教材批判》，著者署"郭初阳、蔡朝阳、吕栋等"。书拿到手，又听了国涌、初阳的介绍，才知道这本书是郭、蔡、吕以及《读写月报·新教育》杂志编辑童蓓蓓策划、联合浙江省内外十几位中学语文教师集体编著的，出版之前先在《读写月报·新教育》上以专辑形式发表，又在网络发帖，都引起了热烈的反响。随后《南方人物周刊》、《浙江日报》、《中国新闻出版报》、《钱江晚报》、《中国青年报》接着跟进，影响越来越大，形成了继十几年前关于中学语文教学

讨论后首次对小学语文教学的聚焦。用童蓓蓓"代序"中的话说，"这是民间第一次对小学语文教材进行全面、系统的专题性梳理，从母爱这个特定视角来审视我们的教材品质，同时也彰显了来自教育第一线的教师的专业素养和力量。"

"母爱"是我们常用的字眼，但仔细一想，对它的丰富、复杂含义却好像从不曾认真探究。母爱是人的天性之一，必然有其超越种族、地域、时代、阶级的自然而永恒的性质，可对于生活于时代转换时期的国人而言，自幼接受的母爱教育却恰恰非常"现实"和意识形态化，难得超越，也就是所谓"红色经典"如高尔基的《母亲》、王愿坚的《党费》、峻青的《黎明的河边》或现代京剧《红灯记》里推崇的"自我牺牲式"母爱，郭沫若的剧本《蔡文姬》所写不也是一个"舍子归汉"的母亲吗？而民国新文学作家冰心《寄小读者》张扬的自然母爱，却被贴上了"资产阶级"的标签广受诋毁。或许，从具体的社会条件出发，自然母爱的实现与发扬真的困难重重，否则那些众多"岳母刺字"、"母亲送儿打东洋、妻子送郎上战场"的故事何以成为国人标榜××大义的佳话？然而自然母爱的理想、伟大与不得实现之间，正彰显了人类所面对若干困境之一种，存在着人类命运与生俱来的残酷，艺术家、文学家若非刻意回避这种困境，就该用心思考、着力表现导致这种困境和残酷的社会原因，而绝不可顺应某种狭隘的社会需求，关闭了自己的理性、良知，去肆意扭曲、改造甚至取消人类的自然情感，具体到母爱也就是绝不可动摇母爱的自然基础。

回到了母爱的自然基础，对于一切以母爱为主题的文学、艺术作品，就容易评估其隐含的母爱价值观了。小学阶段的儿童正是领受母爱最敏感的时期，通过语文教材中的课文接受母爱教育、理解母爱内涵也是儿童情感教育的重要渠道。根据这本"批判"

的统计，无论"人教版"、"苏教版"还是"北师版"小学语文课本选入的母爱主题课文篇目都不少，可知编写者对这一主题的重视，只可惜在母爱价值观、儿童教育观方面存在盲区，导致了本书编者所批评的"四大缺失"，即"经典的缺失"、"儿童视角的缺失"、"快乐的缺失"和"事实的缺失"。是呵，置身于以民主、自由、平等为基本原则的现代社会，对母爱的理解却仍旧停留在儒家道统或新极权主义的层面，又怎么可能编写出、选出真正体现现代价值观的母爱课文来呢？

令我钦佩的是，郭初阳和他的朋友们显然站在了较教材编写者高得多的位置，而且以集体的力量振臂高呼了，又以极为细致的工作逐篇对三种教材的课文作了评估，作为替代性课文，他们还以"附录"形式新列举了16篇"母爱经典佳作"推荐给读者。这样一份工作，在目前也该算得上负责任的启蒙总动员了，这实在是小学语文教育不幸中之大幸。我觉得这个工作应该引起所有70后父母、小学语文教师首先是小学语文教材编写者的注意，并且以最高效率改变目前的状况。一万年的确太久，为了孩子们健全的灵魂，要只争朝夕呵！

对我个人而言，这本书是一个亲切的提醒：作为一个讲授、研究中国现代文学多年的人，为什么从未认真探究过其中的"母爱"主题呢？

2010 年 12 月 29 日　杭州午山

2011 级迎新寄语

汉语言与汉文学，是中国精神文化的核心内容。从传说中的仓颉造字与真实的《诗经》，到活跃于当代的网络汉语与网络文学，无不表现着、凝聚着汉民族的心灵秘密与智慧，也是历代每个汉人精神成长的基础资源。在今天，一方面汉语言文学进入新的生长期和活跃期；另一方面，汉语言文学以前所未有的魅力与世界各民族语言文学产生着频繁而深入的互动，成为当代世界最重要、最活跃的精神文化。而对新世纪新一代汉语言文学专业的学员而言，热爱、认识、研究汉语言文学，既是充满乐趣的学术之旅，也是个人成长的精神之路，我衷心祝福你们每一个人由此找到生命的意义。

中文系主任、中国现当代文学教授　张欣

2011 年 7 月 10 日

"大学生阅读现状"答问

张欣老师，您好，我是校报学生记者蔡振威，我正在做一篇关于"大学生阅读现状"的新闻稿，对象主要是本校的大学生，之前已随机采访了多位校内学生，现来采访您，希望您能站在大学教师或者在这方面有一定经验的前辈的立场，来表达你自己的感想和看法，感谢你在百忙之中抽空接受我的邮件采访，谢谢！

1. 您主要从事什么课程的教学与研究？您的职称是什么？您的职务是什么？（鉴于新闻稿的真实严谨性，需要向您确认这些）

答：我主要讲授中文专业"中国现当代文学史"、"文学批评"课程，另外也兼任其他专业"中国文学"、"中国文化"、"大学语文"等课程。我职称为教授，职务是中文系主任（如果也算职务的话），社会兼职有浙江省中国当代文学研究会副会长等。

2. 您认为阅读对于大学生的重要性如何？对大学生有什么意义？

答：大学生要完成学业、提高素养、参与社会，除了规定性的课内专业阅读，自然也需要尽可能多的课外或专业外的阅读。现在一般意义上的"阅读"，通常指后者，也就是古人说的"读万卷书"那个"读"。至于这种阅读对大学生有多重要、有何意义？可能没办法定量和定性，没有一个具体的指标。因为这里面有很多复杂的情况，因人、因时、因书、因法而异，不能泛泛而言。若一定要说出个意义来，那就只好说句现成的话："开卷有益"。

3. 您认为作为一个大学生，合理的阅读量是多少，应该阅读什么内容？

答：沿着上面的思路，我的主张是：数量上尽我所能，内容上为我所需。把读书当成爱好而不要形成负担，在爱好的前提下多多益善。阅读什么内容，就像吃什么蔬菜和肉，最好把自己的口味和科学的营养学平衡起来，以有利于膳食平衡和身心保健为宗旨。青春期多读有益于青春期的书，更年期多读有益于更年期的书。

4. 在当前网络越来越发达的背景下，新媒体、软文学、快餐文化在学生群体中越来越流行，在网络上挑书、看书，在手机上阅读已蔚然成风，您觉得网络对阅读带来的效果是正面的还是负面的？

答：以辩证的观点看，好坏都具有两面性，没有绝对。古时没有网络，甚至没有印刷本，照样有"死读书"、"读死书"、"读书死"各种怪现象，所谓书呆子。现在网络的确越来越发达，网上阅读已经成为一种常态阅读方式，大大革新了阅读方式，提高了阅读效率，推进了阅读的普及、多元，是读书的一次革命性变革。其正面意义不言自明。不过就像发明了电而增加了一种自杀方式一样，网络有时也是一柄双刃剑，这柄剑杀不杀人，要看使用网络的人怎样使用。

5.在采访中我们发现了存在着两种极端：一种是基本不看书，另一种是非常热衷于看书，您（看）这种现象是否普遍存在，如果是的话为什么会有这样的现象？

答：就两种现象同时存在而言，我觉得没什么不正常。任何时候都可能存在这种并存现象，比如"文革"时期"大革文化命"，学生们"停课闹革命"，"基本不看书"，甚至焚书。但也有不少学生仍然"非常热衷于看书"，正像很多北京、上海、福建知青那样，杭州籍学者甘阳也回忆过小时候到浙大图书馆书库"偷书"看的往事，我也有过类似的经历。"文革"结束以后，那些"基本不看书"的怎样了？那些"非常热衷于看书"的又怎样了？调查一下应该蛮有意思。但是现在情况下，大学生"基本不看书"不可思议，那应该是社会浮躁、大学生浮躁的表现。我观察到，现在的大学生有三拨人，一拨喜欢泡图书馆或自修室（考研或自修），一拨喜欢泡在寝室里（上网或睡觉），第三拨喜欢在外面飞（挣钱或社交）。作为一个父亲和教师，相对而言，我还是比较赞成第一拨的做法。但他们除了备考，恐怕很少在图书馆读专业以外的书吧？

6.您认为当前大学生的阅读状况是怎么样的？

答：总体上不是太乐观。主要是原始积累时期的浮躁导致人心涣散，急功近利，急于赚钱做大富翁，缺少宁静致远的修行。

7.谈一谈您对大学生在阅读方面的建议。

答：心胸大一点，目标远一点，心态静一点，阅读深一点。

2012 年 4 月 30 日

爱中文，因为爱自己

想到了一句话："都是中国人，谁不会中文？"

这是三十年前我在一所中学教高中语文时，从一篇学生作文中看到的。错别字多，在评改中提请作者注意，没想到下次作文时他提出了"反批评"："过去从没有老师批评我写错别字，我认为老师看作文应该主要看内容、主题，写错别字很正常。"

然后甩出一句话，意思是：语言文字的问题，您就免谈吧！

这句话，我琢磨了三十年。现在，趁着给中文系新生说话的机会，我想说点看法。

我觉得这话说对也对，说不对也不对。

说对，是说有点道理在其中。举两个最极端的例子，《红楼梦》里的刘姥姥和《阿Q正传》里的阿Q，都没上过学、读过书，按通常说法算是"不识字、没文化"，但是他们日常生活中用汉语表达爱恨情仇、个人观点，并无大碍，有时甚至表达得还特别顺畅，比一些所谓有文化的人表达得更生动有趣。故从汉语思维和汉语口语表达方面，这话不错。

说不对，有两点。第一，中国人和中文是两个概念，中国人的概念大，包括不使用汉语的一些民族同胞，中文的概念小，指的是汉语文字特别是书面汉语文字，也指大学里的中国语言文学专业，而中国语言文学实际仅包括汉语言文学。所以，不是所有的中国人都会使用汉语。第二，说所有汉族人都会使用汉语，也要视具体背景。如果指普通百姓在日常生活中用汉语口语进行社会交际、交流当然没错，但是对于大学汉语言文学专业的学生而言，"会中文"就不是那么简单的了，它意味着相当高的水平考试要求和口头、书面语言文字表达能力。一个现代汉语课或古典文学课考60分的学生的"会"和曹雪芹、鲁迅这些汉语言大师的"会",其间的水平差异怕不是半斤和八两的差异吧。

我的意思是:大学的汉语言文学专业是一个巨高的门槛,当你决定要进来时,意味着你将从一个普通的汉语使用者变为一个专业的、高水平的汉语学习者、研究者和使用者了!

我这么说,你千万别害怕,因为没什么好怕。汉语言文学不是老虎,她不会咬你。她一直都是你最熟悉、最要好、最给力的朋友,你已经和她相处了快二十年了,她咬过你吗?害过你吗?

没有!你该相信你的选择,你是因为爱她才选择她的。因为你爱这个忠诚你的老朋友,于是你想更深入地了解她、认识她、探求她的习性、品格、神秘、前途,目的是让她继续陪伴你走人生这条大路,让她在你的生命史中帮你更多的忙、解你更多的困、给你更多的笑、赠你更多的爱呀!

那个认为自己很懂中文、写错别字很正常的男孩现在该五十多岁了,不知他的想法有没有改变?很想再见到他,听他说一说。

2013年8月7日,杭州午山

青春作伴好还乡
——与2013级新生说说通识教育背景下怎么读大学

各位新同学:

刚才已经向大家介绍了学院教授讲师团的各位老师。现在,我受学院委托,代表讲师团的老师们再和同学们交流几句。

我们这个教授讲师团是去年成立的。开学不久,就组织过活动,请了四位教授分别对全院2012级新生进行了一次大型专业学习指导。记得当时现场气氛很活跃,同学们说了不少心里话,也有憧憬,也有困惑，我还因此结识了几位中文系的新同学。

我想，学院成立这个讲师团的意义，也就在于发挥学院优秀师资的力量，在课堂内外为不同专业的同学们答疑解惑，帮助大家尽快适应大学生活，特别是深入了解相关专业的培养目标、发展方向和课程设置，以及方方面面的相关问题。我相信，只要同学们愿意与老师们交流，愿意从我们这些过来人这里获得一些大学生活的经验，是不会有一位老师回绝你们的恳切要求的。

在今天，在这里，我只想说一个话题，那就是通识教育背景下，怎么适应大学的课程设置。

同学们可能有所不知，今年，浙江工业大学第一次以大类招生，按大类培养。所谓大类，就是不再从学生一进大学门，就过早确定自己的专业，而是先按照某一大的专业类别招入，按照通识教育的课程规划进行通识教育的培养，一年以后再确定自己的专业。

所以与 2012 级不同，2013 级新生现在有三个大类，即新闻传播类、汉语言文学类、播音与主持类。

那么，什么是通识教育呢？我在这里向大家做一点普及工作。

关于通识教育，有很多定义，我向大家介绍的是张寿松先生在《大学通识教育课程论稿》（北京大学出版社 2005 年 4 月。）中的表述：

> 通识教育是通识教育理念和通识教育实践的统一体，是高等教育的重要组成部分，是人人都必须接受的职业性和专业性以外的那部分教育，它的内容是一种广泛的、非专业性的、非功利性的基本知识、能力、态度与价值的教育，它的目的是把学生培养成健全的个人和负责任的公民，它的实质是"和谐发展的人"的培养。

在这段话中，我想大家一定都听出了通识教育最重要的理念和关键词，那就是"职业性和专业性以外的那部分教育"，"内容是一种广泛的、非专业性的、非功利性的基本知识、能力、态度与价值的教育"，"目的是把学生培养成健全的个人和负责任的公民"，"实质是'和谐发展的人'的培养"。

以往，老师们常常从新生那里听到这样的牢骚："我是学日语的，为什么课程表里有生命科学的课程？"或者："我是学物理的，为什么课程表里有中国文化课？"等等。学新闻传播的同学恨不得第一年就去拍电视，学播音主持的同学恨不得一入校就去广播电台兼职。

而这些想法，都是急于求成、虚浮无根的表现，也就不符合通识教育原则的要求。

我们每一个人，从小到大，从幼稚到成熟，是一个不断学习、不断社会化、不断完善的过程。但是商业化社会对功利的疯狂追求，却往往使人丧失掉做人的基本规范，表现出来就是极端的功利化，只追求利益，不顾及道德的完善；只消费物质，不顾及精神的健全；只追求知识，不顾及灵魂的提升；只关心就业、赚钱，不顾及人的全面发展。

同学们是幸运的，你们来到浙江工业大学人文学院，即将面对一个与以往不太相同的课程表，按照新的培养计划开始你们的大学生活。这个新的培养计划的核心，就是如上面所说，希望让你成为"和谐发展的人"。

说到底，通识教育就是关于"人"的教育，你们的大学，首先就是一个"寻根"、"返乡"历程的开始。

这个"根"，这个"乡"，就是我们人类的文化之根和精神家园，我们所有人安身立命的根本，你们将通过相关的通识教育课程以

351

及大学生活的方方面面走向这条"返乡的路"。

说到这里，我想到伟大诗人杜甫的一句著名的诗："青春作伴好还乡"。我想对于今晚的我们而言，"青春作伴"是说我们的教授讲师团，又迎来了你们这些可爱的小伙伴，和你们在一起，我们会一直保持心灵的青春；"好还乡"是说我们大家，在通识教育的背景下，我们大家走到一起来，并且向着我们共同的精神之乡，迈步！

最后，我引用美国乡村歌手约翰·丹佛那首著名的乡村歌曲《乡村路带我回家》中的几句歌词，结束我的发言：乡村小路，带我回家/回到属于我的地方……乡村小路，带我回家/我所有的回忆都围绕着她——在开车的路上，我有一种感觉/我早该回到家的怀抱，就在昨日，就在昨日啊……

2013 年 9 月 11 日　上塘河岸

片段

去年暑期，我曾经上过课并兼任过班主任的三个年级分别在泰山下、西湖滨重新聚首，我却因为临时出差北京而失约。

好在如今信息传递方便，天涯不过咫尺，遂于八月一日自由活动时间闷在酒店里构思了一首小诗，算是送给分别毕业三十年、二十年、十年的 1986 级、1994 级和 2002 级旧友们的小礼物。如果需要一则诗题，不妨题曰《植物或人》：

　　把植物想象为一个人
　　他或她

就会是早晨四条腿

中午两条腿

傍晚三条腿的

一份存在

就也有美学、道德、思想的爱恋

和在最大满足的瞬间

觉得快乐太短的

轻轻喟叹

把人生想象为一棵草

它以及它

就也是有时绿满天涯

有时零落成泥的

某种贱物

活着还是死去

轮回接着轮回

在诗歌、宗教、哲学之外

它当然也有思维

以及思维着

却又毫无结果的茫然

2016 年 8 月 1 日下，于京郊北沙滩

　　小诗两段，结句都貌似落在略显低沉的地方，倒是我刻意为之。盖一般聚会似乎皆重在展示个人"成就"，凡热心参会者亦必为相对更为"成功"者，这自然也是人之常情。而我在经历了不少

这类重聚之后，渐渐萌发出别一些感想，即觉得人生的意义除了这些常情，好像也还该有另外一些层面。古人所谓"不以成败论英雄"略近此意，此其一；事实上，经过了三十年、二十年、十年，不仅每个人的面目、体态大变，观念、思想、行为方式也往往有了惊人的不同，我的小诗也即是显示我本人与三十年前、二十年前、十年前有所不同的一片精神微波。故重新聚首之际，亦当为彼此重新识别、重新理解之时，有刮目相看的惊讶，有惺惺相惜的分享，亦必有从容淡定的慰藉与祝祷，此其二。

三个年级，于我各有记忆，不便统而言之。依年轮次序，先说几句对 1986 级的印象。

他们来的时候，我是廿五岁，已经历高中、中师和教育机关的教与研工作。前后五年，调动了三次。故虽只有七八岁的年龄差，心理上却颇显老态，看到他们一个一个小清新的样子，沧桑之感顿生。如今多少年过去，我记忆中人名与面貌犹一如既往，再看三十年后他们聚首的合影，多数对应不上了。

其实较前后几个年级，1986 级招生偏多，两个班共有一百零九人，此外还有两个莱芜班又八十人，差不多算是招生最多的一届。我给校本部两个班讲授"现代文学"，兼任二班的班主任。授课，正值我初入专业门槛跟着师辈投身二十世纪八十年代"文化热""方法年"之一波一波新浪潮之机，课堂上刮旋风，回到宿舍接待来谈天说地或讨论写诗的小友，送走了小友自己再见缝插针地备课、编撰现代文学作品的阅读提示，还时不时去莱芜、新泰给那里的学生面授，想想那时可真忙啊！忙而憧憬着、努力着又忧郁着，想到这一层，好些名字开始在脑子里盘旋起来。兼班主任，就差不多隔三差五到教室和学生宿舍走走聊聊，就免不了和八九个班干部来往得多些，开班会，开干部会，个别谈话，参加几乎所有的集体项目，想到这一层，脑子里又闪出另外一些面孔。我还留着一张 1987 年学校运动会时的合影，十几个小友变身为运动员，我穿一件休闲西装上衣和一条棕色运动裤站在一侧，浑身上下焕发着年轻人特有的那种"充满希望的清瘦"……

实则，那又是一个山雨欲来风满楼的多事之季，我开始遭遇一些从前从未遭遇过的事情。就在他们入学后第一个学期的期末，我因为极其偶然地满足了另外一些"热血青年"的些许需求，没想到转过年来竟变身为敏感的另类"明星"。我的小屋里不断地出现慰问者和规劝者，系书记则趁机把我请到他的办公室，数落我平日对其政治关心所回报给他的漠然……

一段时间内，感受着从未有过的压力，有时走在路上会遇到刻意回避的熟人。

这些，1986 级的小友们或许全然不知，又或许略有耳闻而并不在意，总之在他们中间，我毫无世态炎凉之感。在我的眼里，他们，无论是男孩子、女孩子，表情永远是纯真与明净的。

两年的时间就在这样的纯真和明净的印象里过去了。1988 年夏天，他们突然一下子从我眼前消失了。

暑假过去，我也暂时离开了这里，到泰山背面的济南开始了再度求学的一年。当然，避不开的，是那已然频频来到的山雨……

而三十年之后，他们中的一位出面组织了这次新的聚会，且在收到我的小诗后以微信答复我："……平时形成了好脑筋不如烂笔头的习惯，写下了大量审判日记及律辩札记，将三十年所见所判人世间悲喜事记了下来，其间不乏跌宕起伏，生命奇迹，爱恨情仇，人性丑恶。回想您课堂上所教鲁迅先生之呐喊，改革开放所见光怪陆离岂是他老人家所能预见？"又云"1986 级相对平淡，既无高官更无巨贾，老班长宋强已在 2011 年的光棍节黯然离世，大家希望在此次聚会时创立八六爱心基金，以关注和关心那些遇到困境和需要同学温暖的同学，大家不论成败，只谈友情，悄悄关注暂时困顿者……"

看了这样的话，心里很觉坦然。

2017 年 1 月 14 日，晴日，杭州午山

一席话

我曾为迎接 2011 级汉语言文学专业的新生写过一段话：

> 汉语言与汉文学，是中国精神文化的核心内容，从传说中的仓颉造字与真实的《诗经》，到活跃于当代的网络汉语与网络文学，无不表现着、凝聚着汉民族的心灵秘密与智慧，也是历代每个汉人精神成长的基础资源。在今天，一方面汉语言文学进入新的生长期和活跃期，另一方面，汉语言文学以前所未有的魅力与世界各民族语言文学产生着频繁而深入的互动，成为当代世界最重要、最活跃的精神文化。而对新世纪新一代汉语言文学专业的学员而言，热爱、认识、研究汉语言文学，既是充满乐趣的学术之旅，也是个人成长的精神之路，我衷心祝福你们每一个人由此找到生命的意义。

2013 年，学院实行并不彻底的"大类招生"。汉语言文学与对外汉语算一个大类，同时开设了这个大类的"专业导论"课程，由我主讲。我针对其中的汉语言文学专业新生，设计了讲授提纲：第一部分介绍中国高校汉语言文学专业的历史，从清末京师大学堂的

"中国文学门"开始,先后介绍民国时期北大、清华、复旦、南京、武汉等高校中国语言文学系的创建、沿革、师资、课程,一直讲到新中国以及新时期。第二、第三、第四部分分别介绍当代高校特别是本校汉语言文学专业的现状与优势、课程与目标、就业与去向。

2017年实行新的"大类招生",以人文大类身份进入人文学院、而愿意选择汉语言文学作为将来专业的诸位,你们可是有备而来?

现在,我仍愿把开头那段话送给诸位参考,同时建议诸位:不妨找几位中文系系友聊聊,甚或先于互联网搜搜汉语言文学专业的教学计划,看看里面列举的主要课程是否为诸位所期待?最后向同学们推荐两篇文献,一篇是已故作家汪曾祺先生回忆西南联大之《西南联大中文系》,一篇是前清华大学中文系主任徐葆耕先生之《漫话中文系的失宠》,两篇文章网上都不难找到,或许它们会给你一些选择中文的信心。

2017年8月8日杭州

《学生摄影作品选》序

王小波在谈到他的《黄金时代》时说过,三部小说除了一个共同的主人公,还有一个共同的主题,那就是"我们的生活"。

"我们的生活"!不错,艺术源于生活,艺术又观照生活、提高生活,艺术本身也是生活的一部分。人们将目之所及,耳之所闻,手之所触,心之所想,经由诗、音乐、绘画、建筑以及摄影的沉淀与升华,产生了艺术,又给人带来新的美感和愉悦,并焕发人们对宇宙、对人类、对自我的思考。这就是艺术的魅力。

摄影是艺术的一个品种,我看过不少触动心灵的摄影作品。

事实上，从人类发明了摄影艺术后，已积累了太多太多摄影艺术的经典之作，以特殊的光与影的魅力映现着人类自身的秘密。

现在，通过这部新的摄影作品集，我又看到了发生在地球各个角落的生命故事，自然世界的神奇幻美，人类生活的富丽多姿。其瞬间迸发的光彩、温暖、美丽、祥和，皆被敏感的心灵发现、捕捉、凝定，使之成为了永恒。

年轻，固然有稚拙，有局限，然而更多的是激情，是理想，是敏锐，是不可阻止的成长的力量，相信你们的青春会开出更灿烂的生命之花与艺术之花，让我们期待着！

2018 年 1 月 16 日，杭州午山

"返乡导师"之答问

问：您跑了全国的多少个县城？您认为目前区域文化仍然较为凸显的是哪个区域？最叫您遗憾的是哪个区域？

答：这个问题好像是为专做社会调查者设计的，可惜我只是普通的高校教师，日常行为不过是站讲台、敲键盘，记忆中几乎没有专为做田野调查而跑县城的经历。迄今为止，我印象最深的县城仍然是二十世纪七十年代居住的山东莱芜县，其次就是八十年代初大学毕业那年骑自行车途经并小驻的鲁中地区淄川、博山、长清、平阴、东平、汶上、曲阜、新泰诸县，还有二十世纪末到新疆巴州焉耆县、尉犁县留下的印象。近年浙江省内走得稍多，如浙北的海宁、桐乡、德清，浙南的永康、缙云、泰顺，浙东的台州、临海、三门等地。零零碎碎的还有甘肃敦煌、张掖，山西平遥、大同，湖南凤凰，四川宜宾，湖北宜昌，黑龙江阿城等，

那都属于浮光掠影"到此一游"性质了。若说区域文化遗存，从八十年代一路看过来，总的印象就是开发越早，死得越快；一度被遗忘、遗弃，反而不幸中有万幸，总算满目疮疤地留下来一些。前些年到临海，看到临海县城老街基本保持原貌，木板门上犹见伟人语录痕迹。也有开发而又较好保存文化遗存的古县城，如云南丽江，山西平遥，但令人遗憾者还是居多，这里其实有多重原因，有待细想。

问：您将怎样推动您故乡的区域文化传承与更新？又将怎样推动更为广泛的区域文化传承与更新？

答：我觉得自己属于文化上"失根"的一代，首先，我发现自己只有出生地，没有故乡。盖我父母一代，都是服从需要客居某地之工作者也，故小时候虽有寒暑假"回老家"探亲的记忆，却没有多少于祖屋几代同堂或与故乡父老鸡犬相闻、怡然自乐的往事，甚至连口音都是混合口音，最终是哪里的话都说不全。后来读书工作，更是越漂越远，与所谓故乡的关联愈发微弱。不过话说回来，关联微弱，不能有力推动故乡区域文化的传承与更新，除了个人的原因，也与故乡在经济发展大潮中顾不上区域文化有关。近年这方面有好转，联系也开始趋密。比如前两年应邀回我出生地莱芜宣讲莱芜籍文化名人成就，去年又有机会到我祖籍宁阳县做读书活动，在亲友们带领下第一次认真参观了县城保留下来的文化遗迹，这让我从与故乡"失联"状态中走出来，似乎可以多考虑一些这方面的事了。至于更为广泛的区域文化，我想第一要产生自觉，第二要结合自己的专业，第三要看机缘，找到做这些事的契机和入口。也是近年，我对浙江地方文人文化和民间文化产生兴趣，希望能找到较合适的切入口与合作机缘。谢谢"返乡画像"活动提供一次机会，能动员学生们参与到活动中来，本身就是一种工作吧。

问：您会以怎样的标准来甄选您所指导的《返乡画像》书写学生？您希望他们从怎样的细点切入？

答：首先不是设置标准，而是唤起同学们重返故乡的热情。照一般常理，年轻人都渴望到外面闯世界，年龄、心理、文化上都有一段叛逆期，会造成一段较长时间与故乡疏离的状态。而在他们接触外面世界的同时，及时唤起他们对文化之根沉潜的热情，应该是有意义的事。所以我让有意参与者提供了一些活动思路和计划，只要不是太空洞，多数都留下了，分了两个梯队，但也不严格限制先后，重在写出好作品。至于他们怎样"重返"，倒不必先入为主，相信他们自己会有所思考和选择，成果出来再进一步商讨。当然，有些我个人觉得好的材料和人物，也提供给了相关学生供其参考。

问：您怎么理解当下的"乡愁"？

答：乡愁而当下，必然与过去的、离乡背井太久形成的乡愁有所不同。交通与通讯的发达，已经绞死了记忆中空间的乡愁，所以"我在这头，母亲在那头"式的乡愁，现在再写就显得有些矫情了。如果说当代人还有乡愁，我以为那是指对现代化生活导致的人性丧失的痛感，以及对挽回这种人性所怀的强烈渴望。这正是"怀旧"情绪和"返乡"情绪蔓延的真正原因。为什么怀旧？因为新的东西缺少了一些什么；为什么返乡？因为城市里也缺少了一些什么。"从前的日色变得慢，车、马、邮件都慢，一生只够爱一个人。从前的锁也好看，钥匙精美有样子，你锁了，人家就懂了。"爱木心，喜欢《从前慢》，那是希望找回已经丢失了的人与人之间的真诚与默契。

问：您怎么看待中国青年知识分子群体的现状？青年知识分

子返乡，深入报告"乡愁"，您认为对于区域文化以及乡村振兴将会产生怎样的推动力？

答：至少在年龄上，我已不属于通常意义上的"青年"，以此种身份看青年甚至青年知识分子，难免看走了眼。不过，就我本行业着眼，与其说青年知识分子是个"群体"，不如说更接近一个一个孤立（甚至是孤立无援）的个体。除了作为项目成员工作上的必要合作，日常生活中的"青知"（容我生造一个词）在我看来，多少都有点互不干涉内政、井水不犯河水的样子，不知这种观察是否真实。从这问题跳到"青知"返乡报告"乡愁"，似乎跳得太快了些，不过也无妨，因为无论群体行动也罢、个体行动也罢，当代青年知识分子有思想、有社会热情的相当不少，有些人不只是报告"乡愁"，而是令人敬佩的行动者。我觉得这些人的存在给人以巨大希望感，他们让我想到赛珍珠《大地三部曲》第三部中的海归农学博士王源，他回到祖父流下汗水的土地上，发现自己对土地、原野和树木有一种始终不渝的爱。

问：您会推荐相关文本给所有参加《返乡画像》的作者吗？为什么？

答：开始没想到，这个问题提醒了我，我打算就"返乡"主题，给同学们推荐几种我认为值得阅读或重读的书。既然是一次较为自觉的行动，那么有一点参照或许并不多余，至少可以看看在"返乡"路上，除了今天的我们，还有哪些先行者，以及留下了什么样的文本。譬如赛珍珠之外，鲁迅的《呐喊》，费孝通的《乡土中国》，我们真的读懂了吗？

2018 年 3 月下旬杭州

答陈祎莹

问：一个好的老师具有哪些特点？

答：爱心，宽容，渊博，有趣

问：一门好的课具有哪些特点？

答：1、在轻松的气氛中满足求知欲；2、能给人留下较深的记忆。

问：一门好的课哪些环节比较重要？

答：人文性，知识性，技术性

问：您对现有学生评教的内容或形式上的建议？

答：目前学评教只是一个雏形，内容形式都较为单一，功能也较简单，就是以此维护教学秩序以及评估教师课堂教学业绩。正常情况下，应该说学生对教师教学评价总体上是客观的，我甚至觉得学生打分普遍太高了，比如几乎百分之百都在九十分以上，好的更常常在 98 分以上，以至于学校教学部门在区分教师学评教分数时，只能把 95、96 分算作较差的。这说明学生对教师很宽容，另一方面也说明学评教的形式太单一。

首先，学评教不能搞标准化，不能设计成一些古板、过时的教条，把学生限定在这些条条框框中打分。鼓励学生以较为开放的标准评价他喜爱的教师，从具体案例归纳好教师的要素。

其次，对学评教成绩不要人为地划比例，比如优秀一定要前 10% 或 20%，造成 98 分优秀，95 分就不优秀的情况，如果把这种结果用于评价教师业绩，就会不公平。为什么不会有 50%—60% 的优秀率呢？人为划分优秀比例，是一种由来已久的偏见，没有道理。希望改变这种评价方式。

2018 年 4 月

注：陈炜莹，浙江工业大学心理学 2014 级。

2019 迎新典礼发言

四十年前，吾亦大学新生一枚，第一天搭大卡车、穿白色海军上衣赴校而由系党支书记以自行车驮行李入住情形至今历历在目。而所入乃师范专科，报考农学院之第一志愿亦未实现。初次有"不如意事常八九"体验。"专业思想"是在此后并不漫长的学业生活中静悄悄转换的。图书馆借书给了我对知识的惊奇，厚厚的《古谣谚集》和《资本论》虽然读不下去，却让我触摸到知识并不像鞋垫那么薄；高兰、赵俪生、薛绥之、周振甫、袁世硕这些学界大家的讲座似乎让我有了"天堂离我非遥"之感，写作、讲演以及毕业实习这些环节渐渐打消了对公共场所的某种顾虑……意识到，自己也罢，世界也罢，一切都是可以"变"的。如今，你如我当初一样第一次踏入大学之门，然在我看来，你的条件比我当年好多了，但也许你自己不这样看，你或许还有更高的期许。不过，生活的过程、人在生活中的自我改变大致是相同的，我你之间的"交集"即在于此。

脚下的土地没有一寸是陌生的，杭州、西溪、小和山也一样留下了无数先贤的印迹，近者如郁达夫、胡适、徐志摩、鲁迅、戴望舒，远者如白居易、苏东坡、柳永、李清照，近在咫尺的西溪正是清代戏剧家洪升的故乡。在杭州，但愿你有他乡遇故知之感，也能有如鱼得水的体验。

暑假中，花四十元，看了一场《哪吒》，电影院里很冷，电影画面很热，哪吒的面相很凶，这是我的印象。可是慢慢地，人变了，面相亦随之柔和起来，最后，哪吒道出了关键词：我命由己不由天。原来，电影是要表达一个有关"成长"的主题，浅，但也不值得计较，有自己的理解就好。

你有如花的面容，但也总有你不满意于自己之处，把一切交给已经开始的生活吧，你会慢慢发现自己的面相也会改变，变得越来越明净、柔和，你终会有一张更美的面孔。

2019 年 8 月 26 日、27 日

《拍案集》序

这是一部课程文集。我选文，李源喆、陈词、夏瑶瑶诸君编辑印制，自上学期末启动，本学期初印出。近几日，看到传来的封面清样，觉得短序可以写起来了。

编选课程文集的想法早就有过，基本的动力当然来自期末阅读诸生佳文的愉快与收获感，较理性的设想则来自以文集总结既往、启示将来的可能。恰好今年申请到一点课程资助，乃起了"刻舟求剑"之念。

有人说文章是自己的好，我从未有这样的自豪感，而常常被遇到的天下好文所打动。打动，而非"征服"，我不喜欢"征服"这样的字眼，既不欲征服别人，亦不欲为别人征服，这个字眼总让我想到帝王们无边无沿的征服欲望。写作，小技也，或有些微认识自我与提升自我之功，然与"霸业"何涉！

诸生的人与文有生涩，更多的是诚实与纯真，当然打动我的还有才华。但我总觉得才华犹如美貌，是只可静赏而不可热赞的天资，唯有良知、灵慧与劳动结出的果实才值得用心表彰。

选入集子的文字，不管是灵动的随笔还是相对正式的论文，都曾在我"阅卷"的过程中闪现光辉，或说打动过我，我不敢保证是否也会打动别人，我选它们，只是想让它们以另一种方式存留在未来的生活中；在被选者，或者也可能是一种关于他（她）的过去的镜鉴，如此而已。

开设文学批评课已有数年，我要求于诸生的"课程日志"也早积累了一大堆，他们以自己"第一本书"的形式制作的作业薄本来很应该展示一下，无奈条件暂不具备，只好留待他日了。

谢谢参与写作、编辑、印制的诸君，祝贺你我共同修成的这枚"小果"即将收获在手。

2019 年 8 月 28 日　杭州午山

《闽游书味》序

"一本好书，一段旅途"，是华瑞制药公司华东闽赣大片区在今年半年会中策划的一次游读活动。顾名思义，就是于半年会中，特别安排一次边游览胜地边阅读名著的集体活动：参加半年会的员工编为四个活动班，找四本好书，聘请四位现当代文学专业的导师，分别于游览旅程中为同学们讲解与指导，最后将员工的阅读文章编集出版。因为此次游读活动在福建举办，故推荐阅读的书目就限定在福建籍文学家的著作之内。经与炳根、克敌、思运三位先生商议，最后确定了冰心的《寄小读者》、林语堂的《吾国与吾民》《生活的艺术》和舒婷的《真水无香》四本书。这样，连同我在内，四位导师，四本书，四个班，四个游读目的地——南平、霞浦、平潭、湄洲，构成了这次游读活动的"四个四"要素。当然，这"四个四"还有一个总策划人，即是身为大片区总经理的陈志俊先生。志俊先生将读书活动融入公司发展工作，这不是第一次，此前数次不同形式的阅读活动我也曾见证过。这样的思路自然和他本人对读书的喜好有关，但似乎又不尽然，我总觉得这里面一定也有他对公司高层次发展和员工文化素质的某种高屋建瓴的规划和引导，因为在我印象中，他不止一次与我讨论到这方面的话题。我不懂企业管理，但作为一个读者和教师，直觉他如此做法甚为高明，至少对公司内部人文氛围的营造和对员工精神潜移默化的影响是有大益的吧！为此，我乐于参与这样的游读"指导"，即便因学识有限而未必恪尽"指导"之责，也愿意在尝试中体验此种新鲜的教育实践。想来炳根、克敌、思运诸先生当与我有共同的心情，因为当我请他们出面支持时，他们都很慷慨地答应了！这是需要认真说声感谢的。此次游读的四个目的地，除了南平属闽北山地，霞浦、平潭、湄洲皆为福建沿海洲岛，而无论山地还是海滨，其自然风光都堪称旖旎秀美，员工多未去过，借助游读自当饱览一回，留下难忘印象。拿我所去平潭而言，就不只领略了岛上强劲的海风、高耸的海浪、柔软的海滩和辽阔的海天，更是一路上从年轻导游口中听到长乐、福清籍华侨海外创业的众多有趣故事，长了见识。在这样的游程中，员工也就无形中增加了对于所在地民风民俗的了解，当然有益，这种收获感从同学们的阅读文章里也是可以感觉到的。特别值得一提的还有，冰心研究专家王炳根先生亲自与长乐冰心纪念馆联系好，使四个班的同学们又于旅程中参观了这个规模甚大的纪念馆，通过对冰心生平著述的解读，加深了对《寄小读者》的印象，也对冰心"爱的哲学"有了更生动的把握。现在，同学们的文章以读书报告或笔记的形式结集问世了，这是令人欣慰的。大家读的书虽说略有不同，而内心的提升相信是共同的,举例言之,董家蓉同学读的是林语堂的《吾国与吾民》,她在自己的文章开始首先意识到读书对一个人潜移默化的良好影响,这已经无形中显示了自己的认识高度。有了这样的高度,再去读林语堂的著作,自然就怀着一份虚心和尊敬,也就能读得进去、悟得开来。所以接下来文章就从"女性"角度着眼,联系林语堂对传统中国女性的解说,谈出了个人对这个问题的思考,最后联系当下生活现状,使读书有了一种更具现实感的延伸,也让我们感受到了作者自己的精神世界之丰富。林海峰同学则通过阅读该书,提出了"中华民族是一个伟大而辉煌的民族,是一个智慧的民族,但是隐藏在大智慧下的'小智慧',如果太过,就会变成'恶习'"的看法。其他同学读《寄小读者》、《生活的艺术》和《真水无香》,想来也都各有独特的感受和收益吧?读书绝非学生时代或校园环境的专利,而是人提升自我、修炼灵魂的终身之课,人的工作与生活理应与好书相伴。如"一本好书,一段旅途"这样的活动,似乎也值得发扬光大之,非常期待还有机会和志俊先生以及同学们再次在这样的活动中相聚。

2019 年 12 月 10 日杭州午山。

开学记

"老师新学期好!我们学院今年的新生开学典礼定于 9 月 10 日(下周五)下午 14:00 在屏峰校区图书馆一号报告厅举行。每年开学典礼上您的发言都特别精彩,今年我们还想邀请您作为教授导师团代表做发言,不知道您能否参与呢!"如果是你,接到这样的通知会表示"不参与"吗?在我是说不出口的。况且实际情况就是如此,至少在不短于十几个学年的时段中,我是差不多年年出席了人文学院的秋季开学典礼，要么以中文系主任、要么以教授导师团代表的资格给新生们送上过祝福和期许。年年岁岁花相似，岁岁年年人不同。即使面对的都是面貌相近的新人，却仍然不忍心说完全相同的话，总希望表达出哪怕是一点点的新鲜感受。以故，当我接到那么诚恳的邀请时，我就不免要斟酌一番：如果我会出现在迎新的开学典礼上，我该提供一点什么样的意见呢？当我想到 2021 这个年号，仿佛一下子有了思路：可不可以想象或重温一下整整一百年前、也就是 1921 年大学开学典礼的某些画面呢？至少有一点是确定的，1921 年全中国真正现代意义上的大学还没有几所，会不会正常举行开学典礼还需求证。不过，作为中国资格最老的大学，1912 年改名的北京大学是年年都有一个"开学式"的，而且自 1918 年开始的五年中，蔡元培校长都会在开学式上致辞，对学生们殷殷寄语。那么，我们就只回顾一下 1921 年蔡校长在北大开学式上的演说。开学式是 1921 年 10 月 11日举行的。跟往年的开学式相比，这个开学式的时间推迟了一个月左右。之所以推迟，或许与演讲一开始就提到的"今年本校经过一番大风潮"有关，而且在蔡先生看来，莫说推迟开学，就是"尚可以开学"已属幸事。不过蔡校长并未就这些所谓风潮多费口舌，而是转由他本人这一年的"游历欧洲"开门见山，说到了世界各国大学"并未退步"的学生精神。什么样的学生精神呢？蔡先生针对北大学生，说了两种精神：活泼进取的精神和坚实耐烦的精神。第一种精神决定着发明、创造力，第二种精神是第一种精神的预备，决定着"利害不为动，牵制有不受，专心一志"。蔡先生要提请学生们加以注意的，就是以体育和美育来"养成此等精神"。接下来，蔡先生再次申明他历来关于大学的主张："至于大学学生，本为研究学问而来，不要误认这学问机关，为职业教育机关,但能图得生活上便利,即为已足。"诚如蔡先生在这次演说最后所言的"我年年说",翻翻此前几年蔡先生的开学式演说词,即可明白。譬如1918年的开学式上,他劈头就说到这一点,且言辞尤为简洁精辟:"大学为纯粹研究学问之机关,不可视为养成资格之所,亦不可视为贩卖知识之所。"由此可见,蔡元培先生在大学教育上的主张,真可谓一以贯之。

让我们从一百年前的北大开学式回到今天西子湖畔的屏峰山下。经过了一个漫长的酷暑,在白露时节的习习凉风中,你们谛听着自己青春的心跳,踏入了大学的校门。那么,就请允许我把一百年前蔡元培先生的北大开学式演说词送给你们,作为你们进入大学第一篇课外阅读文献吧。

而我,一位大学毕业四十年的你们的老学长,愿与你们共勉。

2021年9月8日 杭州朝晖楼。

《漫读经典》小引

艾米莉·狄金森是我喜爱的美国女诗人。很久之前,我就买过一本江枫先生翻译的《狄金森诗选》,我对狄金森诗歌的美好印象,就是通过这本诗集留下的。狄金森有一首关于图书和诗歌的诗,曾经被我引用到一篇谈读书的文章里。现在,我愿意再引用一次:

没有一艘船能像一本书
也没有一匹骏马能像
一页跳跃着的诗行那样

把人带往远方。

这渠道最穷的人也能走
不必为通行税伤神
这是何等节俭的车
承载着人的灵魂。

承载着人的灵魂、把人带往远方的书与诗，一定非同寻常。那么，不妨说是书本与诗歌中的经典吧。因为只有经典才可能有如此不一般的神力。

是的，假如我们喜爱读书，那就最好不要轻忽或怠慢了经典。经典之所以被视为经典，就是因为它们具有历久常新的阅读价值，而不像流行读物那样仅具有文化快餐的功能。如果不是为了省时省钱，你难道不喜欢到楼外楼吃一桌正宗经典杭式大餐吗？

经典提供的不只是丰富的营养价值，还有更精致、更美妙的阅读感受或体验。即使从经济学的角度说，其曲径通幽的特点或许更能令我们有多快好省之感。

说来我是校馆百部经典征文评审的老员工了，近年又几乎年年以导师身份参与健行学院的阅读指导项目。所以，我很乐意为这本雅致的《漫读经典》写几句话作为小引，希望同学们读更多文史哲好书，写出更多读书的妙文。

2021 年 12 月 19 日　杭州午山

第十章 倒影小集

李树林

在人们的印象里，似乎年长的老师更比年轻的老师德高望重。究其原因，大概有两点吧。一则年长的老师阅历更丰富，二则他们在业务上有多年的经验，学识渊博。加之老师们不以学高自傲，而以谦虚为怀，这更使他们的学生叹服之至了。年长的老师固然可敬，年轻的老师也不乏高尚过人的风范。他们不论是在治学上，还是在处世为人的品质上，都真正堪称人之师表。我们系的现代文学课教师张欣，就是可敬可赞的一位。

张老师不过二十五岁，他给人的第一个印象便是和蔼、可亲。同学们在他面前不仅仅是容易接近，而且是都喜欢接近。平时，他给同学们讲课，讲的是现代文学，同学们听起来却像配上音乐的散文一样。他的声音中弥散着一种恬静真挚的美意，他说话总是那么舒缓、柔和、不慌不忙。同学们接受他讲的东西不是硬塞，更不是硬灌的，而是像那汩汩的山溪，潺潺有声地流进心河里，滋润在心田里的。这，大概出自他那充满胸怀的对真、善、美的爱与追求吧。

他讲的课，大家爱听，爱记。我不会忘记他讲的那一堂课：那是讲艾青时，诗人有一首很有名的题为《土地》的诗，张老师很喜欢它。他，把这首诗朗诵了一遍，感情是那么充沛，情绪是那么激动，那声音就像一位少女在向她年老而慈爱的妈妈倾诉她心底的爱：

> 为什么我的眼里常含泪水，
> 因为我对这土地爱得深沉。

它，永远感染着我们，当时许多人眼里盈满了泪水。那泪，闪在朗净的面颊上，没有迷惘，没有忧郁，有的是对祖国对大地母亲最朴素、最深情、最无私、最纯净的爱。

张老师的治学精神也是很严谨的。他不但经常向经验丰富的老师们求教，还善于向其他年轻的老师学习。在学业上，张老师在人们眼睛里是勤恳的、进取的；在生活中，人们却感到他是与世无争的。对人他付出的多，要求的却很少很少。系里有活要干了，他来了；老师们要搬家了，他去了；人们常常可以看到他平凡的身影。和人共同做一件事情，他总是首先征求别人的意见，如果别人的意见不那么合适，他就再以商量的口气说出个人的看法。他对人是尊重的，别人便给他双倍的尊重。和他在一起，人人都感到愉快；和他在一起，人们不相信世上还会有奸诈与丑恶；和他在一起，你会感觉到连自己也是个透明的！

记得有位哲人说过：老师是太阳底下最光荣最崇高的人，老师，你是世界的净化者，你是人类灵魂的工程师！张老师啊，年轻的师表!

注: 该文原题《老师啊, 老师》, 载山东省泰安师专探海石文学社主办《地平线》杂志 1986 年教师节专号。作者李树林, 时为泰安师专中文系 1985 级一班学生。

郅强

留意张欣老师, 是从他的笔名——子张开始的。在我心中, 只有那些只可远观的诗人墨客才有如此雅兴, 张老师是否也如此呢? 好奇的心驱使我不得不去细读张老师。

在张老师的第一堂课上, 印象最深的是他那不带虚伪和修饰的爽朗的笑声。每每讲到一些文人趣事时, 他的笑声总会似潜艇一般浮出水面, 调换着课堂里的气氛。那干干净净、清清爽爽的笑声, 似磁石一般吸引着我, 引发了我感情的潮涨。曾几何时, 在我感情世界的天幕上, 幼时的天真无邪逐渐被那无言的冷酷、无知的争吵、无由的怨怒和那无望的忧愁占据, 我对笑也由此远而避之。正如伊甸园的苹果, 谁还敢吃第二次呢? 他的笑声似原子核内的链式反应引出了我早已枯死的笑声。每当此时, 我都像做深呼吸一般随着他笑。伴着他的笑声, 我洗净了心头的肮脏, 开怀引来了浩浩的银河水, 那水使我懂得了真情, 懂得了笑声, 也理解了大度和乐观。这便是我细读张老师的第一个收获。

朋友, 在这汽车代替了步行, 因特网代替了普通信件的充满现代气息的社会里, 你有雅兴去读那字字玑珠、句句溢彩的唐诗宋词吗? 你有心情在方寸纸上描写春意吗? 我不知你如何, 而我却是做不到的。我精神的家园已被为生活奔波、为学习忙碌的理念侵占了。我们的另一位老师在谈及张老师时说："张老师是系里唯一的一位保持着写诗填词、唱歌吟曲雅兴的老师。"此话一点都不夸张，生活的快节奏没有震慑住他，相反，在现代气息甚浓的今天，他依旧坚守着一份自我，一份洒脱，一份镇静和执着。正因如此，他才去用眼睛触摸，用心灵去倾听每一首诗歌；他才能听懂诗中海的欢愉、山的寂静和那碧绿的青蛙焕发出的和声。正因如此，他才能从尘嚣走进田园，才能用那份洒脱和执着去耕种他的诗的园林。

张老师的学问到底有多深呢？这里，我们尽可不必去查找他的学历、职称和职位，也不必探询他的作品文章。你若真想知，尽可走进我们的课堂，用你的心和脑来感触。他那用知识浇灌起来的行言举止就有着穿越几千年的重量。能在全班同学的阵阵畅笑中把为学为人之道讲得清清楚楚、明明白白，能征服全班同学的心的，除了学问和人格的亮度再无其他。

这便是我拜读张老师的渺小的感触，但仅仅这些便有了一种高度、一种风范，正是这种高度和风范驱走了我的轻浮、惰怠和市侩，送来了那份超脱凡嚣、穿越时空的人间至情。

"仰之弥高，钻之弥深，瞻之在前，忽焉在后。"得一言一行则拳拳服膺，死生以之。

吾爱吾师。

注：该文原题《吾爱吾师》，载 2001 年 9 月 9 日《泰安日报》星期日刊。作者郓强，时为泰安师专中文系 2000 级学生。

星辰鹿车

昨天在校报上读到子张教授的几首诗。子张教授是我以前的诗歌老师。教了我一个学期的诗歌课程，初次见到子张教授就觉得他挺可亲的，他个子不高，但很丰满，感觉让人很务实，是个好老师！我喜欢上他的课，因为觉得上他的课是种享受——我也喜欢读他的诗！

子张教授再过几年就要退休了，我现在也不能够再经常见到他了……

真心地祝福你……子张教授！

注：这是偶然在网上看到的一段有趣文字，原题《忆子张教授》，时在2005年12月13日，具体什么网页忘记了。"星辰鹿车"显然不是真名，但无疑是我教过的非中文专业学生，对我的情况了解也不多：比如说我"再过几年就要退休了"，实则彼时我才四十四岁，离退休还早着呢！或许在二十出头的学生眼里，老师总是看上去很老吧？一笑！2019年1月28日星期一补记。

范亦婧

张欣，人文学院中文系主任、教授，汉语言文学专业2002级班主任，曾先后两次获得"校优秀班主任"称号。

"做班主任么……"张欣老师谈起做班主任的感受，和善地笑了，"在我看来这是一种享受。我喜欢与同学们打交道，乐于跟他们敞开心扉地交流。"张老师笑称自己已经是"元老级"班主任了。从83年开始，他在所任教的学校担任的都是班主任的工作，因而在这方面的"功底"已然是非常深厚了。

大一：最勤快的通讯员

2002 年，人文学院第一次招收汉语言文学专业本科生，张老师应邀担任两个班的班主任。肩负着院领导的信任，满怀工作热情的张老师从家乡山东一路南下，来到了浙江工业大学。

"刚接手班主任工作的那阵，学生们都还处于迷茫期，对大学生活还很不适应，特别是个别内向的男生，甚至产生了对专业的排斥现象。"张老师回忆道，"我采取的方法是多与他们交流，因为沟通永远是最重要的。我那时最常去的就是学生寝室，在与学生交谈的过程中了解他们的需要，不时安慰、开导他们，使他们能尽快适应大学生活。同时采集学生的意见，及时反馈给学院，让学院领导了解情况，尽量满足学生的需要。在这方面，我算是一个比较称职的通讯员吧。"

除此之外，张老师还几次组织家在外省的学生到自己家过节，与他们一起包饺子，让他们能感受到家的温暖。

就是在这样的教育方式下，一年之后，张老师的两个班已经成了老师们公认的班风好、学习气氛浓的优秀班级了。

大二、大三：为学生提供最宽广的发展空间

到了大二，张老师的两个班级都上了轨道，他改变了管理方法，将日常的班级工作交由班委负责。"他们能把班级事务安排得井井有条，搞起班级活动也是有声有色，很少需要我操心了。"说起他的这批训练有素的得力助手，张老师不禁流露出自豪的神情。

张老师开始鼓励同学们有选择性地参加一些活动，比如参与老师们的课题研究、参加科技立项大赛等，尽可能地发挥各自的

特长。"大二、大三是最适宜培养兴趣、发挥特长的时期，我给他们提供最宽广的发展空间。"

张老师扳着手指提到在声乐比赛中脱颖而出的选手、在文学社征文和科技立项中获奖的优胜者，甚至提到班级里参加学校足球队的队员以及被校报聘任的学生编辑，真是如数家珍。

大四：尽心尽力做谋士

大四的一年，是张老师最忙碌的一年，他开始为学生们的考研和就业四方奔走、出谋划策。

"对于每个学生的大致情况我都必须了解，才能帮助他们找到最合适的发展方向。"张老师几次组织了考研动员大会，帮助同学们明确考研方向，指导他们复习备考。在学生备考的过程中，张老师常常给考研的同学们发短信，询问他们的身体状况，提醒他们加强营养、注意劳逸结合，同学们收到短信，总有一种意想不到的温暖感。通过艰苦的拼搏、努力，2002级汉语言文学的毕业生考研率达到了20%，比整个学院的考研率整整高出8个百分比。

毕业至今，张老师仍与同学们保持联系，与他们交流感情，听他们诉说工作和学习上的烦恼。对同学们来说，张老师一直是他们的良师益友。

"大学校园中的'班主任'，这究竟是一种什么岗位呢？其工作性质、角色定位、职责范围、工作程序都是怎样的呢？我仍然并不清楚。我称职吗？"在他的随笔中，张老师提出了这样的疑问。

然而，一切都告诉我们：张老师，您是称职的班主任。

注：该文原题《"做班主任是一种享受"——记校优秀班主任张欣教授》，载 2007 年 1 月 19 日《浙江工业大学报》。作者范亦婧，校报学生记者。

曹钺

白露时节，小新他们仨的书店开张了。那天来客人很多，他们仨还没有去湾湾，超超接任店长。我也去了落成仪式，回顾这群学弟学妹从构想、选址、众筹、装修的历程，确实要感叹一句后生可畏。要知道原先这里还是一家做外卖的餐厅。铁打的工大后山，流水的出租店铺，老旧的屋子在经历了一轮又一轮煤气油烟的洗礼后，终于实现了由物质食粮向精神食粮的蜕变。别的不说，如今在校园里有了这一角供暂避喧嚣的独立书店，于我、于诸君皆是幸事。

白露的与点书屋，久违了子张先生。和他聊起文学的现况、未来的生涯规划、毕业论文的一点构想，子张依旧是娓娓道来，亲切从容。九月末的时候接到消息，老师准备在书店开一个小小的签售会，选择我来做现场的串场和对谈，实属荣幸。说到这儿，脑海中往事浮现如电影倒带，不仅回忆起三年中子张的授课、每一次交谈。

初见张欣老师是大一时候，狭小的理学报告厅，"大学生助航导师团"的宣讲，当时没有特别深刻的印象，只是隐隐觉得，这个老师讲的话很实在，容易听得进去。大二的时候，张老师给我们专业上现当代文学的课，一个逝去的智者把我们联系起来。我开始读小波，起因纯粹是和菜头写在王小波十六周年忌辰上的一篇《锤在人生》。那篇文章彻底感染了我，于是我开始读《黄金时代》。子张先生一直是文化革命、教条主义的坚决反对者，他对于人的文学、人性的自由、理想主义的那份期许和希冀，我亦产生了极大的共鸣。这种共鸣，投注在王小波荒诞离奇的叙事话语与想象，却充溢着饱满生命张力的文字中，达成了我俩的一次握手。

后一学期我们又接触到张欣老师教授的文学批评课程，从多维度解构文学作品的思路出发，世界仿佛打开了一扇新的窗户。我从此意识到，文学的终极魅力或许正在于解释的无限性和多元的包容性，一个人仿佛走入硕大的迷宫却不为迷路而犯愁恐惧，走走停停，无处不是新的风景。文学赋予凡人想象力上的改造，将使个体精神，超越一切意识形态飞扬直上。那半年我读完了《狼图腾》，也在子张先生的指导下写成了第一篇像模像样的学术论文，业已见刊发表。

大三下的时候，我曾经为未来深深地纠结过，主要是关于专业选择与方向。于是选择在一个平常的日子拜访子张先生。我们对聊了几乎一个下午，大部分内容现都如浮光掠影，似乎想不起来了，唯那一句"不如勇敢地选择转变"镌刻在了心底，在往后无数的纠结和踟蹰中渐渐发挥作用。终于，在一个阳光慵懒的午后，我茅塞顿开，做出了如今的决定。现在回想起来，子张的建议，若无一位师长对弟子的了解，也绝然没有勇气提出。

现在看去，子张先生总是熟悉而陌生的。熟悉，是因为他始终亦师亦友，让人感到亲切。陌生，是因为他抛却喧嚣现实的恬淡心境，让人难以企及。"我却总是不像一个标准学者那样完成这个时代所要求的若许规定性动作，诸如权威期刊，核心期刊，国家级、省部级课题，英文摘要这些东西，实在引不起我的兴趣。

讲课、读书、撰文乃至日常生活中，我大概只近于一个耽于享乐或趣味的人。"用老师自己的话来说，便是如此了。

最后聊一聊 10 月 16 日签售交流会，老师带来的两本书。《清谷书荫》是一本记载老师与现代作家人生故事与写作历程的书。子张长期从事民国以来中国文学的教学与研究，也由此交往、访问过不少著名文学家，并从不同角度记录了他们的音容笑貌、所思所想，而且有一些细节颇为传神。《一些书，一些人》分甲乙丙丁四辑以及小引和附录，收录散文、书评、随笔、书信、序跋等作品三十余篇。在近三十年的时间里，子张先生接触了施蛰存、冰心、牛汉、蔡其矫、吴伯箫、吕剑、钱谷融、魏荒弩等现当代文学名家学者。他们中的很多人，今天已经逝去，因此这些文字和图像实在为后人保存了很多大师的遗爱绝响、流风遗韵。

"读书不是正事，读书是乐事。"这是我最后想说的。每一本书就像它的作者，都有一个深藏着的灵魂，读者要做的就是把这个灵魂找到并且感知它、解释它、辨析它，斟酌损益，有所取舍，这该是读书的正道。无论诸君是否会在日后从事研究，是否在念中文系，是否喜爱文学，希望我们都能保持一份宁静致远的书斋情怀，在烟波诡谲风起云落的江湖里从容、从容，从容地踱步。

注：该文原题《我与子张先生》，载 2015 年 11 月 5 日《浙江工业大学报》第四版。作者曹钺，时为浙江工业大学中文系 2014 级学生。

王钰哲

王钰哲（简称王）：张老师您好，最近您的新书《新诗与新诗学》出版，从杭州诗人戴望舒开始，谈了新诗现代化、新诗文体与当代新诗好几个方面，您能否为我们简单勾勒一下您的治学道路，或者谈一下您学术研究方向的变化？

张欣（简称张）：《新诗与新诗学》是偶然中结出的果实，如果不是单位要编辑出版一套文丛，这本书大概不会以现在的面目出现。我从20世纪80年代初工作以后，先后在中学、教师进修学校担任语文教师，首先对山东籍现代作家产生研究兴趣，开始编纂相关年表，并最早撰写了关于散文作家吴伯箫的论文提交山东省写作年会，此文被参加会议的黄原老师看中，推荐给母校的学报发表。随后不久，调回到母校讲授现代文学史课程，跟着前辈教师编写教材，写"应景评论"，1987年提交山东省现代文学研究会的《作为现代诗人的李广田》是我正式涉足新诗研究的第一篇论文，发表后被中国人民大学报刊资料复印中心全文复印。1992年，刘纳先生将我另一篇关于现代城市诗的论文刊布于《中国现代文学研究丛刊》，这两次学术经验对我来说十分珍贵，当时给了我不小满足。此后就这样跟着感觉走，或者机缘凑巧，不得不应对，这才慢慢积累起一些东西。比如参加冯光廉、刘增人先生主持的"近百年中国文学体式流变史"课题，与鲁原先生合作撰写"新诗体式卷"的经历，以及在职攻读南京大学现当代文学专业研究生期间撰写有关"40年代现代诗"毕业论文的经历，都让我对新诗史有了更多了解。直到1999年，张清华先生主编"山东青年批评家丛书"，慷慨邀我加入，于是有了我自己的第一本书《冷雨与热风——现代诗思问录》。

回首来路，步履蹒跚，才疏学浅，仓廪空虚，岂敢言"治学"！

王：在如今这样一个物欲横流、人心浮躁的社会中，诗歌已不再受众人瞩目，难以避免地走向边缘化，喜欢诗歌的人少了，潜心研究诗歌甘于坐冷板凳的人更是不多，是什么东西吸引您如

在浙江图书馆"文澜讲坛"讲座后与王钰哲、张金辉、汪妍青、周密、夏庶琪合影

此执著于新诗研究呢？您认为作为一名新诗研究者应该具备怎样素质和心态呢？

张：这个提问似乎包含一个推理过程呢！我谢谢你的厚爱，不过容我说句心里话：第一，我认为以诗歌的荣衰判断社情人心是可疑的；第二，我之"研究"诗歌，既不"潜心"，也非"执著"，基本上是个人兴趣和机缘凑巧使然；第三，新诗学是个年轻的学科，但若说从事新诗研究，我觉得基本路径与其他学科并无二致，可以从很多前辈那里借鉴经验，像朱光潜、朱自清、钱锺书、李健吾都是自成风格的一流学者，不妨考察一下他们的"治学道路"。相对而言，当代学者由于种种原因，学养和定力均有所不足，我辈更是如此。令人欣慰的是，青年一代学人中有不少佼佼者，外语基础好，视野开阔，才识过人，有望衔接上现代学术的"断层"。

王：最近一段时间来，诸多诗人都驻足于高校投身学术，如果说创作诗歌主要依赖形象思维，较感性，而研究诗歌则需要较强的逻辑理性思维，两种思维模式似乎彼此矛盾。老师您也同时身兼诗人与学者这双重身份，能否为我们简单谈一下这两种身份之间的相互影响，还有您相对更为看重哪一种身份？

张：我知道的确有不少诗人、小说家进了高校，至于是不是"投身学术"，则不敢确定。可能有几种不同的情况吧，一种是兼职，高校借重的是他们的作家身份和创作经验，增加学校光环和活跃气氛的；一种是诗人、作家个人实施身份转型或选择生存环境，愿意从事教学、寻求宁静或自我充电的；真正从事学术研究的也有，不过不会太多。毕竟创作和学术的路子有所不同，朱光潜、余光中、白先勇都在高校，但朱是学者，余和白是诗人或小说家。当然也有兼具两种身份且做得都很优秀的，比如T·S·艾略特，沈从文曾经是小说家，后来成了研究服装史的专家，郭沫若、闻一多、陆志韦、陈梦家都曾是诗人，后来也成功转型为学者。每个人禀赋、兴趣和习惯不一样，不好一概而论，我个人觉得兼具两种甚至多种禀赋当然更好一点，学术使人冷静，艺术涵养性情，二者互补，人生更有趣吧。

自我从教以来，以子张笔名撰写、发表论文、随笔和诗，且由香港傅天虹先生促我出版一册《子张世纪诗选》，旁人或以为不务正业，在我却是生命自由的有趣体验。其实，若无功利目的，学术生涯和写作生涯都该是带着体温的生命旅行，是对自由的向往和逐步靠近，所以从较高层面理解，我以为学术和艺术是相通的，好的论文应该有诗的灵魂，好的诗也应该是智慧和思想的结晶。

王：据了解，新诗在中小学语文教学乃至大学语文教学中一直没有受到足够重视,历年高考作文也将诗歌这一体裁排除在外,这对新诗的发展和传播应该会有相当大的负面影响,您如何看待这一现象并能否给出一些建议呢?

张:这个问题比较复杂,一两句话恐说不清楚。关于语文教材中的新诗选目,前些年曾引发争议,近年情况大为好转,那些过于意识形态化、缺乏美感的作品慢慢被淘汰了,人们开始接触一些新诗精品,读新诗的习惯或许会慢慢培养起来吧?当然,语文学习的功利化是影响新诗接受的最重要因素,但这可不是短期内能改变的。至于高考作文限制文体,我倒觉得不是问题,高考是人才选拔,注重均衡、普遍与应用的一面,会不会写诗是相对个人化的才能,二者有所区分不见得就是对诗歌的排斥。再说,旧诗也罢,新诗也罢,历来都是"小众文学"品种,千万别抱"人人写诗"、打造"诗歌大国"的幻想,真有那种现象怕也不是好事。

王:同样是最近,诗人与诗学家撰写相对更为面向大众的随笔文章似乎也在成为潮流,如北大出版社推出的"汉园新诗批评文丛",老师您也经常在报刊上发表随笔文章,那您如何看待"诗人散文"这一现象,还有您怎么评价北岛、王家新、刘春等人的诗学随笔。

张:诗人兼写散文随笔,这个现象再正常不过了。因为不是所有的情思都可以用诗表达,况且不同才情、不同年龄、不同境遇也都影响着作者对文体的选择。余光中最得意的就是他的左右手,右手写诗,左手为文,他那篇《缪斯的左右手》就是详论这个问题的,不妨一翻。邵燕祥、牛汉、舒婷、北岛也是诗文俱佳,令人侧目。说到我个人,其实很喜欢尝试各种不同文体,只是才情有限,诗和散文都还徘徊在门外,不过我倒没想过放弃。

王:虽然在当代,诗歌已经一定程度上被边缘化了,但依然有许多乐意阅读和创作诗歌的青年学子，老师您能否通过自己的创作和学术经历，谈一下如何培养自身的诗歌阅读和写作能力呢？

张：诗永远都不会"中心化"，永远不会占据粮食和蔬菜的位置，喜欢诗并乐于写诗，应该是出于个人喜好，没必要把它神圣化或神秘化，诗人也完全不必顾影自雄，当然也不必孤影自怜，一切顺其自然即可。真正的诗人，某种意义上是天生的，很难通过"培养"诞生大诗人，当然这不是说，诗歌阅读和写作训练不重要。20世纪80年代，诗歌部落遍及全国，那是个读诗、写诗的年代，可是坚持到今天并卓然成一家的有几个？历史的淘汰往往无情。但是即使被淘汰，我觉得也没什么，你毕竟激情澎湃地付出过热情，也一定收获了丰富的内心感受，你曾经有过关于诗的高峰体验，对于一个热爱诗歌的人来说，这还不够吗？

王：您从事学术研究已近三十年了，在做人、做事、做学问等方面为青年学者提供了很好的榜样。您能否概括一下您在新诗学方面的治学经验？对有志于文学研究，尤其是新诗学研究的青年学者有哪些期望与建议？

张：今年我从事教学工作刚好满三十年，这三十年我的第一身份只是教师，从中学语文教到大学中文系现当代文学，也兼教过不少杂七杂八的课。我承认对于教学，我有理想，有热情，有收获，我为结识那么多有才华的学弟学妹感到幸运，也为他们后来的成长、成就感到骄傲。做人，我认可真诚，不喜机巧油滑，"与人相交淡如水更要有始终，君不见红叶色艳先凋零"。做事，我同意林语堂名言："文章可幽默，做事须认真"，至于做学问，我羡慕钱锺书的博学、李健吾的灵慧、施蛰存的多趣和李敖的狂狷，可惜我对他们只有"高山仰止、景行行止，虽不能至，心向往之"的份儿，退一万步只好要求自己"有一说一"了。

我曾经在其他文章中表示过，我们这代人的成长环境不理想，整个小学、中学阶段处于乱世，大学阶段也基本上属于"速成班"，既不能跟民国时期的大学比，更不敢奢望世界一流大学的学术环境，这种"先天不足"所形成的障碍使我在求学路上步履维艰。因此，所谓"治学"，对我而言，实在只是一个不断"补课"、求真的过程，回顾20世纪80年代以来的文学写作和文学研究，我感觉这一代人的工作其实都没有超越"正本清源"、"拨乱反正"的范围，真正新鲜的经验至少要从"70后"甚至"80后"学人的著述中看到。每当看到这些小我十几岁的新人才华横溢的文笔，我都禁不住击节称赏，我愿意从他们那里获取新知。

故而，恕我在他们面前保持沉默吧，因我实在还没有教训人的资格。

注：该文原题《张欣教授访谈》，写于2011年2月，作者王玉哲时为重庆西南师范大学（今西南大学）研究生。初刊浙江省中国当代文学研究会会刊《当代文坛》。

王荣鑫

子张老师的《此刻》印出来有一段时间了，我本来有理由在第一时间急赤白眼地做一通硬广告，但是工作实在太忙，一转念就放下了。

子张老师是我大学的老师，在学校的任务是现当代文学的教学和研究，而他本人从事更久的工作是写诗。所以，他既是诗歌的创作者，又是诗歌的研究者。我们学文学出身的人知道，这样的人并不多，因为它们虽然看上去有千丝万缕的联系，实际是完全不同的工作，甚至在很多时候是矛盾的。

我有很多大学老师直到现在还保持着频繁的联系，他们个性千差万别，有各自不同的人格魅力。有的思想言语透射灵性，有的为人处世富于激情，他写诗也不拘泥于形制，近体诗、新诗皆擅长，还时常故意写一写打油诗。我去年帮子张老师出版了一册诗学研究的专著《历史·生命·诗》，在封底印上了我最喜欢的他的一首诗：

> 隐者居清谷，
> 闲来学种花。
> 晨昏两手汗，
> 寒暑一壶茶。

现在诗人印行自己的诗作实在不是一件容易的事，还健在的诗人，除非像余光中那样诗作上过中小学的教材，不然诗集很难卖。出版社会对试图出版诗集的诗人提出种种苛刻的要求，除了索取必要的资金支持，还时常缩减印制成本、降低编印质量、要求作者自己把书拉回去卖等等。一开始应允出版，后来态度暧昧，故意拖延，最后不了了之的也常见。子张师这册《此刻》出版过程中也经历了一些"不足为外人道"的曲折，我对整个过程有所了解，并尽我所能提出了一些建议，所以深知此书得以面世，已堪称一大幸事。

上次在老师家中，听他说起，近来签名赠书的热情不似从前那么高了。我开玩笑说，因为出书越来越多，写得手软了。早上又见他在朋友圈说："一早为华文书香读书会的读者签售拙集又二十册，此书塑封颇坚韧，拆起来费力，其次盖章，再其次写句话，如此三番，亦复折腾事也。这也是最近不太喜欢往外面寄书的一个原因。反之，对朋友们寄来的签名著作更珍惜了，殊不易也。"

《此刻》印出来以后出版社没有发行，所以主渠道看不到，各大电商也没有上架。文人的传统，不乐意对自己的东西自吹自擂，反而书业的几个朋友乐于利用各自影响力或大或小的平台，帮助子张老师广为传布一下出版消息。所以今天我得放下所有的事情，把这篇并不算软的广告推出来。深望诗歌这种当世已然式微但很美的东西，不至于因为诗人得不到社会的认可、丧失了积极性而消亡。

诸位读者如果有意购买此书，可以加笔者微信 docmanager，或者通过公众号"华文书香"的平台购买。

录自 2018 年 1 月 14 日 密州司典府

注：该文原题《"佛系"教授子张和我知道的〈此刻〉》，见密州司典的微信公众号密州司典府。作者王荣鑫，浙江工业大学中文系2008 级学生，现供职于浙江大学出版社。

朱笔香墨

"往事悠悠的在耳边唱起那首歌，那首曾经是你最爱的歌，你总是轻轻唱，我跟着慢慢和。"子张先生站在我们中间，款款深情地哼唱着，声音永远温暖而从容，生怕惊扰了别人。这样的声音，总让我想起山涧那泓清泉，阳光洒在水面上，温润而惬意。每当想念老师，耳边总萦绕着这首歌，脑海总浮现这样的画面。

子张是张欣老师的笔名，他是我的现代文学老师，是当代诗坛上有名气的诗人，因此我更愿意叫他先生。从毕业到如今，二十多年过去了，至今竟再未谋面。但先生的诗句一直伴随着我，未曾走远："右手牵海，左手牵陆"，生而为人，我们必得牵着梦想和现实，既要有诗和远方的春暖花开，也须有脚踏实地的稳如泰山。

前几日偶得先生的电话号码，便试着发了一个短短的问候短信，没想到很快先生就回了，依然是文绉绉的，带着温度："你好！刚才看到红梅同学提到同学们盛意，很开心，也很想念大家，二十多年过去，诸位也都人到中年了吧？希望有机会再跟大家相聚！张欣问候。"我心中甚是欣喜，与先生相处的过往历历在目。

先生有所不知，他对我的影响是深远的，大学生活的点点滴滴，随着岁月的流逝也都变得模糊了，唯独先生的课堂如在眼前：不算高的身材，白净的脸庞，黑得发亮的眼睛永远含着温暖的笑意，立于三尺讲台，把温暖的目光抛洒于教室的每个角落，人群立马变得安静。他开口说话了：温润的声音，从容优雅，不疾不徐，声声入耳，让人如痴如醉。

先生的课堂有一种魔力，总是促使我不停的记笔记，记得很多，甚至贪婪地想把先生说的每一句话都记下来，因为那是诗的语言，散发的馨香沁人心脾。

他带我走近了鲁迅，认识了胡适之，读懂了徐志摩戴望舒郭沫若……我今后对于文学的热爱，痴迷语文教育的不懈精神，无一不是源于先生对我的教导。

犹记得先生不止一次提起，他每年都要去拜会冰心先生，聆听教诲。他的谦逊好学，成就了他的诗人气质，至今笔耕不辍。前段时间他的《入浙随缘录》出版了，作为先生的弟子，我真心感到自豪而崇敬。

读先生的诗歌，有一种信手拈来的感觉，随心所欲，世间万物，皆可入诗。每每与之对比，我总是心生感慨：好比开车，我是那刚学开车之人，紧握方向盘，全身紧绷，不敢有半点放松；先生却是赛车高手，遇直则直，遇弯则弯，不刻意打方向，从流飘荡，任意东西，天马行空，收放自如，令人讶异：怎么还可以这样？

如今，我也站在三尺讲台上，总不敢忘记先生的模样，在我记忆中，先生从未有过一节课的懈怠，总是认真备课，一丝不苟地传授知识，在先生面前，我们总放肆不起来，因为他的谦谦君子气质融化了一切的野蛮和粗暴，再荒芜的灵魂也会被滋养成绿洲。因此，我现在也总学着先生的样子，倾自己所能，教书育人。

先生子张，二十年不见，只是相隔时空，但您在我心里，却从未走远。

注：该文原题《先生子张》，录自 2018 年 9 月 18 日 https://www.jianshu.com/p/9b90e64d8d3b。作者朱笔香墨真实姓名不详，当为泰安师专中文系学生。

冯现冬

太阳花

我是多么幸运
又一次找到了你
如太阳花一般
温暖和煦的笑语

你不是一个诗人
你本身就是诗
在本该爱上诗的年纪
我却一再错过你

离别时的那首《歌》
第一次碰触到内心的软
Do you remember me ？
每次找到你，我总是这样问你

那个无风的黄昏
我第一次找到你
你语出惊人
"年轻人嘛，可以说话不算数的"
把我人生的车头调转，朝向自己的方向

啊，太阳花
多少年无根的漂泊与寻觅
你却永远在我心头无声地怒放
伴着你的欢欣，我的落寞

多少次，我在茫茫人世找到你
多少次，我又跌落深渊弄丢你
啊，南方
太阳的方向
你的方向，我梦的方向

在这里
我又一次找到你
并且，终于在心里面成了你
太阳花！

2020 年 7 月 2 日

因为感受到你的存在

因为感受到你的存在
我对大自然产生了兴趣

我从不曾留意花开花落
此刻，我看到山上的枣花已被紫荆花取代
间隙里隐约露出青绿的果

因为感受到你的存在
我的耳朵变得灵敏
我听到密林间布谷有节奏的啼鸣
但我看不见它们的影子
金翅鸟细碎的啁啾沿斜坡徐徐上升

因为感受到你的存在
我的鼻腔嗅到了泥土的呼吸
还掺杂有雨水洗过松枝的清香
我看见熔金的落日洒落满江的金粉
所有的事物都焕发出不同于昨日的生机

2020 年 7 月 4 日

注：作者冯现冬，原泰安师专中文系学生，现供职于山东省青年
干部管理学院。

周玲

子张先生您好：

一直想给先生发邮件，却拖了又拖，总到动笔时又不晓得该
说些什么。

前几日，在梦境里出现了您和我高中语文老师在三尺讲台上
讲课的模样，我坐在第一排听先生讲莫言、讲余华，温润的声音
仿佛将时空打穿，得到往日岁月的共振。若是说我的高中语文老
师激发了我对汉语言学习的兴趣，那先生您便是延续了我对汉语
言学习的执着。

一直很想和您说声谢谢，谢谢您有趣的课堂为我打开了新世
界的大门，再一次被汉语言的魅力所折服。我也在这门课的学习
中发现我有太多太多的经典没读，也有太多太多需要去完善的地
方。也是这门课让我更加坚定了心之所向。

这是我在大学阶段，第一次纯粹的无关成绩地沉静在课堂里。

最后，还是要感谢先生充满人文情怀的课堂。我也真的感到
很幸运，可以在您退休之前遇到您。

顺问冬安，平安喜乐

法学 1904 班　周玲　201906052221

2021 年 2 月 3 日　上海

注：该信原题《致子张教授的一封信》，作者以电子邮件形式发
至子张信箱。